DICTONS ET PROVERBES

DES

CHINOIS

HABITANT LA MONGOLIE SUD=OUEST

PAR

LE R. P. JOSEPH VAN OOST

MISSIONNAIRE DE SCHEUT

AUX

ORTOS

IMPRIMERIE DE L'ORPHELINAT DE T'OU-SÈ-WÉ

ZI-KA-WEI PRÈS CHANG-HAI

1918

VARIÉTÉS SINOLOGIQUES N° 50

DICTONS ET PROVERBES

DES

CHINOIS

HABITANT LA MONGOLIE SUD=OUEST

PAR

LE R. P. JOSEPH VAN OOST

MISSIONNAIRE DE SCHEUT

AUX

ORTOS

IMPRIMERIE DE L'ORPHELINAT DE T'OU-SÈ-WÈ

ZI-KA-WEI PRÈS CHANG-HAI

1918

AVANT — PROPOS.

學 會 名 賢 集
說 話 不 用 力

Hio hoei ming hien tie
Chouo hoa pou yong li.

Lorsqu'on a appris le livre des proverbes
On ne doit pas faire d'efforts pour bien parler.

(N° 120)

Ce dicton ne se réalise peut-être nulle part davantage que dans notre Mongolie Sud-Ouest ; et pour nos indigènes, presque tous illettrés, un proverbe est un argument. On rencontre parmi eux des individus dont l'inépuisable faconde excite l'admiration et le respect des auditeurs. Ils s'imposent aux autres ; ils sont les chefs incontestés, et si d'aucuns de ces tribuns de village ont parfois des raisonnements qui ne manquent pas de subtilité, c'est avant tout à leur virtuosité de langage, à leur façon de jongler avec les mots, d'émailler leurs discours de proverbes, qu'ils doivent leur influence. Travaillant au milieu des païens et des nouveaux chrétiens, j'ai pu constater par moi-même combien un dicton judicieusement placé frappait les auditeurs, les entraînait beaucoup plus que les arguments solides et les raisonnements bien agencés. Je me suis donc mis à collectionner les proverbes que je pouvais cueillir au cours des conversations, et si je les édite maintenant, c'est avant tout pour être utile à mes confrères dans l'apostolat. Ils pourront y puiser pour leurs instructions familières, et, si le goût leur vient, augmenter eux-mêmes cette première série.

Car la mine n'est pas épuisée, tant s'en faut. C'est incroyable combien nos gens possèdent de ces dictons populaires qu'ils emploient couramment entre eux. Ils en ont pour tous les évènements, pour toutes les circonstances de leur vie.

Mon livre est donc simplement du langage parlé, plein de mots régionaux, d'expressions locales. Et je crois que ce fumet du terroir constitue précisèment l'intérêt pour celui qui s'intéresse aux chinois ou qui se livre aux études de folk-lore. Les proverbes sont la sagesse des nations. Gràce à eux, on pénétrera un peu plus avant dans l'âme du chinois émigré en Mongolie. On l'y trouvera avec ses clartés et ses taches, avec ses traits caractéristiques, son train de vie, ses préoccupations, son idéal. L'espression n'est pas toujours relevée ; on y trouvera des mots grossiers ou crûs, des images terre à terre, des comparaisons peu nobles. Le peuple ne connait pas le raffinement du langage ; il est pittoresque sinon prude, il affectionne le terme fort sinon délicat. Nous avons ici la sagesse des paysans païens, de ces gens rudes attachès à la glèbe, luttant péniblement contre cette ingrate nature de Mongolie, et cela explique beaucoup de choses.

J'aurais pu faire une sélection ; mais c'eut été au détriment de la vérité. Il est bon qu'on voie avec quelle population nous avons affaire, on se fera une idée plus juste des difficultés que rencontre l'homme apostolique pour amener ces gens à la vraie civilisation. Quant aux missionnaires, il vaut mieux qu'ils trouvent ici quelques unes de ces expressions courantes qu'ils entendent bien soùvent sans les comprendre, et qu'on se permet en leur présence pour exciter le rire des auditeurs goguenards à la vue de cet européen qui ne voit pas qu'on se moque de lui.

J'ai ordonné les proverbes d'après l'ordre alphabétique du premier mot, suivant pour cela le petit "Dictionnaire Chinois Français" du R. P. Debesse S. J. Les missionnaires pourront ainsi trouver aussitôt dans le livre un dicton qu'ils entendent, ou l'ajouter s'il manque. Une table de matières se trouve à la fin du volume ; elle donne les proverbes qui pouvaient être rangés sous une étiquette déterminée ; les chiffres indiquent le numéro d'ordre. La romanisation est également empruntée au Dictionnaire Debesse. J'ai ckangé toutefois la figuration des mots 子 tse, qu'on prononce ici toujours "ze" lorsqu'il est enclitique. 的 ti, qu'on prononce : "de", et 了 liao, qu'on prononce (sauf quelques exceptions) "la".

Les caractères chinois sont écrits de droite à gauche à la manière européenne. Ce sera plus agréable au lecteur qui pourra confronter plus facilement ainsi le texte avec la romanisation et la traduction.

On verra, dans mes explications, combien j'ai puisé dans l'œuvre du R. P. Wieger, notre maître à tous. Il n'y a pas un seul missionnaire de Mongolie qui ne lui doive sa formation linguistique, et qui ne soit arrivé à la connaissance du Chinois par l'usage constant des "Rudiments". Les citations appartiennent toutes à la première édition. Enfin je remercie mes chers confrères les RP. PP. Pierre de Boeck et Camille Crabbe qui m'ont gracieusement aidé de leurs lumières.

Ou kiu nieou yao ze, 10 Septembre 1916.

五 揖 牛 窖 子

(1)

殺 人 放 火 吃 飽 飯
看 經 念 佛 常 忍 飢

Cha jen, fang houo, tch'e pao fan

K'an king, nien fouo, tch'ang jen ki

Les assassins et les incendiaires mangent toujours à satiété
Ceux qui prient et honorent Bouddha se serrent toujours le ventre
Voir Proverbe 267 qui dit le contraire

(2)

殺 人 見 血
爲 人 爲 到 頭

Cha jen kien hiue

Wei jen, wei tao t'eou

Lorsqu'on tue il faut voir du sang.

Lorsqu'on aide quelqu'un, il faut l'aider complétement.

Lorsque tu veux tuer quelqu'un, fais-le toi-même; ne t'en remets pas à autrui sous prétexte que tu ne peux voir du sang. Si tu peux aider quelqu'un, ne te sers pas d'intermédiaires.

Ce qu'on fait on doit le faire bien.   Age quod agis
Voir Proverbe 650

(3)

沙 雞 多
賣 老 婆

Cha ki touo

Mai lao p'ouo

Lorsqu'il y a beaucoup de poules des sables.
On peut vendre sa femme.

Lorsque ces oiseaux migrateurs arrivent très nombreux à la fin de l'automne ils annoncent un hiver très rigoureux, Cha-ki. *Syrrhaptes paradoxus*, encore nommé : *Le Solitaire* par Prjevalsky dans son livre : En Mongolie et pays des Tangoutes. Ces oiseaux arrivent en bandes nombreuses, et affectionnent les solitudes.

Le Syrrhaptes niche dans les steppes du plateau Mongol, Je l'y ai rencontré en été : en hiver il passe parfois en grandes bandes au dessus des montagnes côtières du plateau : ses passages sont loin d'être réguliers et dépendent probablement des chutes de neige en Mongolie.

(4)

砂 葱 菜 直 萁 草
砂 土 打 墙 墙 不 倒
女 子 嫁 漢 娘 不 惱
嫖 客 來 狗 不 咬

Cha-ts'ong ts'ai, sji ki ts'ao

Cha-t'ou ta ts'iang, ts'iang pou tao

Niu-ze kia han, niang pou nao

P'iao-k'o lai, keou pou niao

Le poireau des sables est un légume, le "tereso" est une herbe.

Lorsqu'on fait un mûr avec de l'argile sablonneuse, le mûr ne se
renverse pas.

Lorsque la fille s'acoquine avec un homme, la mère n'en est pas fâchée.

Lorsque le visiteur débauché arrive, le chien n'aboie pas.

Le sens est: Telle mère, telle fille! et comme nos gens ne
sont pas toujours concis, tant s'en faut, ils disent cela en quatre vers
qui sont à leurs yeux une suite d'aphorismes.

Sji-ki-se prononce tze-ki-ou encore tchou-ki-d'après les endroits.
C'est une haute graminée très commune aux Ortos, nommée par
Prjevalsky: Deresoun, du mot mongol tereso. et qu'il qualifie: La-
siagrostis splendens. (En Mongolie et pays des Tangoutes. Prjevalsky).
Cha-ts'ong ; petite plante gracile croissant dans certaines oasis de la
Mongolie, ayant un goût de poireau et un relent infect.

(5)

山 漢 惱 了
砂 鍋 溢 了

Chan-han nao la

Cha-kouo i la

Un imbécile qui se fâche.

C'est comme une marmite de terre qui se met à bouillir.

(Cela ne durera pas qu'il ne se soit fait tort à lui même.)

Cha kouo: marmite de sable[1] terme ironique. S'emploie
surtout pour caractériser des fonctionnaires sans habileté.   Cha kouo
koan un mandarin marmite de sable; un mandarin qui n'est bon à

(1) Cha kouo: petites marmites faites d'une argile réfractaire que des colporteurs
venus du N du Chan-si vendent aux environs de la nouvelle année: cette poterie est
bon marché, mais assez peu solide: le terme se prête à l'ironie.

rien, qu'à être mis à la porte. On procéde parfois ainsi envers des fonctionnaires mal vus, on les éconduit avec accompagnement d'un charivari assourdissant, de la musique de chaudrons ; Comme on dit en Flandre : met Ketel muziek.

Au contraire si un mandarin affectionné par le peuple est déplacé, on lui tire les bottes, qu'on remplace par des bottes neuves, et les chaussures-souvenirs sont pendues à une des portes de la ville.

(6)

善　人
人　善
心　不　善

Chan jen

Jen chan

Sin pou chan

Chez les jeûneurs
C'est l'homme qui se dit vertueux
Mais le Coeur n'est pas vertueux.

Allusion aux adeptes de la secte "Ts'ing fou kiao" qu'on appelle: Chan jen, hommes vertueux. On prétend qu'ils sont très peu accommodants et rancuniers. Delà le dicton.

Voir au sujet de la secte, le proverbe 290

(7)

山　高　怕　慢　漢
路　遠　日　子　熬

Chan kao p'a man han

Lou yuen je ze ngao

Un mont si haut qu'il soit craint un homme lent.
Si la route est longue il y mettra quelques jours de plus.

C'est le proverbe flamand : De aanhouder wint. Le persévèrant gagne.

(8)

山　高　遮　不　住　太　陽
有　理　不　在　剛　強

Chan kao tche pou tchou t'ai yang

Yeou li pou tsai kang ts'iang

Une haute montagne ne peut cacher le soleil

Avoir raison ne consiste pas à crier et à se démener.

La vérité perce toujours ; expose tes raisons sans être violent et brutal.

(9)

山 坡 上
不 要 瞧 後

Chan p'ouo chang

Pou yao chao heou

Sur le versant d'une montagne

Il ne faut jamais faire un pas en arrière.

En montaut un mont escarpé ne faites pas un pas en arrière, cela provoquerait votre chûte.

Dans la vie, il faut toujours aller de l'avant.

(10)

山 西 人 沒 手 有 腿

Chan si jen mo cheou yeou t'oei

Les gens du Chan-si n'ont pas de mains ils ont des jambes

Ils sont toujours prêts à s'enfuir à la moindre alerte, il ne leur vient même pas en tête de résister.

(11)

搧 車 改 棺 材
明 明 走 氣 的 東 西
你 還 裝 人 呢

Chan tch'e kai koan ts'ai

Ming ming tcheou k'i de tong-si

Ni hoan tchoang jen ni ?

Changer une tarare en cercueil

Mais c'est évidemment un objet qui laisse passer le vent

Et tu voudrais y enfermer un homme

Pour se moquer de quelqu'un qui a fait quelque chose en dépit du sens commun.

(12)

閃 電 婆 子 丟 了 鞋

不 知 在 雲 裡 霧 裡

Chan tien p'ouo ze kieou la hiai

Pou tcheu tsai youn li ou li

Lorsque la Mère des éclairs a perdu son soulier
Elle ne sait si c'est dans les nuages ou dans le brouillard

S'applique : ou bien à un étranger qui ne connaît ni les lieux ni les personnes, ou bien à un imbècile qui ne peut jamais se débrouiller.

Chan tien p'ouo encore nommée *Tien mou* 電母, est parfois représentée dans les grandes pagodes avec un miroir dans chaque main ; de ces miroirs part un faisceau lumineux; on la représente encore tenant une épingle à cheveux 簪 *tsan* d'où jaillissent des étincelles.

(13)

山 尖

水 清

人 薄 淡

Chan tsien

Choei ts'ing

Jen pouo tan.

Les montagnes y sont à pic
L'eau y est claire
Les gens y sont étroits d'idée.

Ce dicton s'applique toujours aux gens du Nord de la plaine de T'oumet, qui habitent au bas de la chaîne du *"Ta ts'ing chan"* Ces gens sont moins sympathiques, plus soupçonneux, moins faciles à gagner que ceux du reste de la plaine. Les missionnaires le constatent et les indigénes le proclament.

Pouo : mince, intéressé, mesquin ; tout à fait le mot anglais *"mean"; tan :* sans saveur, fade, comme on dit du thé où l'on a ménagé les feuilles. *Pouo-tan :* étroit, avare ; faisant mesquinement les choses.

(14)

山 凹 的 兎 兒 水 趕 起

三 年 的 話 酒 趕 起

Chan wa de t'ou eul chouei-kan k'i

San nien de hoa tsieou-kan k'i

La puissance de l'eau fait lever les lièvres des creux des montagnes
La puissance de l'eau de vie fait monter des paroles de trois ans

Fait dire des mots qu'on tenait enfermés depuis trois ans. Excite les vieilles rancunes. Allusion au fait que le chinois s'enivre parfois pour éructer impunément ses rancœurs accumulées.

Voir Proverbes. 877 et 878

(15)

山羊沒尾巴
大騷棍

Chan yang mo i pa

Ta sao koen

La chêvre avec son soupçon de queue
S'aventure partout

S'applique à un homme qui veut se mêler de tout; qui a son mot à dire sans qu'on l'y invite. La mouche du coche. *Sao:* aller partout, ne pas tenir en place.

(16)

山羊齦蔴節
草落盡了

Chan yang k'oen ma kia

Ts'ao louo tsin liao

Lorsque les chêvres rongent le restant des plants de chanvre
C'est que toute herbe a disparu

Tu viens trop tard. Tu as manqué l'occasion.

(17)

上山不騎馬不算馬
下山不下馬不算人

Chang chan, pou k'i ma pou soan ma

Hia chan, pou hia ma pou soan jen

Lorsque pour gravir une montagne on ne peut monter son cheval,
C'est un mauvais cheval
Lorsque pour descendre une montagne on ne descend pas de cheval,
C'est un mauvais homme

Dans le premier cas le cheval est une rosse, dans le second cas l'homme est inhumain.

(18)

上 這 山 砍 這 柴
過 那 河 脫 那 鞋

Chang tche chan, k'an tche tch'ai

Kouo na ho, t'ouo na hiai

Si tu montes cette montagne, coupe ces fagots
Si tu traverses cette rivière, enlève tes souliers.

Guide toi d'après les circonstances; *tch'ai* ou encore *tch'ai houo* fagots, combustible, brindilles. *Hié* souliers se prononce ici : *Hai*.

Voir Proverbe 21

(19)

燒 紙 是 一 把 灰
奠 上 酒 是 一 點 溼
不 如 活 的 給 一 點 吃

Chao tche, che i pa hoei

Tien chang tsieou, che i tien che

Pou jou houo de ki i tien tch'e

Qu'on leur brûle du papier, ce n'est qu'une poignée de cendres
Qu'on leur appose de l'eau de vie, ce n'est qu'un peu de liquide
C'est moins bien que leur donner un peu de nourriture quand ils vivent.

Allusion aux cérémonies pour les morts. On brûle du papier monnaie, on place de l'alcool près du cercueil ; ces honneurs posthumes rendus aux parents ne valent pas les soins qu'on prend d'eux pendant leur vie.

Comparer avec les Proverbes 141 et 817

(20)

善 惡 到 頭 總 有 報
若 要 不 報 時 辰 不 到

Chan ngo tao t'eou tchong yeou pao

Ja yao pou pao che tch'eng pou tao

Il y a une sanction pour le bien comme pour le mal
Si la sanction ne se fait pas, c'est que l'heure n'en est pas arrivée.

Ngo le mal. se prononce ici *nga*.

(21)

上 山 砍 柴
過 河 脫 鞋

Chang chan k'an tch'ai

Kouo ho t'ouo hiai

Si tu montes une montagne coupe du combustible
Si tu passes une rivière enlève tes souliers

Age quod agis

Voir Proverbe 18

(22)

上 山 擒 虎 易
開 口 告 人 難

Chang chan ts'ing hou i

K'ai k'eou kao jen nan

Il est plus facile de tuer un tigre dans la montagne
Que d'ouvrir la bouche et d'accuser quelqu'un

Parce que celui-ci aura recours aux représailles.

(23)

上 房 不 登 梯 子
急 趴 昵

Chang fang pou teng t'i ze

Ki pa ni

Pour monter sur le toit ne pas se servir d'échelle
C'est fièrement grimper.

Ki : affairé, pressé, *pa :* grimper, s'élever.
Se dit d'un flatteur, d'un courtisan, qui pour flatter consent à faire toutes les besognes, et ne trouve rien rebutant.

(24)

上 鞋 不 拏 錐 子
針 好

Chang hiai pou na tchoei ze

Tchen hao

Lorsque pour coudre des souliers on ne se sert pas de poinçon
C'est que l'aiguille est bonne

Pour coudre les empeignes à la semelle. Coudre ne rend pas bien l'opération, il vaudrait mieux dire piquer et coudre.
La semelle du soulier chinois est un assemblage de chiffons cousus entre des couches de toile, (les souliers faits en ville ont même du papier). Pour rendre ces couches superposées aussi homogènes que possible on les colle d'abord avec de la colle de farine, on perce ensuite des trous perforants et on fait des points avec de la ficelle. Ces points sont très rapprochés les uns des autres, et la corde joue donc un grand rôle dans cette semelle. L'empeigne faite de trois à quatre couches de toile collée, est piquée de bordures, de lignes ou de festons, faits non à la corde mais au fil double. Pour coudre l'empeigne sur la semelle il faut faire les trous au poinçon et y faire ensuite passer l'aiguille.

Le dicton n'est qu'en jeu de mots sur : *tchen hao* une bonne aiguille et *tchen hao* 眞 好 un vérité c'est bien.

(25)

上 有 天 堂
下 有 蘇 杭

Chang, yeou t'ien t'ang

Hia, yeou sou hang.

En tête de ligne se trouve Péking
Ensuite viennemt Sou tcheou et Hang tcheou.

Ce seraient les trois plus belles villes de Chine. *T'ien t'ang* le palais du Ciel. D'autres interprétent : "En haut il y a le ciel ; en bas *Sou-tcheou* et *Hang-tcheou*".

(26)

燒 紙 不 磕 頭
點 燈 不 撩 油

Chao tche pou k'o t'eou

Tien teng pou liao yeou

Lorsqu'on ne donne pas la prostration en brûlant du papier
C'est comme si l'on voulait allumer la lampe sans brûler de l'huile·

Un sacrifice sans prostrations ne sert à rien ; les divinités ne l'agréent pas, les âmes des morts n'en ont aucun bien ; *tche* papier, se prononce *tse*. *k'o-t'eou* se prononce *k'a t'eou*.

Voir Proverbe. 322

(27)

手着燒
疼不脚

Choa tcho cheou

Kio pou t'eng

Lorsqu'on s'est brûlé les mains
Les pieds ne font pas mal.

Le malheur d'autrui laisse indifférent.

(28)

頭無九山十
流東往水混口一
輩三無貴富
頭到不官清

Che chan kieou ou t'eou

I k'eou hoen choei wang tong lieou

Fou koei ou san pei

Ts'ing koan pou tao t'eou

Sur dix montagnes il y en a neuf sans sommets
Un fleuve d'eau trouble coule vers l'Est
Bonheur et richesse ne durent pas trois générations
Un mandarin intelligent ne sait y occuper un emploi

Ce quatrain est attribué à l'empereur K'ang hi et s'adresse au T'oumet, (au Nord Est de la boucle extrême Nord du Fleuve Jaune). L'empereur K'ang hi, dit la légende, vint ici et trouva que le *"Fong choei"* les influences telluriques de la contrée, étaient mauvaises. Les montagnes *"In chan"* connues dans le pays sous le nom de *"Ta ts'ing chan"* montagnes de la grande clarté forment une longue falaise dentelée au nord de la plaine. Au Sud, elle est est bornée par l'eau trouble du Fleuve Jaune.

Les mandarins intelligents ne désirent pas y être nommés parce qu'ils ne doivent pas attendre d'avancement. C'est ce que dit le quatrain. En pratique les postes de Kwei dwei, Sa-la-tsi et Pao-t'ou sont, au contraire très recherchés, parce qu'ils sont importants et rémunérateurs.

(29)

世 上 無 難 事
只 怕 不 用 心

Che chang ou nan che

Tche p'a pou young sin

Sur terre il n'y a pas d'affaires difficiles
On craint seulement le manque de cœur

Le manque d'énergie. Il n'y a rien d'impossible a celui qui a l'énergie nécessaire. Ce proverbe est la réplique chinoise du dicton : Impossible n'est pas français.

(30)

世 上 有 三 不 讓
銀 錢 不 讓 人
兒 女 不 讓 人
田 地 不 讓 人

Che chang yeou san pou jang

In ts'ien pou jang jen

Eul niu pou jang jen

T'ien ti pou jang jen

En ce monde il y a trois choses pour lesquelles
on ne fait aucune concession ;
L'argent ne souffre aucune concession
Les enfants ne souffrent aucune concession
Les champs qu'on cultive ne souffrent aucune concession
En effet sur ces trois points le chinois est intraitable.

(31)

世 上 有 三 不 羞
官 打 民 不 羞
父 打 子 不 羞
夫 打 妻 不 羞

Che chang yeou san pou sieou

Koan ta ming, pou sieou

Fou ta tse, pou sieou

Fou ta ts'i, pou sieou

En ce monde il y a trois choses dont on ne doit pas avoir honte
Que le mandarin frappe son peuple, il n'y a pas de honte
Que le père frappe son fils, il n'y a pas de honte
Que le mari frappe sa femme, il n'y a pas de honte

(32)

世 上 有 四 毒
雲 兒 裡 的 日 頭
洞 裡 頭 的 風
蝎 子 的 尾 巴
後 娘 的 心

Che chang yeou se tou

Yun eul li de je t'eou

Tong li teou de fong

Hieu ze de i pa

Heou niang de sin

Sur terre il y a quatre choses venimeuses
Le soleil qui darde à travers les nuages
Le courant d'air d'un corridor
La quene du scorpion
Le cœur d'une marâtre

(33)

世 上 有 四 大 難 聽
　　　磨 新 鍋
　　　發 大 鋸
　　　馿 叫 喚
　　　寡 婦 哭

Che chang yeou se ta nan t'ing

Mouo sin kouo

Fa ta kiu

Liu kiao hoa

Koa fou k'ou
En ce monde il y a quatre choses affreuses à entendre;
Polir un nouveau chaudron
Limer les dents d'une grande scie
Le "hi-han" de l'âne.
Les lamentations d'une veuve.

(34)

世 上 有 四 大 寬 滔
穿 大 鞋
放 响 屁
河 裡 洗 臉
校 塲 裡 睡

Che chang yeou se ta k'oan t'ao

Tch'oan ta hiai

Fong sing p'i

Ho li si lien

Kiao-tch'ang li choei

Sur terre il y a quatre choses très larges.
Porter de grands souliers
Lâcher un pet retentissant
Se laver le visage à même le fleuve
Dormir sur le champ de manœuvre.

(35)

十 分 伶 俐 使 七 分
留 下 三 分 與 兒 孫
十 分 伶 俐 都 使 盡
兒 孫 下 來 不 如 人

Che fen ling li che ts'i fen

Lieou hia san fen yu eul song

Che fen ling li tou che tsin

Eul song hia lai pou jou jen

Sur dix parties d'esprit il faut en employer sept
Et en laisser trois à ses fils et petits fils
Si tu emploies complétement tes dix parties d'esprit
Tes fils et tes petits fils ne seront pas des hommes

Il faut communiquer à ses enfants l'expérience acquise, si on le néglige, ils ne seront bons à rien.

(36)

時 分 八 間

Che fen pa hien

Le temps est divisé en huit périodes

Hien : proprement interstice : ici solennité.

Le nouvel an. Le *Ts'ing ming* (pure clarté). Le 5 de la 5ᵉ lune. Le 1ᵉʳ jour de l'été. Le 15 de la 7 lune. Le 15 de la 8ᵉ lune. Le 1ᵉʳ de la dixième lune. Le huit de la douzième lune.

Le jour du nouvel an est sans contredit la plus grande fête de l'année.

La pure clarté *(ts'ingming)*. 5 Avril, on remblaie les tertres des tombes, et on se paye un bon diner.

Le cinq de la cinquième lune, le jour où il faut manger les "*tsong ze*", millet gluant et jujubes enfermés dans une feuille de sorgho.

Le 1ᵉʳ jour de l'été, n'est guère observé.

Le 15 de la 7ᵉ lune, on fait des bonshommes de pâte de farine, qu'on distribue aux enfants.

Le 15 de la 8ᵉ lune est une fête solennelle en l'honneur de la lune, on mange des gateaux, des pastèques, et on boit de l'eau de vie, notre population célébre en même temps la délivrance du joug mongol. Sous la dynastie mongole des Yuen, le moine Tchou fomenta une révolte, s'empara de Nanking en 1356, et l'année suivante de Péking; il règne sous le nom de T'ai tsou, le fondateur des Ming. C'est le 15 de la 8ᵉ lune que les chinois auraient tué le mongol qui résidait dans chaque famille. (1)

Le 1 de la 10ᵉ lune terme des morts peu observé.

Le 8 de la 12ᵉ lune très important pour obtenir les faveurs sur la récolte de l'année suivante ; on mange le "*la pa fan*" le repas du huit de la douzième lune. On en met un peu sur un bloc de glace près du puits, pour voir de quel côté il découlera sous l'action du soleil, ce sera de ce côté là que la moisson réussira le mieux. Il y a encore diverses pratiques superstitieuses à observer ce jour là.

(1) On explique en Mong. Centr. la coutume de manger des iue ping 月 餅 en disant qu'on avait distribué des galettes contenant un papier sur lequel était écrite la date du 15 de la 8ᵉ lune, jour auquel il fallait tuer les Mongols.

L'histoire ne parle pas de cette tuerie.

(37)

蛇　過　道

水　甕　浸

五　海　龍　王

打　嚏　噴

若　要　不　信

剜　艾　根

Che kouo tao

Choei wong tsin

Ou hai Long wang

Ta t'i p'en

Jo hoan pou sin

Wan ngai ken.

Lorsque le serpent traverse la route
Lorsque la jarre plenre
Les Long wang des cinq points cardinaux
Eternueront ;
Si tu n'y crois pas
Déterre des racines d'absinthe.

Ce sont les signes de pluie.　Les jarres pleurent : il se forme des gouttelettes sur les parois.　Les cinq *Long-wang*, les dienx de la pluie donneront de l'eau.　Si tu veux un pronostic plus certain ; regarde les racines d'absinthe ; il s'y forme des mucosités.

Voir Proverbe 280

(38)

十　里　路　上　沒　眞　言

Che li lou chang mo tchen yen

A dix stades de distance il n'y a plus de parole véridique

Il n'y a plus moyen de connaître la vérité.　Le proverbe latin : *Fama creseit eundo.*

(39)

蛇　盤　兎

必　定　富

Che p'an t'ou

Pi ting fou

Lorsque le serpent se rencontre avec le lièvre
C'est le suprême bonheur.

Il s'agit de mariage. Les années divisées en séries de douze sont régies chacune par un animal; il y a parmi ces douze animaux des bétes qui s'accordent et d'autres qui ne s'accordent pas. La première chose qu'on demande avant de conclure des fiançailles: sous quel animal se range l'année de naissance de la future; et on voit aussitôt si cet animal s'accorde avec celui qui régit l'année de naissance du fiancé éventuel. S'il y a désaccord, toute discussion ultérieure est inutile; le mariage ne peut pas se faire. Parmi les animaux qui s'accordent, il n'y en a pas qui présagent autant de bonheur que la rencontre du serpent et du lièvre.

(40)

事不干訖
棒不打腿

Che pou kan ki

Pang pou ta t'oei

Lorsqu'on ne peut finir une affaire (en paroles)
On ne peut frapper les jambes avec un gourdin

On ne peut jamais employer d'arguments... frappants. Il y en a qui expliquent encore ainsi.

事不干己

Che pou kan ki

Lorsqu'une chose ne vous regarde pas
On n'attrape pas des coups

(41)

事大事小
一見官就了

Che ta che siao

I kien koan tsieou liao

Qu'une affaire soit grande ou petite
Du moment qu'elle est déférée au mandarins elle aura une conclusion

(42)

是 打 沒 好 手
是 罵 沒 好 口

Che ta, mo hao cheou

Che ma, mo hao k'eou

Lorsqu'on frappe, les mains ne sont pas bonnes
Lorsqu'on injurie, la bouche n'est pas bonne
Lorsqu'on frappe on qu'on insulte on a toujours tort

(43)

石 頭 搗 磨 扇
石 搗 石

Che t'eou tao mouo-chan

Che tao che.

Lorsqu'une pierre frappe une meule·
La pierre frappe la pierre.

Jeu de mots sur *che:* pierre et *che* 實 vérité, réel. et le sens est: Voici une affaire qui est franchement exposée, qui a été traitée avec toute la franchise voulue.

Che tao che de chouo ba: Dis moi cela en toute franchise, sans détours, est une phrase bien souvent employée.

(44)

蛇 鑽 的 窟
蟒 不 知 道

Che tsoan de k'ou

Mang pou tche tao.

Le serpent rampe par le trou
Le boa n'en peut faire autant.

Petits et grands ont différentes manières d'agir. Le proverbe flamand: *Schœnmaker blijf bij unsen leest.*
Cordonnier reste près de ta forme.

(45)

事要三思
免落後悔

Che yao san se

Mien lao heou hoei.

Si l'on ne réfléchit pas trois quatre fois à une affaire
On se repentira quand elle sera terminée.

(46)

事要早辦
飯要熱吃

Che yao tsao pan

Fan yao je tch'e.

Il faut traiter une affaire tout de suite
Il faut manger la nourriture chaude.

Les Chinois craignent les aliments froids, ils prétendent qu'ils occasionnent les maux de ventre. Dans la chanson populaire : Voyage vers l'ouest, la strophe suivante exprime bien cette mentalité :

吃飯吃熱飯
再不要吃冷飯
冷生飯吃下病
沒人來支應

Tch'e fan, tch'e je fan

Tsai pou yao tch'e leng fan

Leng cheng fan tch'e hia ping

Mo jen lai tse ing

Lorsque tu prends ta nourriture, mange des mets chauds
Tu ne peux plus manger des mets froids,
Des mets froids et crûs engendrent des maladies
Et personne ne viendra pour te soigner.

(47)

十 月 的 雪 硬 如 鉄

Che yue de hiue ning jou t'iè

La neige de la dixième lune est aussi dure que le fer.

Parce qu'elle ne dégèle plus et durcit comme la pierre.

(48)

神 木 米 脂 人
什 麼 也 弄 不 成

Chen-mou Mi-ze jen

Che-mo yè long pou tch'eng.

Les gens de Chen-mou et de Mi-ze
Sont incapables de faire quelque chose de bien.

Chen-mou-Mi-ze, villes proches de la grande muraille.
Voir Proverbe. 323.

(49)

身 子 立 的 正
不 怕 影 兒 斜

Chen ze li de tchen

Pou p'a yen eul sié

Si le corps se dresse bien droit
On ne s'inquiète pas si son ombre est de travers.

Bien faire et laisser dire.

(50)

勝 了 是 王 侯
敗 了 是 賊

Cheng la che wang-heou

Pe la che tse.

Vainqueurs ce sont des rois
Vaincus ce sont des voleurs.

Il s'agit des soldats qui se transforment en brigands après
avoir subi une défaite.

(51)

生 米 做 成 飯
就 不 用 再 說 了

Cheng mi tso tch'eng fan

Tsieou pou yong tsai chouo la.

Lorsqu'on a fait le brouet avec du millet vert
Il est inutile de se récrier après coup.

Inutile de se récrier quand une affaire est faite. *Cheng-mi* millet qui n'est pas mûr.

(52)

手 不 拿 油 瓶
油 不 了 手

Cheou pou na yeou p'ing

Yeou pou piao cheou.

Si tu ne prends pas la bouteille d'huile en main
Tu ne te graisseras pas la main.

Ce dicton s'énonce encore de la façon suivante :

不 倒 油 簍
不 沾 油 手

Pou tao yeou leou

Pou tchan yeou cheou.

Lorsqu'on n'use pas de la cruche à huile
On ne se graisse pas les mains.

Sens : Qui ne s'engage pas dans une mauvaise affaire, n'aura pas à en déplorer les suites.

(53)

手 支 磨 扇
你 可 支 事 了

Cheou tche mouo chan

Ni k'o tche-che la.

Que tu t'échines à reposer une meule sur ta main
Est ce que cela peut servir à quelque chose ?

Dans le sens :   Est-ce que cela peut servir à quelque chose. Est-ce que telle affaire est bien sûre ?

Tche-che : prononcé *tse se.* affirmer-preuve, certain.   *Pou tche che :* C'est inutile.

(54)

霜 降 殺 百 草
立 冬 地 不 消

Choang-kiang cha pé ts'ao

Li tong, ti pou siao.

La gelée blanche tue les herbes
Dès le début de l'hiver la terre ne dégèle plus.
La gelée blanche : 23 Octobre.   Le commencement de l'hiver : 7 Novembre.

百草 : les cent herbes : toutes les herbes : sous le climat extrême de Mongolie, toutes les plantes, même vivaces, à l'exception des espèces ligneuses, ont leur partie aérienne tuée par le froid dès le commencement de l'hiver.

(55)

誰 家 鍋
有 一 把 黑 了

Choei kia kouo

Yeou i pa he la.

Le chaudron de chaque famille
A une poignée noire.

Tout le monde a ses défauts

(56)

睡 覺 無 價 之 寶
越 睡 越 好

Choei kiao ou kia tche pao

Yue choei yue hao.

Dormir est un trésor sans prix
Plus on dort et plus c'est bon.

tche prononcé *tse.*

(57)

鼠 上 千 斤
有 怯 猫 之 意

Chou chang ts'ien kin

Yeou k'iè mao, tche-i

Sur un rat de mille livres
Qu'il y ait un chat timide, cela suffit pour qu'il craigne.
Contre la force, pas de résistance.

(58)

說 大 話 救 名

Chouo ta hoa kieou ming.

Les hâbleries sauvent la réputation.

On dit dans le même sens :

好 話 不 充 飢

Hao hoa pou ts'uen ki.

Les belles paroles n'apaisent pas la faim.

Et dans les deux cas on fait allusion à cette pratique du Chinois qui invite à dîner en comptant sûrement que vous refuserez. Il a le moyen d'être poli à bon marché. Ce serait de très mauvais goût de le prendre au mot en acceptant.

(59)

二 婚 老 婆 作 殃 喇
山 羊 皮 褲 作 響 喇

Eul hoen lao-p'ouo tso jang la

Chan-yang p'i-k'ou tso siang la.

Une femme remariée fait des misères
Un pantalon de peau de chèvre fait du bruit.

Ce dicton énonce quasi un axiôme. Une femme remariée doit faire des misères tout comme la peau de chèvre qui fait du bruit si usée qu'elle soit. Ce qui ne se produit pas avec la peau de mouton lorsqu'elle a été bien assouplie.

Ce proverbe est corroboré par le suivant.

(60)

二 婚 婆 姨 二 婚 漢
睡 到 半 夜 個 搕 轉
他 想 他 的 婆 姨
他 想 他 的 漢

Eul-hoen p'ouo-i, eul-hoen han

Choei tao pan yé ko-tch'ou tchoan

T'a hiang t'a-de p'ouo-i

T'a hiang t'a-de han.

Une femme remariée et un homme remarié
Couchés jusqu'à minuit, furieux se retournent
Il se rappelle sa première femme
Elle se rappelle son premier mari.

Lorsque deux remariés ont une brette, ils exalteront à qui mieux mieux leur premier conjoint, question de faire enrager le second pour lequel-cela s'entend-la comparaison est toujours désavantageuse. Grande délicatesse de sentiments et de procédés !

Ko-tch'ou. Le ko, est un *"pé-tzeul"* très employé dans le langage populaire d'ici, et pour lequel nous avons dû nous contenter de trouver non le caractère propre, mais le ton voulu.

(61)

兒 跟 婆 姨 女 跟 漢
丟 下 瞎 老 鬼 沒 人 看

Eul ken p'ouo i, niu ken han

Tieou-hia sié lao-koei mo jen k'an.

Le fils suit la femme, la fille suit le mari
Ils laissent les deux vieux diables, auxquels personne ne fait attention.

Tieou. abandonner. se dit souvent ici: *eul-hia;* on ne trouve pas ce caractère: *eul* dans le sens de laisser, abandonner. Ce dicton, d'une application trop fréquente, montre combien sont vaines les belles théories ronflantes des moralistes chinois traitant de la piété filiale.

Voir Proverbe. 887

(62)

二 姑 娘 坐 轎
靠 前 也 不 是
靠 後 也 不 是

Eul kou niang tsouo kiao

K'ao ts'ien yé pou che

K'ao heou yé pou che.

Lorsque la deuxième fille est assise en palanquin
Qu'elle s'appuie sur le devant ce n'est pas bien
Qu'elle s'appuie par derrière ce n'est pas bien.

Tu feras ce que tu voudras, ce sera mal de toute façon. *Eul kou niang* la 2ᵉ fille est un nom propre.

(63)

耳 伶 眼 明 手 快

Eul ling, yen ming, cheou k'oai

Les oreilles fines, l'œil clairvoyant, les mains habiles.
Voilà le type de l'homme débrouillard.

(64)

兒 女 强 求 不 得
銀 錢 强 挣 不 得

Eul niu k'iang k'ieou pou te

In ts'ien k'iang tseng pou te.

On ne peut obtenir par la violence des enfants
On ne peut gagner par la violence de l'argent.

Les enfants et la richesse viennent lentement et par les moyens ordinaires.

K'ieou veut proprement dire implorer. Ce n'est pas par la violence qu'on implore et qu'on obtient des enfants.

(65)

二 八 月
畫 夜 相 停

Eul pa yue

Tcheou yé siang t'ing.

A la seconde et à la huitième lune.
Le jour et la nuit sont d'égale durée.

Il s'agit des équinoxes.

(66)

兒 大 不 識 爺 管
女 大 不 識 娘 管

Eul ta pou che yé koan

Niu ta pou che niang koan.

Lorsque le fils est grand, il ne reconnait plus l'autorité de son père
Lorsque la fille est grande, elle ne reconnait plus l'autorité de sa mère.

Yè niang proprement grand père et grand mère : les parents.

Voir Proverbe 831

(67)

二 尺 布 裹 不 嚴
嗑 上 一 壺 渾 身 暖

Eul tch'e pou kouo pou ngan (yen)

Ho chang i hou hong-chen noan.

Avec deux pieds de toile on ne se couvre pas bien
Buvez une mesure et votre corps aura chaud.

Pour avoir chaud au lit, buvez un coup avant de vous coucher.
Ngan prononciation règionale, le caractère se lit proprement *yen*.

(68)

二 斗 莜 麥 毛 子 老 財

Eul teou yeou mai mao ze lao ts'ai

Un richard qui a deux boisseaux de poils d'avoine.

S'emploie en deux occasions :
1.) Pour dire : Cela me gratte, j'ai des chatouillements

2.) Pour désigner un homme qui fait la noce, qui dilapide son bien en folles orgies, qui se démène comme quelqu'un qui aurait un insupportable prurit.

Le grain d'avoine a de petits poils qui s'envolent facilement lorsque les grains sont secs, et qui causent de désagréables chatouillements lorsqu'ils tombent sur la peau. C'est pour cela que les ouvriers qui remuent l'avoine dans la grange s'entourent le cou d'un foulard.

(69)

耳 聽 不 如 眼 見
眼 見 爲 實 耳 聽 爲 虛

Eul t'ing pou jou yen kien

Yen kien wei che, eul t'ing wei hiu.

Il vaut mieux voir quelque chose que d'en entendre parler
Par les yeux on arrive au vrai, par les oreilles on arrive au faux.

Il ne faut pas croire tout ce qu'on dit, mais constater par soi-même si l'on veut être sûr de son fait. Dans un sens appliqué : La force de l'exemple surpasse de beaucoup celle de la parole. Comme le dicton flamand :

Woorden wekken
Voorbeelden trekken
La parole excite
Les exemples attirent.
Ce second sens est moins généralement appliqué.

(70)

兒 要 自 養
穀 要 自 種

Eul yao tse yang

Kou yao tse tchong.

Un fils il faut l'engendrer soi-même
Le millet à épis il faut le semer soi-même.

Il s'agit de comparer un fils véritable avec un fils adoptif. L'adoption est très fréquente ici, et donne rarement de bons résultats.

Le millet à épis est la céréale qui demande le plus de soins au moment de la semer.

Voir Proverbe. 671

(71)

二 月 清 明 遍 地 靑
三 月 清 明 沒 一 根

Eul yue ts'ing ming, pien ti ts'ing

San yue ts'ing ming mo i ken.

Si le ts'ing ming vient à la 2ᵉ lune, toutes les terres sont vertes
Si le ts'ing ming tombe à la 3ᵉ lune, il n'y a pas une pousse.

Ts'ing ming : la pure clarté, date fixe de l'année solaire, tombant au 5 Avril.

(72)

乏 馬 不 臥
臥 馬 不 乏

Fa ma pou wo

Wo ma pou fa.

Un cheval fatigué ne se couche pas
Un cheval qui se couche n'est pas fatiqué.

(73)

飯 飽 生 餘 事
沒 錢 出 變 事

Fan pao cheng yu che

Mo ts'ien tch'ou p'ien che.

Le rassasiement engendre des affaires sans utilité
La pauvreté fait sortir des affaires criminelles.

L'opulence fait faire des sottises, des niaiseries ; la pauvreté incite au crime.

(74)

飯 飽 一 袋 菸
賽 如 活 神 仙

Fan pao i tai yen

Sai jou houo chen sien.

Lorsqu'on est rassasié il faut fumer une pipe
Alors on est comme un dieu ou un immortel vivant.

Fumer après le repas c'est le plaisir des dieux.

Voir Proverbe suivant.

(75)

飯 飽 是 一 杯 茶
賽 如 活 神 仙 也 大

Fan pao che i pé tch'a

Sui jou houo chen sien yé ta.

Lorsqu'on est rassasié on boit une tasse de thé
Alors on est encore mieux qu'un dieu ou qu'un immortel vivant.

Ce dicton-ci est à l'usage des non-fumeurs, plutôt rares dans nos contrées.

Voir Proverbe précédent

(76)

翻 穿 皮 襖 嗑 燒 酒
裡 外 發 熱

Fan tch'oan p'i ngao, ho chao tsieou

Li wai fa jo.

Lorsqu'on porte une pelisse retournée et qu'on boit de l'eau de vie
On a chaud intérieurement et extérieurement.

Fan avec les poils en dehors; ce qui est contraire à l'habitude. L'alcool réchauffe l'intérieur, et lorsqu'on applique les mains aux poils tournés à l'extèrieur, elles ont chaud aussi.

(77)

放 賬 如 失
要 賬 如 討

Fang tchang jou che

Yao tchang jou t'ao.

Donner à crédit c'est autant que perdre
Exiger sa facture c'est autant que mendier.

Et cependant cela se fait tous les jours et par tout le monde.

(78)

糞趴牛搬家
滾蛋

Fen pa nieou pan kia

Koen tan.

Le bousier quand il déménage
Roule sa boule.

Roule sa boulette d'excréments.

Se dit en plaisantant d'une mêlée d'enfants qui se culbutent dans le sable.

Koen ba va-t-en, est un terme qu'on emploie beaucoup. Roule dehors! Tout à fait le flamand : *Rol er van onder! Rol er van onder!* Le terme est familier.

(79)

糞蝱牛跌在便壺裡
人看他受罪呢
他說是遊壺呢

Fen pa nieou tiè tsai pien hou li

Jen k'an t'a cheou tsoei ni

T'a chouo : che yeou hou ni.

Le bousier étant tombé dans un vase de nuit
Tout le monde voit qu'il va subir du dommage
Lui seul dit : je me promène dans ce vase.

Il croit qu'il se promène, alors que tout le monde voit qu'il ne pourra plus sortir du récipient.

Un imbécile croit qu'il a décroché la timbale tandis que les gens intelligents voient qu'il s'empêtre jusqu'au cou dans une affaire sans issue.

(80)

鳳生鳳
龍生龍
大耗子的小耗子
也會打洞

Fong cheng fong

Long cheng long.

Ta hao ze de siao hao ze

Yé hoei ta tong.

Le phénix engendre le phénix
Le dragon engendre le dragon
Les ratons du rat
Savent creuser des trous.

Tel père tel fils.
Voir Proverbe 427

(81)

風不颩樹不搖
人不來狗不咬

Fong pou koa, chou pou iao

Jen pou lai, keou pou iao

Lorsque le vent ne souffle pas, l'arbre ne s'agite pas.
Lorsque personne ne vient, le chien n'aboie pas.

Il n'y a pas de fumée sans feu.   Il n'y a pas d'effet sans cause. S'emploie presque toujours pour énoncer en termes convenables ce que le Proverbe 475 dit brutalement :   Lorsqu'un homme a des privautés avec une femme, c'est qu'elle l'a bien voulu.

(82)

父子不能相見
夫妻不能團圓

Fou tse pou neng siang kien

Fou ts'i pou neng t'oan-yuen.

Père et fils ne peuvent pas toujours se rencontrer
Mari et femme ne peuvent pas toujours être ensemble.

Il est, dans la vie, des moments de séparation qu'on ne peut empêcher. *T'oan-yuen* proprement : intimement lié.

(83)

富 漢 不 知 窮 漢 急
夏 了 不 要 忘 多 衣

Fou han pou tche k'ioung han ki

Hia la pou yao wang tong i.

Le riche ne connaît pas les privations du pauvre
En été il ne faut pas oublier les vêtements d'hiver.

La relation entre les deux aphorismes exprimés n'est pas d'une clarté aveuglante. Veut-on dire qu'on ne connaît que ce qu'on a expérimenté ? Le richard ne se doute même pas de ce qu'un pauvre souffre, et ce n'est que lorsqu'on est retenu à l'improviste qu'on regrette de ne pas s'être muni de ses habits d'hiver. Il est possible que pour ce proverbe comme pour d'autres il ne faille pas se violenter les méninges pour trouver une relation entre les deux membres du distique ; nos gens n'ont pas de préoccupations logiques ; d'autre part il est possible que ce dicton, passant de bouche en bouche, ait été dénaturé.

Voir *Proverbes* 422 et 181

(84)

夫 妻 二 人 同 床 睡
懷 撮 兩 條 心

Fou ts'i eul jen t'ong tch'ang choei

Hoai tch'oai liang t'iao sin.

Le mari et la femme dorment toujours ensemble
Et cependant dans leurs poitrines il y a deux cœurs.

Ils ne sont pas toujours du même avis.
S'emploie pour exprimer comment il peut y avoir divergence d'idées même entre personnes très intimes.

(85)

富 在 山 上 有 遠 親
貧 居 鬧 市 沒 人 問

Fou tsai chan chang you yuen ts'ing

P'in-kiu nao che mo jen wen.

Un richard, habitant au fond des montagnes, a des parents au loin
Qu'un pauvre habite dans un marché fréquenté personne ne se
soucie de lui

Tsai chan chang. Habitant au fond des montagnes, loin de tout le monde, ayant peu de fréquentations, se fera des amis par son argent. Un pauvre hère habitant même dans un marché fréquenté est dédaigné.

(86)

父 債 子 還
子 債 父 不 還

Fou tchai tse hoan

Tse tchai fou pou hoan.

Le fils rembourse les dettes du père
Le père ne rembourse pas les dettes du fils.

Le proverbe *"vi verborum"* est inexact; les dettes contractées par le fils du vivant de son père sont effectivement remboursées par celui ci. Le sens est: Les dettes de quelqu'un retombent sur ses descendants: le père après sa mort-ne peut plus rembourser les dettes du fils.

Tchai dette, se prononce *tsai.*

Voir Proverbe 833

(87)

夫 妻 是 米 麵
朋 友 是 酒 肉

Fou ts'i che mi mien

P'ong yeou che tsieou jou.

Entre mari et femme c'est du millet et de la farine
Entre amis, c'est de l'eau de vie et de la viande.

Il faut se mettre en frais lorsqu'on a des hôtes.

(88)

哈 吧 狗 撲 耗 子
多 管 閒 事

Ha pa keou p'o hao ze

Touo koan sien che.

Un petit roquet qui fond sur les souris
S'occupe beaucoup d'affaires qui lui sont étrangéres.

Pour dire: tu te mêles de choses qui ne te regardent pas. Les chinois de Mongolie ne connaissent pas les chiens ratiers, c'est aux chats qu'il appartient de prendre souris et rats.

(89)

海 不 能 量
心 不 能 探

Hai pou neng liang

Sin pou neng t'an.

On ne peut mesurer la mer
On ne peut sonder le cœur de l'homme.

Le cœur de l'homme est insondable comme la mer.

(90)

海 吃 殘 踢 打
死 了 不 用 定 吹 打

Hai tch'e, leng t'i ta

Se la pou yong ting tch'oei ta.

Lorsqu'on ne fait que manger sans compter et dissiper follement
A la mort, inutile d'inviter des musiciens.

Il n'y aura que des dettes, et on ne trouvera pas une sapèque pour payer les musiciens, complèment obligé de funérailles convenables.

Tch'oei ta. musiciens; souffler dans un instrument; tambour et cymbales, se dit ordinairement : 吹 鼓 獸 *tch'oei kou cheou.* ou encore 鼓 匠 *kou tsiang.*

(91)

寒 露
百 草 枯

Han lou

Pe ts'ao k'ou.

A l'époque de la "Rosée froide"
Toutes les herbes sont desséchées.

Pe-100. Les cent espèces d'herbes, toutes les herbes. *Han lou.* Rosée froide 8 Octobre.

(92)

含 上 氷
倒 不 出 水 來

Han chang ping

Tao pou tch'ou choei lai.

Lorsqu'on suce de la glace
Il est difficile de répandre de l'eau.

S'emploie pour caractériser un homme franc qui ne dit pas de mensonges. On ne peut souffler en même temps le chaud et le froid.

(93)

好 事 的 女 人 轉 鍋 台
瞎 事 的 男 人 走 州 府
好 使 的 騍 馬 不 上 陣

Hao che de niu-jen tchoan kouo-t'ai

Ha che de nan-jen tseou tcheou fou

Hao che de k'ouo-ma pou chang tchen.

Une femme habile tourne toujours autour de son fourneau
Un homme inhabile va par les districts et les préfectures
Une jument de bon emploi ne va pas à la guerre.

A chacun son métier, les vaches seront bien gardées. Une femme quelque habile qu'elle soit doit rester chez elle, tandis qu'un homme imbécile peut aller partout, et qu'une jument, malgré toutes ses qualités, sera récusée pour les soldats qui ne montent que des chevaux hougres.

Il n'y a pas que les soldats qui refusent de monter une jument, Un homme d'un certain rang serait déconsidéré s'il avait pareille monture, car c'est un signe qu'il n'est pas riche ou qu'il lésine, la jument n'étant pas un cheval de selle, mais servant surtout à la reproduction. Il n'est pas plus convenable de monter un étalon.

(94)

好 事 不 出 名
賴 事 傳 出 城

Hao che pou tch'ou ming

Lai che tch'ouan tch'ou tch'eng.

Les bonnes actions ne sont pas connues
Les mauvaises actions courent par toutes les rues.
Le bien ne fait pas de bruit, le bruit ne fait pas de bien.

(95)

好 收 的 天 年
麥 六 十
豆 八 顆
扁 豆 怎 好 就 是 三 兩 顆

Hao cheou de t'ien nien

Mai lieou che

Teou pa k'ouo

Pien teou tseu hao tsieou che san leang k'ouo.

Par une année de très bonne récolte
Le blé a soixante grains (par épi)
Les pois, huit (par cosse)
Si réussies que soient les lentilles, il n'y en a que deux, trois par cosse

(96)

好 嗑 酒 的
不 進 茶 舘

Hao ho tseou de

Pou tsin tch'a koan.

Un bon buveur d'alcool
N'entre pas dans un débit de thé.
Gosier d'ivrogne ne boit pas l'eau !

(97)

好 話 不 充 飢
墙 上 畫 馬 不 能 騎
賴 話 不 能 提

Hao hoa pou ts'ong ki

Ts'iang chang hoa ma pou neng k'i

Lai hoa pou neng t'i.

Les bonnes paroles ne remplissent pas le ventre
Un cheval peint sur le mûr ne peut être monté
Des paroles obscènes on ne peut y toucher.

Le dernier vers n'est qu'une pure théorie dont nos païens ne s'inquiétent guère malheureusement.

(98)

好 狗 含 不 出
村 外 的 骨 頭

Hao keou han pou tch'ou
Ts'oen wai de kou t'eou.

Un bon chien n'emporte pas pour manger
Les os de son village.

Il faut qu'il les mange sur place ; il ne peut les emporter au dehors sous peine de se les voir arrachés par d'autres.

On lave son linge sale en famille, ou encore : On prend toujours le parti de ses concitoyens contre un étranger.

(99)

好 狗 不 咬 上 門 的 客

Hao keou pou niao chang men de k'o
Un bon chien ne mord pas les hôtes.

Chang men de. Ceux qui sont reçus dans l'habitation.

(100)

好 狗 不 咬 鷄
好 男 不 打 妻

Hao keou pou niao ki
Hao nan pou ta ts'i.

Un bon chien ne mord pas les poules
Un bon mari ne bat pas sa femme.

"*Sans motif*" ajoutent nos campagnards, car en fait bon nombre d'entre eux ne se fait pas faute de brutaliser sa compagne. Plusieurs de mes nouveaux chrétiens m'ont affirmé avec conviction, qu'une épouse, tant qu'elle est jeune, a besoin d'une correction de temps à autre. C'est ainsi qu'on la forme !

Remarquez la prononciation : *niao* pour *iao* : mordre.

(101)

好 年 頭 不 要 忘 了 喫 糠

襯 年 頭 不 要 斷 了 喫 米

Hao nien t'eou pou yao wang la tch'e k'ang

Lai nien t'eou pou yao toan la tch'e mi.

Si lors d'une bonne année tu n'oublies pas de manger de la balle
Lors d'une mauvaise année tu ne devras pas te priver de manger du mil.

Il faut faire des économies lorsqu'on est à l'aise pour ne pas être pris au dépourvu lors d'une crise.

Il faut mettre de côté une poire contre la soif. K'ang-la balle, les glumes du millet.

(102)

好 女 不 觀 燈

好 男 不 觀 春

Hao niu pou koan teng

Hao nan pou koan tch'oen.

Une femme honnête ne regarde pas la fête des lanternes
Un homme honnête ne regarde pas les fêtes du printemps.

Le 1er jour du printemps (4 Février) le mandarin doit aller à sa rencontre. Le printemps est représenté par un homme de papier qui pousse un bœuf de même matière. On l'appelle: *Ngao wa*, et il serait le fils de *Pao wen tcheng* personne célébre de la dynastie des *Song*. Voir au sujet de ces festivités.

Wieger-Rudiments Tome IV. pp. 665 et suivantes. Il nomme le personnage en question : *Yaoma*.

Voir Proverbe. 105

(103)

好 女 不 嫁 二 夫

好 馬 不 備 雙 鞍

Hao niu pou kia eul fou

Hao ma pou pi choang ngan.

Une bonne femme ne prend pas deux maris
Un bon cheval ne porte pas deux selles.

Pou kia eul fou peut s'expliquer : ne se permet pas la polyandrie. ou bien : Veuve, ne se remarie pas ; ce qui est, je pense, le sens primitif du proverbe. Nos gens cependant expliquent plutôt de la première manière, une bonne femme ne se donne pas à deux hommes, un mari et un amant. Il est peu de veuves qui ne se remarient pas ; exception se fera pour une veuve qui a déjà de grands enfants, surtout si elle a des fils d'un certain âge et qu'elle ait le moyen de vivre. C'est que, si elle se remarie, les enfants du premier lit appartiennent à la famille de son premier mari.

Le P. L. Wieger au Tome IV. de ses Rudiments, pp. 261 et 262 parle des veuves qui ne se remarient pas :

Dans le tract intitulé : *Régler sa famille*, il est dit : Quand il y a des femmes qui, jeunes encore, gardent la viduité sans soupçons, il faut les traiter avec des égards extraordinaires et faire leur éloge à tout venant. Il faut aussi écrire sur un livre spécial leur âge, le temps qu'elles ont passé dans l'état de viduité, comment elles se sont condui-tes, afin de les faire connaître à la postérité".

Ce texte est pris à l'un des innombrables tracts moraux, édités par des lettrés privés, de toute nuance.

Voir aussi dans le même volume, *ad calcem p. 261.* ce que dit Doolittle au sujet du suicide des veuves. (*Social life of the Chinese*).

(104)

好 借 好 還

再 借 不 難

Hao tiè hao hoan

Tsai tiè pou nan.

Pour emprunter facilement il faut facilement rendre
Par la suite il n'est pas difficile d'emprunter encore.

Nos chinois ont au sujet de ce "*Hao hoan*" bien rendre, une mentalité très spéciale. Il est inouï qu'ils vous rapportent un objet emprunté, tant que vous ne le réclamez pas c'est que vous n'en avez pas besoin ; et si vous l'oubliez, vous pouvez en faire votre deuil. Il faut donc exiger, une fois, deux fois, et si alors ils vous rendent votre propriété c'est déjà très joli.

(105)

好 鉄 不 打 釘

好 男 不 當 兵

好 女 不 觀 燈

Hao t'iè pou ta ting

Hao nan pou tang ping

Hao niu pou koan teng.

Avec du bon fer on ne fait pas des clous.
Un homme honnête ne se fait pas soldat
Une femme honnête ne regarde pas les lanternes.

Que les soldats chinois d'autrefois jouissent de très peu de considération c'est ce qui n'étonnera personne de ceux qui les ont connus. C'est un ramassis de vauriens et de brigands qui n'ont ni discipline, ni bravoure.

Dans le troisième vers il s'agit de la fête des lanternes qui se célébre le quinze de la première lune. *Voir Wieger. Tome IV des Rudiments : Morale et usages, p. 659 et suivantes de la 1ère édition.* Cette fête des lanternes donne lieu à des scénes malpropres et à un dévergondage de mœurs. C'est pourquoi, les honnêtes femmes ne sortiraient pas de chez elles ce soir là ! (beaucoup ne se soucient pas de cette régle et sortent d'autant plus qu'il y a plus de *"houenn hoa"* (entrain foule).

Cfr. Proverbe 102

(106)

好 出 門 不 如 歹 在 家

Hao tch'ou men, pou jou tai tsai kia.

Faire un voyage confortable, ne vaut pas d'être précairement chez soi.

Oost. West. Est, ouest *tHuisbest.* mieux vaut le chez soi.

Voir Proverbes 297, 751, 752

(107)

好 眼

不 如 襭 線

Hao yen

Pou jou lai sien.

Un coup d'œil juste
Ne vaut pas un mauvais cordeau
Quand vous bâtissez ne faites jamais rien à vue d'œil.

(108)

耗 子 拉 木 鍬

大 頭 在 後

Hao ze la mou ts'ien

Ta t'eou tsai heou.

Lorsqu'un rat tire une pelle de bois
La grosse tête est derrière.

Sens : Cette affaire n'est pas finie ; les grosses difficultés doivent encore suivre; *mou ts'ien :* pelle en bois pour remuer les grains.

(109)

耗 子 鑽 在 風 匣 裡
兩 頭 受 氣

Hao ze tsoan tsai fong hia li
Liang t'eou cheou k'i.

Un rat qui est entré dans un soufflet
Attrape de l'air des deux côtés.

Quelqu'un qui a mécontenté tout le monde et se l'est mis à dos. *Fong hia.* Le soufflet chinois aspire et expire l'air par un système de soupapes ingénieusement conçu. Le piston travaille à l'aller et au retour et il n'y a pas de perte de mouvements, L'air entre alternativement de l'un ou de l'autre côté, et cela explique la phrase. *Liang t'eou cheou k'i.*

(110)

後 婚 老 婆 是 各 具 牛
鬏 髻 夫 妻 一 解 憂

Heou hoen lao p'ouo che ko kiu nieou
Tchoa ki fou ts'i i kiai yeou.

Une femme remariée c'est un bœuf qui a longtemps servi;
Pour dissiper le chagrin il faut des époux du premier chignon.

Ko kiu nieou, un bœuf habitué à trainer la charrue avec un autre bœuf. La femme remariée, habituée à son premier mari, est peu malléable. Il n'en est pas de même lorsqu'on prend une jeune fille, qui, pour la première fois, le jour de votre mariage, se fait un chignon, marque des femmes mariées.

(111)

喜 鵲 子 摑 小 雀 兒
捨 了 你 的 黑 臉

Hi ts'io ze tchoa siao ts'io eul
Che liao ni de he lien.

Pie, qui veux agripper un petit passereau
Tu as perdu ta noire face.

Pour se moquer de quelqu'un qui a perdu la face dans une affaire.

Les pies ne sont pas habiles à prendre les petits oiseaux, et bien souvent leurs tentatives sont vaines.

Hi ts'io ze prononcé *Hi k'iao ze.* et beaucoup plus : *Hi ts'ia ze.*

(112)

瞎 老 粗 在 崖 沿 畔
吃 脱 了

Hia lao kong tsai nai yen pan
Tch'e t'ou liao.

Une taupe qui creuse jusque sur le bord d'une falaise
Mange jusqu'à se précipiter au dehors.

. Assure sa perte. *nai t'eou, ou nai pan.* bord d'un précipice, falaise ; *tch'e :* manger-pour creuser-parce qu'elle joue du museau et des pattes pour creuser ses couloirs.

Sens : Un imbécile qui sans s'en apercevoir a contribué lui-même à sa perte.

Hia lao : traduit par taupe est plutôt un gros rongeur fouisseur très répandu dans la Mongolie.

(113)

蝦 蟆 跳 井 撲 鼕

Hia ma t'iao tsing, pou tong.

Le crapaud qui saute dans le puits fait : plouf !

Le sens est : Tu es comme un crapand qui saute dans un puits, tu ne comprends rien. Et cette signification repose sur un jeu de mots : *pou tong.* prononcé presque *pe tong.* est une simple onomatopée qui se prononce de même que : ne pas comprendre *pou tong* 不 懂.

Hia ma se prononce *ha ma*, ou plus souvent *He ma*.

(114)

瞎 子 領 瞎 子
兩 個 瞎 子 都 要 倒

Hia ze ling hia ze

Liang ko hia ze tou yao tao.

Lorsqu'un avengle conduit un autre aveugle
Les deux aveugles tomberont.

Lorsque deux imbéciles s'unissent pour arranger une affaire, le résultat est désastreux. *Si cœcus cœco ducatum prœstat ambo in foveam cadent.*

(115)

瞎 子 戴 眼 鏡 兒
另 加 的 一 層 灰 皮

Hia ze tai yen king eul (kieul)

Ling kia de i ts'eng hoei p'i.

L'aveugle qui porte des lunettes
S'ajoute une couche de peau grise.

Il s'ajoute un embarras inutile ; il s'aveugle encore plus. Se dit d'un mauvais ouvrier ajouté à d'autres. Il ne fait rien, il est inutile, ce sont les lunettes sur les yeux d'un aveugle.

(116)

鞋 大 鞋 小
不 要 走 了 樣 子

Hiai ta hiai siao

Pou yao tseou la yang ze.

Pour qu'un soulier ne soit ni trop grand ni trop petit
Il ne faut pas sortir du modéle.

Hiai se prononce toujours ici : *hai.*

(117)

向 人 向 不 過 理

Hiang jen hiang pou kouo li.

Quoiqu'on soit porté pour quelqu'un, on ne peut agir contre la justice.

On devra lui donner tort si réellement il n'a pas raison. Encore une fois de la thèorie à la pratique il y a loin.

(118)

閒 時 不 燒 香
忙 時 急 禱 告

Hien che pou chao hiang

Mang che ki t'ao kao.

En temps ordinaire on ne brûle pas d'encens
En temps de détresse on est très pressé pour rendre le culte.

Lorsque tout va bien on ne fait pas attention aux divinités, on n'a recours à elles que lorsque le péril presse.

(119)

行 好 積 好

上 山 老 虎 吃 了

Hing hao ki hao

Chang chan, lao hou tch'e liao.

**Ceux qui ont fait le bien et qui l'augmentaient toujours
Sont montés sur la montagne, et le tigre les a mangés.**

A quoi sert de faire le bien, puisque tous les gens vertueux pâtissent. C'est une maudissure que les mauvais sujets lancent par forfanterie à la tête des honnêtes gens.

(120)

學 會 名 賢 集

說 話 不 用 力

Hio hoei ming hien tie

Chouo hoa pou yong li.

**Lorsqu'on a appris le livre des proverbes
On ne doit pas faire d'efforts pour parler.**

Hio se prononce souvent *hiao*.

(121)

虛 虛 的 說 話

實 實 的 拿 錢

Hiu-hiu de chouo hoa

Che-che de na ts'ien.

**Il n'est pas difficile de dire quelques mots
Mais c'est une réalité quand on doit donner de l'argent.**

Combien n'y a-t-il pas de gens empressés à se porter garants pour autrui, ils répondent qu'une somme versée sera rendue à telle date. La date arrive, l'argent ne vient pas, tous ces beaux garants se dérobent. C'est toujours ainsi, et toujours nos chinois se laissent prendre à cette fumisterie des *"pao-jen"* répondants, garants.

On emploie encore ce dicton dans un second sens : Il n'est pas difficile de parler à tort à et à travers. Mais cela peut quelquefois coûter cher.

Voir Proverbes. 126, 550

(122)

雪 地 裡 埋 孩 子
埋 不 常

Hiue ti li mai hai-ze

Mai pou tch'ang.

Si l'on enterre un enfant sous la neige
Il ne restera pas longtemps enterré.

La neige va fondre et le corps apparaîtra. Voyez bien à qui vous confiez un secret.

(123)

黑 老 鸛 死 了 三 年
硬 拿 嘴 支

Ho lao wa seu la san nien

Ning na tsoei tse.

Une corneille qui est morte depuis trois ans
Se tient encore solidement accrochée du bec.

Se dit d'un individu qui prétend avoir raison envers et contre tous.
Tsoei tse de: Fort en gueule prêt à la réplique.

(124)

河 裡 淹 死 的 是 會 水 的
老 虎 吃 的 是 跑 山 的

Ho li yen se de che hoei choei de

Lao-hou tch'e de, che p'ao chan de.

Ceux qui se noient dans le fleuve ce sont des nageurs,
Ceux qui sont mangés par le tigre, ce sont des montagnards.
Qui aime le péril y périra.

(125)

話 是 一 句
墙 是 一 堵

Hoa che i kiu

Ts'iang che i tou.

La parole est une
Comme un mûr est un.

Il faut qu'on n'ait qu'une parole, que cette parole soit aussi solide qu'un mûr fait d'un seul bloc.

kiu est spécificatif de parole, Comme *tou* est spécificatif de mûr.

Comparez avec les Proverbes 160 et 488

(126)

話 是 個 軟 的
銀 是 個 硬 的

Hoa che ko joan de

In che ko ning de.

La parole : c'est facile
L'argent : C'est difficile.

On dit facilement un mot ; promettre ne coûte pas cher, mais donner de l'argent c'est une autre question.

Voir Proverbe 121

(127)

話 說 三 遍 淡 如 水
再 說 三 遍 沒 人 理
再 說 三 遍 打 把 嘴

Hoa chouo san pien, tan jou soei

Tsai chouo san pien, mo jen li

Tsai chouo san pien, ta pa tsoei.

Lorsqu'on dit trois fois la même chose, on est obéi,
Si l'on répéte encore trois fois, personne n'y fait attention,
Si l'on répéte encore trois fois, on reçoit des giffles.

Il ne faut pas ennuyer le monde en répétant sans cesse la même chose. Il ne faut pas scier son monde : ce que nos chinois expriment judicieusement par : *Fan sa ti* retourner encore des terres qui ont déjà été labourées.

(128)

話 說 骨 髓 疼
棒 打 肉 皮 疼

Hoa chouo, kou soei t'eng

Pang ta, jou p'i t'eng.

Des paroles dites font mal à la moelle des os
Des coups de gourdin font mal à l'épiderme.

Il y a des remarques qui sont plus douloureuses à supporter que des coups de bâton.

(129)

話 多 會 兒 說 不 完
路 多 會 兒 走 不 完

Hoa touo hoei eul choa pou wan

Lou touo hoei eul tseou pou wan.

On n'a jamais fini de parler
Comme on n'a jamais fini de faire route.

De même qu'on peut marcher, marcher toujours, sans voir la fin de la terre, de même on peut toujours parler et discourir.

(130)

話 出 寃 家 口
力 出 當 墻 牛

Hoa tch'ou yuen-kia k'eou

Li tch'ou tang chang nieou.

Les paroles qui sortent de la bouche d'un ennemi
Sont comme le joug qui blesse beaucoup les bœufs.

Le joug ne se porte pas sur les cornes, mais sur le cou. Paroles blessantes à l'égal du joug qui blesse les bœufs.

(131)

話 爲 空
筆 爲 踪

Hoa wei k'ong

Pi wei tsong.

Les paroles sont vides
Le pinceau laisse des traces.

Toutes les promesses verbales ne valent pas un acte écrit.
Voir Proverbe. 619.

(132)

壞了肐膊壞了腿看出來
壞了心看不出來

Hoai la ko-pouo, hoai la t'oei k'an tch'ou lai
Hoai la sin, k'an pou tch'ou lai.

Lorsqu'on a un bras ou une jambe cassés cela se voit
Mais qu'on ait un cœur corrompu cela ne se voit pas.

Voir Proverbes 238 et 908

(133)

黃金無種
獨居勤儉人家

Hoang kin ou tchong
Tou kiu ts'ing-kien jen kia.

L'or qui n'est pas semé
Est obtenu seulement par les gens diligents.

Tou kiu seulement, expression peu employée dans la conversation, on dit plutôt : *tan tan.*

(134)

蝗蟲吃了田
短不下牛租
氣力苦工錢

Hoang tch'oen tch'e la t'ien
Toan pou hia nieou-tsou
K'i-li-k'ou kong-ts'ien.

Même si les sauterelles mangent la récolte
Il faut malgré tout payer la location des bœufs
Et le salaire des ouvriers.

k'i li k'ou proprement : le souffle, la force et la peine.

(135)

會 說 的 說 十 句
不 會 說 的 說 一 句

Hoei chouo de chouo che kiu

Pou hoei chouo de chouo i kiu.

Celui qui a de la faconde dit dix paroles pour une
Celui qui parle difficilement se contente d'un mot.

(136)

灰 人 對 灰 人
不 用 細 叮 嚀

Hoei jen toei hoei jen

Pou yong si ting ning

Un mauvais sujet qui en rencontre un autre
Ne doit pas engager de trop fortes discussions,
Il pourrait avoir affaire à plus fort que lui.

(137)

灰 土 不 能 打 墻
女 子 不 能 養 娘

Hoei t'ou pou neng ta ts'iang

Niu-ze pou neng yang niang.

Avec de la poussière on ne peut élever des mûrs ;
Une fille ne peut nourrir sa mère.

Allusion aux mûrs de pisés qui doivent être faits avec de la
bonne argile qu'on bat au pilon. Une fille doit nécessairement être
mariée, nos gens ne voient pas d'autre perspective ; une fois mariée
elle cesse d'appartenir à sa famille pour faire partie de celle de son
mari. Elle doit dans l'occurrence nourrir ses beaux-parents, sa belle-
mère et non sa mère.

(138)

紅 蘿 蔔 入 了 搗 金 舖
有 了 換 數

Hong louo fou jou la tao kin p'ou

Yeou la hoan chou.

Lorsque les carottes rouges sont entrées dans l'atelier des lamineurs
d'or en feuilles
Elles ont moyen de se changer.

Il s'en faut que ce qu'on vend aux peintres sous le nom de
feuilles d'or soit réellement de l'or pur de tout alliage. Sens du dicton:
Tout ce qui reluit n'est pas or.

On parle de carottes rouges parce que leur couleur rappelle un
peu celle de l'or. *Louo-fou* carottes, serait peu compris ici ; on dit
toujours : *louo-pé* et au sud : *louo-pou*.

(139)

糊 打 官 司

眞 花 錢

Hou ta koan che

Tchen hoa ts'ien.

On engage un procés à la légère
Mais c'est une réalité quand on doit dépenser de l'argent.

Que de gens qui s'engagent sans réfléchir, bêtement dans une
procédure, et puis qui se trouvent devant la triste réalité de devoir
dépenser de l'argent.

(140)

鬍 髭 上 貼 膏 葯

看 一 看 毛 病

Hou ts'ai chang t'iè kao yo

K'an i k'an mao ping.

Lorsque tu colles un emplâtre sur ta barbe
Vois d'abord si tes poils sont malades.

Jeu de mots sur *mao ping* : poils malades et *mao ping* défaut
qui s'expriment de la même façon.

Sens : Fais donc attention à tes défauts : toi qui agis inconsidé-
rément; toi qui te colles un emplâtre sur la barbe, alors que tu devrais
savoir que dans ces conditions l'emplâtre n'adhère pas.

(141)

活 的 給 一 口 喫

死 了 强 如 哭

Houo de ki i k'eou tch'e

Se la, ts'iang jou k'ou.

Donner une bouchée de nourriture quand il vit
Vaut mieux que de pleurer quand il est mort.

Il vaut mieux nourrir ses parents et les honorer quand ils vivent que de les pleurer après leur mort. Cette recommandation n'est pas inutile pour bon nombre de nos indigènes.

Voir Proverbes 19 et 817

(142)

鬍 髭 上 的 飯
吃 不 飽

Hou ts'ai chang de fan

Tch'e pou pao.

Avec la nourriture qui reste attachée dans la barbe
On ne se rassasiera pas.

Se faire le parasite de quelqu'un reste toujours précaire. Se dit par moquerie envers les pique-assiette.

(143)

虎 肚 裏 兒
剝 不 出 狼 兒 子 來

Hou tou li eul

Pa pou tch'ou lang eul ze lai.

Du ventre d'un tigre
Ne peut être émis un louveteau.

Un homme fort ne peut engendrer des enfants faibles. Un imbécile ne donnera pas le jour à des génies. Bon chien chasse de race.— 裏兒 *li-eul.* à l'intérieur, de l'intérieur ; se prononce dans la contrée : *heul,* dont le caractère n'existe pas.

(144)

火 神 廟 點 燈
烘 灼 呀

Houo chen miao tien teng

Hong chao ya.

Lorsqu'on allume une lampe dans la pagode du dieu du feu
Aussitôt tout flambe.

Pour dire : que les ennuis viennent de tous les côtés à la fois.

(145)

活 的 不 給 吃

死 了 强 如 哭

Houo de pou ki tch'e

Se lao ts'iang jou k'ou.

Si on ne lui donne pas à manger de son vivant
Il vaut mieux qu'il meure plutôt qu'il continue à pleurer.

Les parents qui sont obligés de supplier leurs enfants pour que ceux-ci les assistent. Pareille vie est par trop pénible, il faut leur souhaiter la mort.

Voir Proverbe 141

(146)

火 給 寒 人 烤

飯 給 飢 人 吃

Houo, ki han jen k'ao

Fan, ki ki jen tch'e.

On donne le feu à quelqu'un qui a froid pour qu'il se chauffe,
et de la nourriture au famélique pour manger.

Chacun doit faire en son temps ce qu'il convient de faire.

(147)

火 到 猪 頭 爛

錢 到 公 事 辦

Houo tao tchou t'eou lan

Ts'ien tao kong che pan.

En faisant suffisamment de feu on amollit une tête de porc
En dépensant suffisamment d'argent on arrive à pousser une affaire.

Pour se moquer des mandarins friands de pots de vin.

(148)

活 羊 拉 到 桌 子 上

離 死 不 遠 了

Houo yang la tao tchouo ze chang

Li se pou yuan la.

Lorsqu'un mouton vivant est traîné près de la table
Il n'est plus loin de la mort.
Pour désigner un événement prochain et inévitable.

(149)

衣 裳 爛 了
各 人 補

I chang lan la

Ko jen pou.

Celui qui déchire ses habits
N'a qu'à les rapiécer lui-même.

Chacun est responsable de ses actions.
Tout à fait le proverbe flamand :   *Wie t potjen breekt, t potjén betaalt.*   Celui qui fait la casse la paye.

Voir Proverbe 351

(150)

一 方 子 的 水 土
養 一 方 子 的 人

I fang ze de choei t'ou

Yang i fang ze de jen.

Le climat d'une contrée
Produit les hommes d'une même contrée

Les indigénes d'une même contrée ont beaucoup de points de ressemblance à cause du climat identique sous lequel ils sont nés.
On dit aussi :

一 方 水 土
一 方 人

I fang choei t'ou

I fang jen.

Il y a le climat d'une contrée
Comme il y a les gens d'une contrée.

(151)

一 分 漢 子 一 分 理
十 分 漢 子 全 有 理

I fen han ze, i fen li

Che fen han ze ts'iuen yeou li.

Si tu as une part d'audace, tu auras une part de raison
Si tu as dix parts d'audace, tu auras tout-à-fait raison.

Tu t'imposeras aux autres en proportion de l'audace que tu leur montres.

Han ze-pour li hai han ze, un matamore.

Tang hao han ze ; un aventurier casse-cou ; un mauvais sujet.

(152)

一 夫 捨 命
萬 人 難 堵

I fou che ming

Wan jen nan tou.

Lorsqu'un homme est prêt à sacrifier sa vie
Dix mille hommes le retiendront difficilement.

Lorsqu'on ne craint pas la mort on se rit des difficultés.

(153)

一 斧 揳 的 牢
至 死 不 個 搖

I fou sié de lao

Tze che pou ko-yao.

Enfoncé ferme d'un coup de marteau
Jamais cela ne bouge plus

Une fois qu'une chose est bien stipulée il n'y a plus de misères dans la suite.

Voir Proverbes 348 et 621

(154)

依 人 論 事
不 是 依 事 論 人

I jen liun che

Pou che, i che liun jen.

On regarde aux gens pour traiter une affaire
Et on ne se base pas sur une affaire pour traiter les gens.

On fait acception de personnes, on traite une affaire eu égard
à la personne qu'elle concerne. Et il faudrait juger une cause d'après
la cause elle-même sans s'inquiéter des personnes qu'elle concerne.
Cette manière d'agir n'est pas seulement chinoise; qu'on se rappelle la
fable de La Fontaine : *Les animaux malades de la peste*, et la conclusion:

Selon que vous serez puissant ou misérable, Les jugements de cour vous
rendront blanc ou noir.

(155)

一 人 不 嗑 酒
二 人 不 耍 錢

I jen pou ho tsieou

Eul jen pou choa ts'ien.

Seul on ne boit pas d'alcool
A deux on ne joue pas aux sapèques.

Ce n'est que dans les dictons et les chansons populaires qu'on
rencontre ce *"euljen"* deux personnes; dans le langage ordinaire on dira
toujours : *liang ko jen.*

Un mot d'explication pourquoi on ne peut jouer à deux ne serait pas superflu,
est-ce parceque la roulette *(yà pao)* exige quatre partenaires ?

(156)

依 人 算
沒 窮 漢

I jen soan

Mo k'iong han.

Du moment qu'on calcule
Il n'y a plus de pauvres.

C'est parce qu'on ne réfléchit pas avant de faire quelque chose
qu'on s'appauvrit.

(157)

一 人 造 反
九 族 遭 殃

I jen tsao fan

Tsieou tsou tsao yang.

Lorsqu'un individu se révolte

Toute sa parenté en subit les conséquences.

Tsou clan, parenté, en opposition avec : *i kia :* une maisonnée, une famille.

(158)

一 擩 嘴
三 分 理

I jou tsoei

San fen li.

Dès qu'il remue la bouche

Il lui faut trois parts d'intérêt.

Il ne parle que lorsqu'il espère en retirer quelque profit. Il ne fait jamais une action désintéressée. Son intérêt personnel voilà ce qui guide ses paroles et ses actes.

Tout à fait le même sens que le proverbe 469

(159)

一 舉 兩 得

I kiu leang te.

Faire d'une pierre deux coups.

(160)

一 君 一 言
快 馬 一 鞭

I kiun i yen

K'oai ma i pien.

Un homme comme il faut n'a qu'une parole

A cheval rapide un coup de fouet suffit.

Voir Proverbes. 125 et 488

(161)

一 個 人 說 話 全 有 理
兩 個 人 說 話 見 高 低

I ko jen chouo hoa ts'iuen yeou li

Liang ko jen chouo hoa kien kao-ti.

Un homme qui parle tout seul a toujours raison.
Quand on est deux à parler, c'est à voir qui aura raison.

(162)

一 個 人 一 個 性

一 個 將 軍 一 個 令

I ko jen i ko hing

I ko tsiang-kiun i ko ling.

Chaque homme a son naturel
Chaque général donne ses ordres.

Tout à fait le proverbe flamand: *Nieuwe bazen nieuwe wetten.*
De nouveaux maîtres donnent de nouveaux ordres.

(163)

一 個 人 不 貪 二 藝

I ko jen pou t'an eul i

Un homme ne peut désirer deux choses à la fois
Ne pas poursuivre deux lièvres à la fois.

(164)

一 个 皮 錢 四 個 字

各 人 不 說 各 人 的 不 是

I ko p'i-ts'ien se ko tse

Ko jen pou chouo ko jen de pou che.

Les anciennes sapèques portent quatre caractéres
Personne n'avoue ses propres fautes.

Ici encore on ne voit pas bien la connexion entre les deux
parties du dicton.

P'i-ts'ien, vieilles monnaies de cuivre qui ne portent des caractères que sur une des faces.

(165)

一 圪 疸 臭 肉

壞 滿 鍋 的 湯

I ko ta tch'eou jou

Hoài man kouo de t'ang.

Il suffit d'un morceau de viande corrompue
Pour gâter le bouillon de toute une marmite.

Un mauvais sujet dans une famille suffit pour la mettre tout entière sur la paille.

(166)

一 個 錢 一 斗 穀

沒 一 個 錢 守 住 哭

I ko ts'ien i teou kou

Mo i ko ts'ien cheou tch'ou k'ou.

Avec une sapèque on peut acheter un boisseau de millet
Sans une sapèque on ne récolte que des larmes.

Ceux qui n'ont absolument rien ne peuvent rien se procurer. Le premier vers est assez curieux et est expliqué de la façon suivante: Il est clair que pour une sapèque on ne peut acheter un boisseau de millet, mais si par impossible le millet était à ce prix dérisoire, on pourrait l'acheter ; tandis que si l'on n'a rien, mais là d'une façon absolue, quelque bon marché qu'une chose se vende, on ne peut se la procurer.

Aussi peu que l'on possède, on possède cependant quelque chose, mais ne rien posséder du tout, c'est là le chiendent !

(167)

一 个 羊

剝 一 張 皮

I ko yang

Pa i tchang p'i.

D'un seul mouton
On n'écorche qu'une peau.

On ne peut l'écorcher deux fois ; on ne peut faire payer quelqu'un deux fois.

I ko yang, est d'expression peu soignée, un homme qui surveille un peu son langage dira ; *i tche yang*, 一 隻 *tche* étant le spécificatif déterminé.

(168)

一 鍋 費 水
兩 鍋 費 米

I kouo fei choei

Liang kouo fei mi.

Une marmite absorbe beaucoup d'eau
Deux marmites absorbent beaucoup de mil.

Il vaut mieux préparer une marmite pour tout le monde, c'est plus économique que d'en préparer plusieurs petites. Le dicton s'applique au "*Ling kia*", la division de la famille. Il est plus économique que tous les jeunes ménages vivent ensemble et mangent au pot commun.

(169)

一 馬 不 被 雙 鞍
忠 臣 不 事 二 主

I ma pou pi choang ngan

Tchong tch'eng pou che eul tchou.

On ne met pas deux selles sur un cheval;
Un bon ministre ne sert pas deux maîtres.

On dit encore :

好 馬 不 被 雙 鞍
好 女 不 經 二 夫

Hao ma pou pi choang ngan,

Hao niu pou hing eul fou.

On ne met pas deux selles sur un cheval;
Une bonne femme ne prend pas deux maris.

Ou d'une manière plus brève.

一 馬 一 鞍

I ma i ngan

Un cheval, une selle.

Et alors cela veut dire : *Il ne faut pas poursuivre deux lièvres à la fois.*

(170)

一 年 的 官 司
十 年 的 仇

I nien de koan che
Che nien de tch'eou.

Une année de procès
Engendre dix ans de rancune.

Voir Proverbe 272

(171)

一 牛 下 九 犢
共 拉 五 張 犁
回 頭 看 誰
也 替 不 下 誰

I nieou hia kieou tou
Kong la ou tchang li
Hoei t'eou k'an choei
Jé t'i pou hia choei.

Une vache ayant mis bas neuf veaux
Ensemble ils tirent cinq charrues;
Elle ne peut ni tourner la tête pour regarder l'un d'entre eux
Ni s'appuyer sur l'un d'eux.

Dans une famille nombreuse tout le monde doit mettre la main à la pâte, aussi bien les parents que les enfants.

Nos gens emploient deux bœufs ou deux vaches pour tirer une charrue. La vache et ses neuf rejetons tirent cinq charrues; elle n'a pas le temps de regarder ce que font les autres, ni de se reposer sur tel ou tel pour faire la besogne, puisqu'elle doit donner elle-même pour parfaire le nombre.

Voir Proverbe 659

(172)

一 百 六 的 九 十 個
三 百 抛 了 五 十 個
還 是 二 百 五

I pé lieou de kieou che ko

San pé p'ao la ou che ko

Han che eul pe ou.

Ajoute quatre vingt dix à cent soixante,
Soustrais cinquante de trois cents,
C'est toujours deux cent cinquante.

De quelque côté que tu le retournes, c'est toujours un deux cent cinquante, un benêt, un imbécile.

On dit encore : *Pou keou san pe.* Il n'a pas assez pour faire trois cents, et tout le monde comprendra qu'il s'agit de deux cent cinquante et que c'est un imbécile.

Ce terme: deux cent cinquante s'emploie encore plus que *leng-ze, ou leng jen, ou yu-men jen,* pour dire à quelqu'un : tu es un imbécile.

(173)

一 輩 英 雄
十 輩 就 鬆

I pei in hiong

Che pei tsieou song.

Si une génération a été batailleuse
Les dix générations suivantes seront timides.

Parce qu'elles seront ruinées par les procès intentés par ou à la génération batailleuse.

Voir Proverbe 175

(174)

一 輩 子 掙 下 一 個 紅 羅 傘
一 風 颺 了 光 不 攤

I pei ze tseng hia i ko houng louo chan

I fong koa la koang pe-t'an.

Lorsque par toute sa vie on a gagné un parasol de gaze rouge
Vient un souffle de fort vent, et c'est un terrain nu.

Les honneurs sont précaires, un rien suffit pour vous jeter en bas. *Hong louo chan,* encore *Wan ming chan.* 萬 名 傘: le parasol aux dix mille noms offert par souscription à un personnage qu'on veut honorer, ou dont on veut célébrer les services. Les noms des donateurs sont découpés dans du velours, puis collés, ou bien brodés ou écrits sur le parasol d'honneur.

(175)

一 輩 子 坐 官
十 輩 子 打 磚

I pei ze tsouo koan

Che pei ze ta tchoan.

Si une génération a eu le grade de mandarin
Les dix générations suivantes seront des mendiants.

Même sens que le proverbe précédent. La faute des ancêtres se paye par leurs descendants.

Le *ta-tchoan de*, littéralement batteur de briques, est un mendiant faisant partie d'une corporation, et non un simple mendiant ordinaire nommé *t'ao tch'e de*. A *Kwei-dwei* (Ville Bleue) près du tribunal du *Eul-fou*, il y a un établissement ou refuge pour mendiants, nommé "*Yang tsin yuen*", qui reste ouvert jusqu'au deuxième jour de la deuxième lune, et où le mandarin pourvoit à leurs besoins. Après cette date, le refuge est fermé. La bande, parfois au nombre de plusieurs centaines, ayant une licence écrite du mandarin, s'en va mendier dans la contrée. C'est presque toujours une calamité pour les habitants d'un petit village que de voir leur endroit envahi par ces gens éhontés, qui s'annoncent en frappant des briques l'une sur l'autre (d'où leur nom: *ta tchoan de)* et en faisant tapage. C'est moins l'aumône qu'une rançon que les mendiants exigent. Dans les villages importants ils sont logés à la pagode et les autorités communales leur donnent un secours prélevé sur la caisse commune. Les "*ta tchoan de*" sont des parias, et leur moralité est infâme.

Voir Proverbe 173

(176)

一 歲 不 跟
二 歲 不 離

I soei pou ken

Eul soei pou li.

A un an, il n'accompagne pas,
A deux ans plus moyen de l'éloigner.

Se dit de l'ânon qui folâtre de tous côtés la première année, et qui ensuite ne veut plus quitter l'ânesse.

Sens : lorsqu'il était nécessaire de s'occuper d'une affaire, il n'en avait cure, maintenant que c'est trop tard il le fait.

(177)

一 朝 天 子
一 朝 臣

I tch'ao t'ien tse

I tch'ao tch'eng.

Tel empereur
Telle cour impériale.

Tel mandarin, tels satellites ! Ce qui est peu flatteur pour nos
"père et mère" du peuple, les satellites étant un ramassis d'éhontés
coquins.

(178)

一 遭 生
兩 遭 熟

I tsao cheng

Liang tsao chou.

Une fois, cela vous est étranger,
Deux fois, vous avez l'habitude.

Une chose qu'on fait pour la première fois est difficile, on ne
sait comment il faut s'y prendre ; la seconde fois c'est déjà facile.

(179)

一 隻 手 拍 不 響
兩 隻 手 同 有 過

I tche cheou p'ié pou hiang

Liang tche cheou t'ong yeou kouo.

D'une main on ne peut claquer (des mains),
Les deux mains sont requises pour cela.

Proprement : *t'ong yeou kouo*, les deux sont en faute, *p'ié hiang*,
claquer ensemble, *samen kletsen*.

Le sens est : dans une dispute les torts ne sont jamais d'un
côté seulement.

Voir Proverbes 260 et 435

(180)

一 紙 入 公 門
九 牛 拔 不 動

I tche jou kong men

Kieou nieou pa pou tong.

Un papier étant entré au tribunal
Neuf bœufs ne peuvent l'ébranler.

Il s'agit d'un acte officiel, édité par le mandarin. En fait, nos gens en prennent à l'aise avec ces édits de tout genre, sachant fort bien qu'il est, avec les mandarins, des accommodements. Par exemple la prohibition de la culture du pavot. On graisse la patte du fonctionnaire, et même dans les rares cas où celui-ci resterait insensible aux pots de vin, on s'entend avec les satellites et les soldats chargés de faire exécuter la consigne.

(181)

一 天 拿 兩 天 的 乾 糧
夏 天 出 門 拿 多 天 的 衣 裳

I t'ien, na liang t'ien de kan liang

Hia t'ien tch'ou men na tong t'ien de i chang.

(Tu pars) pour un jour, emporte des provisions pour deux jours,
Tu voyages l'été, emporte tes habits d'hiver.

C'est l'imprévu qu'il faut prévoir. Ce second point semble très important pour nos chinois, il se trouve énoncé dans plusieurs dictons. Kan liang, proprement biscuits.

Voir Proverbes 83, 422

(182)

一 天 攮 長 虫 早 嗑 四 兩
一 年 攮 長 虫 當 个 鄉 長
一 輩 子 攮 長 虫 娶 大 小 老 婆

I t'ien nang tchang tch'ong : tsao ho se liang

I nien nang tchang tch'ong : tang ko hiang-tchang

I pei-ze nang tchang tch'ong : ts'iu ta siao lao-p'ouo,

Veux-tu avoir beaucoup de misères dans la journée?
Au matin bois quatre onces (d'alcool).
Veux-tu avoir beaucoup de misères dans l'année? Deviens bourgmestre.

Veux-tu avoir beaucoup de misères pendant toute ta vie ?
Prends une femme en titre et une concubine.

Ils sont rares dans nos contrées les chinois qui pratiquent la polygamie ; c'est surtout parce qu'ils ne sont pas assez riches pour se permettre ce luxe. Par contre chez les Mongols Ortos le cas est très fréquent.

喤 虫 prononcez *tchang tch'ong:* les caractères de cette expression n'existent probablement pas, on a choisi les 2 caractères ci-dessus simplement pour rendre le son.

(183)

一 酒 待 百 客

I tsieou tai pé k'o.

Il faut inviter cent hôtes d'un coup.

Il vaut mieux traiter beaucoup de convives en une seule occasion que peu de convives en plusieurs fois ; c'est moins coûteux ; *k'o,* invité, se prononce *ts'ia* dans ce dicton ; on dit plus souvent : *ts'ia jen,* un visiteur, un hôte, que *k'o jen.*

(184)

一 進 了 城 門
挨 了 個 兜 嘴
入 鄉 隨 鄉

I tsin la tch'eng men

Nai la ko teou tsoei

Jou hiang, soei hiang.

Si en entrant par la porte d'une ville
Tu dois recevoir une giffle,
Puisque tu entres dans la région, suis la région.

Si c'est l'habitude, encaisse stoïquement ta giffe, car il faut se plier aux usages locaux. *Hiang :* village, campagne, province. Comparez avec le proverbe 844

(185)

一 井 有 甜 有 苦
一 家 人 有 佳 有 愚

I tsing yeou t'ien yeou k'ou

I kia jen yeou kia yeou yu.

Dans un puits il y a du doux et de l'amer,
Dans une famille il y a des bons et des mauvais.

(186)

一 坐 席
就 嗑 醉

I tsouo si

Tsieou ho tsouei.

A un banquet
Il faut être ivre.

Pour nos chinois, il n'y a rien de déshonorant à cela, pourvu qu'on ne fasse pas de sottises.   Il y a de bons pochards, il y en a de mauvais.   Vous vous enivrez à fond, et vous vous faites emporter sur votre lit où vous ronflez à poings fermés, tout le monde trouvera que vous avez du savoir vivre. Mais si vous avez le vin mauvais et que vous cherchiez des disputes, vous serez blâmé par chacun.   L'ivresse en soi n'est donc rien, tout dépend de la manière dont on la supporte.

(187)

一 言 出 口
四 馬 難 追

I yen tch'ou k'eou

Se ma nan tchoei.

Une parole sortie de la bouche
Quatre chevaux la rapportent difficilement.

On ne peut plus arrêter une parole une fois qu'elle a été prononçée.

(188)

銀 手 金 肐 膊
能 掙 能 踢 打

In cheou, kin ko pa

Neng tseng neng t'i ta.

Tu as la main d'argent et le bras d'or
Tu peux gagner, tu peux aussi dépenser.

Un homme large, généreux, qui fait bien les choses, et qui par son habileté est en mesure de se montrer large.

Cela compte comme fine plaisanterie; comme une flatterie délicate qu'on lance à la tête d'un hôte dont on espère une invitation à dîner, *t'i* donner des coups de pied, *ta* frapper, se traduirait assez bien par les mots flamands : *wegstampeu en wegslagen,* écarter à coups de pied et à coups de poing.   Dépenser sans compter.

(189)

銀 錢 是 死 寶
兒 女 是 活 寶

In ts'ien che se pao

Eul-niu che houo pao

L'argent est une richesse morte
Les enfants sont une richesse vivante.

Les enfants valent mieux que l'argent, parce qu'ils peuvent travailler pour leurs parents et les aider.

(190)

銀 錢 不 讓 人
子 女 不 讓 人
地 土 不 讓 人

In ts'ien pou jang jen

Tze-niu pou jang jen

Ti-t'ou pou jang jen.

On ne fait aucune concession lorsqu'il s'agit d'argent
On ne fait aucune concession lorsqu'il s'agit de ses enfants
On ne fait aucune concession lorsqu'il s'agit de terre.

Remarquez le parallélisme :
In-ts'ien — argent et sapéques — fonds.
Tze-niu — fils et fille — enfants.
Ti t'ou — glébe et terre — terres.

(191)

銀 錢 值 糞 土
臉 面 值 千 金

In ts'ien tche fen-t'ou

Lien-mien tche ts'ien kin

La richesse n'est que du fumier
La face vaut mille livres.

Il n'y a certes pas un seul de nos chinois qui dise ce premier vers avec conviction.

(192)

贏 了 錢 買 花 帶
輸 了 錢 解 褲 帶

Ing la ts'ien, mai hoa tai

Chou la ts'ien, kiai k'ou tai.

Si elle gagne au jeu, elle achéte des rubans multicolores,
Si elle perd au jeu, elle délie la ceinture de son pantalon.

Il s'agit des femmes adonnées au jeu: si elles gagnent elles achétent des objets de toilette, si elles perdent, elles se prostituent pour de l'argent.

Le dicton s'énonce encore autrement:

Yeou ts'ien de mai hoa tai,

Mo yeou ts'ien de kiai k'ou tai.

Lorsqu'elle a de l'argent elle achéte des rubans
Lorsqu'elle n'a pas d'argent elle se prostitue.

Et alors, cela s'applique aux femmes en général, pour lesquelles trop souvent, hèlas, le second vers est vrai; quant au premier, il est vrai dans tous les pays, une femme est toujours plus ou moins coquette et aime la parure.

(193)

讓 人 一 步
自 己 寬

Jang jen i pou

Tse ki k'oan.

Si tu cédes un pas à autrui
Toi-même tu en méneras large.

Il n'y a rien de tel que d'étre conciliant.
Pou, proprement deux enjambées; une enjambéc, qu'on appelle "*pas*" en Europe ne se dit pas "*pou*" mais "*h'iao*".

(194)

人 善 受 人 欺
馬 善 受 人 騎

Jen chan cheou jen k'i

Ma chan cheou jen k'i.

Un homme doux permet qu'on le tracasse
Un cheval doux permet qu'on le monte.

(195)

人 是 舊 的 好
衣 裳 是 新 的 好

Jen che kieou de hao

I chang che sin de hao.

Ce sont les vieux amis qui sont les meilleurs
Ce sont les nouveaux habits qui sont les meilleurs

Les vieilles gens, les vieux amis, ceux qu'on connait depuis longue date. Même sens à peu près que le dicton flamand : *De onbekende maakt den onbeminden.* Quelqu'un qu'on ne connaît pas on s'en défie.

I chang pour *i foi*, les habits, on dit encore beaucoup *chen ming.*

(196)

人 是 注 刑
不 注 德

Jen che tchou hing

Pou tchou te.

L'homme prend notice des punitions
Il ne prend pas notice de la vertu.

L'homme se conduit bien par crainte et non par amour de la vertu.

(197)

人 生 不 滿 百
常 懷 千 歲 憂

Jen cheng pou man pé

Tch'ang hoai ts'ien soei yeou.

La vie de l'homme ne dure pas cent ans
Et dans son sein il a sans cesse des peines de mille ans.

Les peines et les angoisses d'une vie humaine sont tellement grandes qu'on pourrait les répartir dans un laps de temps de mille ans.

(198)

人 升 多 了 有 仇
牲 口 升 多 了 有 恩

Jen cheng touo la, yeou tch'eou

Cheng-k'eou cheng touo la, yeou ngen.

Lorsque les hommes habitent longtemps ensemble ils se haïssent

Lorsque les animaux habitent longtemps ensemble, ils s'aiment.

Cheng, ou encore : *chan*, habiter *(pe tzeul)* est un mot régional. *Ni cheng de hao.* Habites-tu en paix.

Tche-li hao chan de. Ici il fait bon habiter, on emploie beaucoup moins : 住 *tchou*, dans le sens d'habiter.

(199)

人 生 萬 等
等 等 不 一

Jen cheng wan teng

Teng teng pou i

Les hommes naissent de dix mille espèces

Toutes ces espèces ne sont pas de même.

Il n'y a pas deux hommes qui se ressemblent.

(200)

人 的 明 悟 有 限
人 的 心 肯 變

Jen de ming ou yeou hien

Jen de sin k'en pien.

L'esprit humain a des limites

Le cœur humain varie souvent.

(201)

人 的 名 頭
樹 的 陰 涼

Jen de ming-t'eou

Chou de ing-liang.

La réputation d'un homme

L'ombre donnée par un arbre.

Ce sont deux choses qui apparaissent aux yeux de tout le monde. Ou bien. La réputation s'attache à quelqu'un, comme l'ombre s'attache à un arbre.

(202)

人 閒 長 指 甲
心 閒 長 頭 髮
喝 酒 吃 肉 兩 手 光
抬 柴 鬧 草 兩 手 瘡

Jen hien tchang tche kia

Sin hien tchang t'eou fa

Ho tsieou, tch'e jou, liang cheou koang

T'ai tch'ai, nao ts'ao liang cheou tch'oang.

Chez un homme inoccupé les ongles poussent
Lorsque le cœur est en repos, les cheveux poussent
Quand on peut boire du genièvre et manger de la viande les deux mains
sont nettes
Quand on doit rassembler du combustible et couper de l'herbe les deux
mains ont des ulcéres.

Ce proverbe décrit les différences de condition entre un riche fainéant et un pauvre qui doit peiner pour vivre.

En Chine les gens à l'aise laissent pousser leurs ongles en signe de désœuvrement. Une natte longue et bien fournie est également un signe qu'on a du temps pour faire toilette.

(203)

人 哄 地
地 哄 人

Jen hong ti

Ti hong jen.

Si l'homme trompe la terre
La terre trompe l'homme.

Si l'homme ne donne pas à ses terres tous les soins qu'elles réclament, la terre se vengera en ne donnant pas de récolte.

(204)

人 活 臉 樹 活 皮
墻 頭 活 的 一 團 泥

Jen houo lien, chou houo p'i

Ts'iang t'eou houo de i t'oan ni.

L'homme vit de sa face, l'arbre de son écorce,
La crête d'un mûr vit d'une agglomération de boue.

I t'oan, a dans la contrée un sens très précis ; on le dit de la quantité de boue qu'on peut prendre sur une bêche, ou dans un petit sac de toile, qu'on hisse au bout d'une corde, si le bâtiment est trop haut pour que le manœuvre puisse lancer la bêche chargée de boue au plafonneur qui se trouve sur l'échafaudage.

Le sens du second vers est donc : le mûr ne reste debout que si l'on applique aussitôt une bêche de boue sur une lézarde qui s'est produite à la crête d'un mûr ; car si l'on n'y veille, la lézarde augmentera et deviendra irréparable.

(205)

人 活 一 世
草 活 一 秋

Jen houo i che

Ts'ao houo i ts'ieou.

L'homme ne vit qu'une vie
L'herbe ne vit qu'un automne.

i che : proprement : une génération. Autre façon d'exprimer le même proverbe :

人 活 一 世
螞 蚱 活 一 秋

Jen houo i che

Ma tcha houo i ts'ieou.

Les hommes ne vivent qu'une vie
Les sauterelles ne vivent qu'un automne.

(206)

人 活 七 十 古 來 稀
活 的 老 了 沒 人 理

Jen houo ts'i che kou lai si

Houo de lao la, mo jen li.

Qu'un homme vive septante ans, c'était même rare dans l'antiquité
Quand on vit vieux, personne ne fait attention à vous.

Ce dicton-très populaire-est en contradiction avec les pieuses sornettes des écrivains chinois au sujet des vieillards.

La moyenne de la vie en Chine est plus courte qu'en Europe.

(207)

忍忍忍讓讓讓
忍字總比讓字強

Jen jen jen, jang jang jang

Jen ze tsong pi jang ze ts'iang.

Ho la concorde ! Ho la conciliation !
Il vaut mieux être endurant que trop conciliant.

Il vaut mieux ne pas être trop susceptible, comme cela on ne s'aperçoit pas trop des manques d'égards, on ne s'imagine pas toujours qu'on doit mettre le pouce, et partant on s'épargne beaucoup de peines intérieures.

(208)

人人都有帝王像
人稠地窄趕不上

Jen jen tou yeou ti-wang siang

Jen tch'eou, ti tche, kan pou chang.

Chaque individu a une figure de roi
Mais les hommes étant nombreux, la terre étroite, ce n'est pas possible.

C'est le dicton français : *Tout soldat a le bâton de maréchal dans sa giberne.*

tche, étroit, se prononce : *tsa.*

(209)

人家的不愛
自家的不捨

Jen kia de pou ngai

Tse kia de pou che.

Il ne faut pas aimer le bien des autres
Il ne faut pas céder son bien propre.

L'expression latine : *cuique suum.*

(210)

人見面難生情

Jen kien mien, nan cheng ts'in.

Lorsqu'on est en présence, il est difficile d'avoir de la passion.

En l'absence de quelqu'un dont on a eu à se plaindre on s'est promis de le rabrouer d'importance : voilà que votre homme arrive, toute cette belle passion tombe en sa présence : ce dicton est d'une belle psychologie !

(211)

人窮
地先窮

Jen k'iong

Ti sien k'iong.

Lorsque quelqu'un est pauvre
C'est que la terre était pauvre avant lui.

La richesse dépend du rendement des terres ; une terre appau-
vrie ne nourrit plus son homme.

(212)

人窮不坐
馬瘦不吃

Jen k'iong pou tsouo

Ma seou pou tch'e.

Un pauvre diable ne peut s'asseoir
Un cheval maigre ne peut manger.

Parce qu'il est malade ou trop vieux.

(213)

人過留名
雁過留霜

Jen kouo lieou ming

Yen kouo lieou choang.

Un homme qui passe laisse une réputation
Les oies sauvages qui passent laissent du givre.

C'est à l'époque des premiers froids que les oies sauvages passent.
On dit aussi :

人過留名
雁過留聲

Jen kouo lieou ming

Yen kouo lieou cheng.

L'homme passe et laisse une réputation
L'oie sauvage passe et donne de la voix.

(214)

人 過 不 留 名

不 知 張 三 李 四

雁 過 不 留 霜

不 知 春 秋 四 季

Jen kouo pou lieou ming

Pou tche Tchang san Li se

Yen kouo pou lieou choang

Pou tche tch'oen k'ieou se ki.

Lorsqu'un homme passe sans laisser de réputation
On ne sait s'il s'appelle Tchang san ou Li se;
Lorsque les oies passent et n'amènent pas la gelée blanche
On ne sait ni le printemps ni l'automne ni les quatre saisons.

Tchang san, Li se, noms extraordinairement répandus. Mis ici pour dire : on ne sait même pas son nom.

(215)

人 老 嫌 子

貓 老 喫 子

Jen lao hien tse

Mao lao tch'e tse.

Lorsque l'homme est vieux il gâte ses enfants
Lorsque le chat est vieux il mange ses petits.

(216)

人 老 沒 面 皮

狗 老 沒 眼 睛

Jen lao mo mien p'i

Keou lao, mo yen king.

L'homme lorsqu'il est vieux n'a plus de face
Le chien lorsqu'il est vieux a la vue basse.

Mo mien p'i, n'a plus de peau de figure. C'est à dire il n'est plus aussi chatouilleux sur le point d'honneur.

(217)

人 離 鄉 賤
物 離 鄉 貴

Jen li hiang, tsien

Ou li hiang, koei.

L'homme qui quitte son village ne vaut pas cher
Les choses qui quittent leur village ont de la valeur.

Un homme n'est considéré que là où il est connu.   L'homme dépaysé n'a pas grande influence.

Autre sens ; Plus loin une chose est exportée plus elle gagne de valeur ; alors que les produits coûtent peu à leur endroit d'origine.

(218)

人 忙 無 智

Jen mang ou tche.

Lorsqu'on est pressé on ne sait plus rien.

On ne trouve plus rien.   *Men is de kluts kwijt*, comme on dit familièrement en flamand.   On perd la tête.

(219)

人 忙 天 不 忙
天 忙 一 時 忙

Jen mang t'ien pou mang.

T'ien mang i che mang.

Les hommes sont affairés, mais le ciel ne l'est pas
Mais si le ciel est affairé, aussitôt tout est en mouvement.

Rien ne sert aux hommes de s'agiter si le ciel ne s'en mêle pas ; ce n'est que lorsque le ciel agit que l'événement se produit.   Le dicton se dit lorsqu'on attend désespérément la pluie ; c'est en vain qu'on espère si le ciel reste sourd.

(220)

人 能 變 財
龍 能 治 水

Jen neng pien ts'ai

Long neng tche choei.

L'homme peut trouver les richesses
Long-wang peut gouverner la pluie.

Pien-de pien yong, peut trouver les moyens.   *Long-wang* est le dieu de la pluie et des cultivateurs ; c'est celui qu'on invoque et auquel on fait des processions pour obtenir l'ondée fécondante.

(221)

人 挪 活
樹 挪 死

Jen nô houo

Chou nô se

Un homme qu'on transplante vit
Un arbre qu'on transplante meurt.

Fait allusion aux émigrations des chinois, soit en Mongolie soit ailleurs.   Pour la Mongolie, c'est toujours la gêne, le manque de terres qui ont été causes du transplantement.

(222)

人 無 鞴 頭
拿 紙 拴

Jen ou long t'eou

Na tche choan.

L'homme n'est pas (lié) par le licou
Mais est lié par le papier (l'acte écrit).

Voir Proverbe 987

(223)

人 無 千 日 好
花 無 百 日 紅

Jen ou ts'ien je hao

Hao ou pé je hong.

L'homme ne vit pas paisiblement pendant mille jours
Les fleurs ne restent pas vivaces pendant cent jours.
Tout bonheur est fugace.

(224)

人 怕 起 外 號
地 怕 跐 斜 道

Jen p'a k'i wai-hao

Ti p'a ts'ai sien tao.

L'homme craint qu'on lui donne un surnom
Le champ craint qu'on y foule un sentier sinueux,

Un sentier qu'on y fait en y marchant continuellement, et qui durcit le sol et y annihile toute végétation.

Les païens craignent beaucoup de recevoir un mauvais surnom, parce que ce surnom présage le malheur, bien plus, l'amène certainement ; puisque les âmes errantes se laissent influencer par toutes les mauvaises suggestions et ne demandent pas mieux que de faire du mal. En somme nos chinois se représentent les mauvais lutins avec un esprit peu inventif, mais c'est pour cela qu'il ne faut pas leur suggérer un tour pendable à commettre.

(225)

人 怕 癆 病
地 怕 荒
沒 奶 的 孩 子
怕 後 娘

Jen p'a lao ping

T'i p'a hoang

Mo nai de hai ze

P'a heou niang.

L'homme craint la phtysie
La terre craint d'être laissée en jachère
Un enfant non sevré
Craint une marâtre.

Sur les terres en jachère croissent des herbes sauvages telles que le chiendent et l'armoise qui les appauvrissent. Un enfant sevré ou pas, n'a généralement pas grands soins à attendre de la plupart des marâtres.

(226)

人 怕 打 了
樹 怕 刮 了

Jen p'a ta la

Chou p'a koa la.

L'homme craint d'être frappé
L'arbre craint d'être écorché.

Dans le langage courant on dira plutôt : *Jen p'a nai ta la.* L'homme craint de subir des coups.

(227)

人 貧 話 短

Jen p'in hoa toan

Un pauvre hère n'a pas grand chose à dire.

Hoa toan : la parole courte. On dit encore.

人 貧 理 短

Jen p'in li toan.

Un pauvre hère a peu de droits.

(228)

人 憑 龍 王
虎 憑 山
老 婆 憑 男 子 漢

Jen p'in Long-wang

Hou p'in chan

Lao p'ouo p'in nan ze han.

Les hommes mettent leur confiance en Long-wang,
Le tigre se réfugie dans la montagne,
La femme se repose sur son mari.

Long wang est le dispensateur de la pluie ; le tigre traqué se terre dans la montagne ; la femme vit du travail de son époux.

(229)

人 憑 神 活

Jen p'ing chen houo.

L'homme dépend des esprits pour vivre.
La vie de l'homme dépend des dieux.

(230)

人 平 不 過
水 平 不 流

Jen p'ing pou kouo

Choei p'ing pou lieou.

Un homme intégre ne fait pas de fautes
L'eau en terrain uni ne coule pas.

(231)

人 不 見 嘴 不 饞
耳 不 聽 心 不 煩

Jen pou kien, tsoei pou tch'an

Eul pou t'ing, sin pou fan.

Ce qu'on ne voit pas, la bouche ne le désire pas
Ce que l'oreille n'entend pas, le cœur n'en est pas attristé.

Ignoti nulla cupido, disait déjà Ovide. On ne désire pas ce qu'on ne connait pas.

(232)

人 不 可 貌 相
海 水 不 可 斗 量

Jen pou k'o mao siang

Hai choei pou k'o teou liang.

On ne connait pas l'homme à la figure
On ne mesure pas l'eau d'un lac avec un boisseau.

On dit aussi :

人 不 可 貌 相

金 銀 不 可 斗 量

Jen pou k'o mao siang

Kin in pou k'o teou liang.

On ne juge pas un homme d'après sa figure
On ne mesure pas l'or et l'argent au boisseau.

(233)

人 不 得 全

車 不 得 圓

Jen pou ta ts'iuen

Tch'e pou te yuen.

Il n'y a pas d'hommes complets
Comme il n'y a pas de charrettes rondes.

Tout homme a des imperfections.

Nos charrettes à roues de bois sont assez primitives ; ces roues sont plus ou moins rondes lorsqu'il s'agit de roues pleines, mais il en est qui sont octogones, surtout parmi les roues qui sont faites à claire-voie.

(234)

人 不 得 外 財 不 富

馬 不 得 喂 夜 草 不 肥

Jen pou te wei ts'ai, pou fou

Ma pou te wei ye ts'ao, pou fei.

Un homme qui n'attrape pas de chances ne deviendra pas riche
Un cheval qui n'est pas nourri la nuit ne deviendra pas gras.

外 財 chance extraordinaire. Sous ce nom viennent tous les profits qu'on fait en dehors de son commerce habituel, depuis la sapéque qu'on ramasse en route jusqu'aux trésors ; les chinois sont fort chercheurs de trésors ; combien de fois ne m'a-t-on pas apporté des pierres pailletées de mica pour me faire dire si c'était de l'or ou non.

Un fait typique c'est le communisme qui régne en ces matières : un homme qui a obtenu un „*wei ts'ai*" se gardera bien de le dire, il devrait partager : aussi les chercheurs de quartz travaillent toujours la nuit et dans le plus grand secret.

Le dicton est surtout pour énoncer la vérité contenue dans le second vers 夜 草 Un cavalier qui veut faire une longue route, ne fait nourrir son cheval que dans la 2e moitié de la nuit : à ce traitement les chevaux supportent mieux les fatigues du voyage et ne deviennent pas maigres.

(235)

人 不 錯 爲 仙
馬 不 錯 爲 龍

Jen pou ts'ouo wei hien

Ma pou ts'ouo wei long.

Un homme qui n'a jamais failli est un immortel
Un cheval qui n'a jamais failli est un dragon.

(236)

人 小 鑽 乾
頭 小 伶 仉

Jen siao tsoan kan

T'eou siao ling fan.

Lorsque l'homme est petit il est turbulent
Lorsque la tête est petite on a de la ruse.

(237)

人 閒 出 故 事

Jen sien tso kou che.

Un homme désœuvré fait des choses futiles.

Fait des choses mauvaises. S'applique surtout aux fils de richards. On constate quatre-vingt dix neuf fois sur cent qu'ils ont une période plus ou moins longue pendant laquelle ils se méconduisent. Ils se livrent à tous les excès, même au brigandage si l'occasion s'en présente.

(238)

人 心 隔 肚 皮
裡 外 不 相 和

Jen sin ka tou p'i

Li wai pou siang houo.

Le cœur de l'homme est sous la peau du ventre
On ne sait pas si l'extérieur concorde avec l'intérieur.

Il ne faut jamais se fier aux apparences.

Voir Proverbes 132 et 908

(239)

人 心 似 鉄 不 是 鐵
官 法 如 爐 眞 如 爐

Jen sin che t'iè pou che t'iè

Koan fa jou lou tchen jou lou.

Qu'un cœur humain soit de fer, ou non,
La coercition mandarinale vaut le fourneau, et en vérité elle le vaut.

Un cœur si dûr qu'il soit on peut parvenir à l'amollir, contre la force des mandarins il n'y a pas de résistance.
On dit encore :

人 心 似 鉄
官 法 如 爐

Jen sin se t'iè

Koan fa jou lou.

Le cœur de l'homme est semblable au fer
Les moyens de coercition du mandarin sont semblables au fourneau.

Les supplices et la prison sont plus puissants que le cœur des mauvais sujets et parviennent à le mater.

(240)

人 心 能 動 了
狼 心 動 不 了

Jen sin neng tong liao

Lang sin tong pou liao.

On peut émouvoir le cœur de l'homme
On ne peut émouvoir le cœur du loup.

Celui qui est inaccessible à la pitié est un loup et non un homme.

(241)

人 心 比 自 心
何 必 問 傍 人

Jen sin pi tse sin

Ho pi wen p'ang jen.

Compare le cœur des autres à ton propre cœur
Qu'as tu encore besoin de demander à autrui.

Si tu veux savoir ce que les autres estiment ou détestent, interroge ton propre cœur.

Dans un sens dérivé, le proverbe veut dire : ne fais pas à autrui ce que tu ne voudrais pas qu'il te fît.

(242)

人 心 不 公
制 下 斗 秤

Jen sin pou kong

Tche hia teou tch'eng.

C'est parce que les hommes n'ont pas le cœur juste
Qu'on a inventé le boisseau et la balance.

(243)

人 抬 人 高
人 滅 人 低

Jen t'ai jen kao

Jen miè jen ti.

Si tu élèves quelqu'un sur le pavois
Ce quelqu'un t'écrasera.

Le proverbe flamand : *Stank voor dank.*

(244)

人 吃 土 一 世
土 吃 人 一 口

Jen tch'e t'ou i che

T'ou tch'e jen i k'eou.

L'homme mange la terre pendant toute une vie
La terre mange l'homme et n'en fait qu'une bouchée.

Mange la terre, mange les produits de la terre ; c'est la terre qui le nourrit. La terre ne fait qu'une bouchée de l'homme au moment où celui-ci est enterré.

(245)

人 偸 人 供 通 天 下
神 偸 神 供 通 玉 皇

Jen t'eou jen kong t'ong t'ien hia

Chen t'eou chen kong t'ong yu-hoang.

L'homme ayant volé un autre homme, on s'en rapporte
(aux autorités) sous le ciel,
Un esprit ayant volé un autre esprit, on s'en rapporte à Yu-hoang.

Dans tous les cas on s'en rapporte à son supérieur, à l'autorité. *Yu-hoang*, ou : *Yu-hoang chang-ti*. Le pur auguste. C'est le Jupiter de l'Olympe chinois, pour les gens du peuple, le roi des dieux. Il appartient pratiquement tant au bouddhisme qu'au taoïsme actuels. Voir à ce sujet :

H. Doré. Recherches sur les superstitions en Chine. Tome IX. pp. 468 à 475. L. Wieger. Folklore moderne chinois. Introduction. Paragraphe I. page 7.

(246)

人 多
智 量 大

Jen touo

Tche liang ta.

Beaucoup d'hommes
Beaucoup de savoir.

Du choc des idées jaillit la lumière.
Ici on aime à discuter en grand comité n'importe quelle affaire.

(247)

人 多
主 意 高

Jen touo

Tchou i kao.

Lorsqu'il y a beaucoup de gens
On prend des résolutions sérieuses.

Parce qu'on a entendu beaucoup d'avis, et qu'on peut se décider en connaissance de cause.

(248)

人 多 好 做 活
人 少 好 喫 飯

Jen touo, hao tso houo

Jen chao, hao tch'e fan.

Lorsqu'on est nombreux, cela va bien pour abattre de la besogne
Lorsqu'on est peu nombreux, cela va bien pour manger.

La première partie est exactement le dicton flamand :
Veel handen maken licht werk. Beaucoup de mains rendent le travail léger.

(249)

人 在 世 界 上
自 在 不 成 人
成 人 不 自 在

Jen tsai che kiai chang

Tse tsai pou tch'eng jen

Tch'eng jen pou tse tsai.

Lorsque l'homme est sur la terre
Ce ne sont pas ses aises qui le formeront
Si l'on veut être bien formé on ne recherche pas ses aises.

(250)

人 在 人 情 在
人 不 在 人 情 不 在

Jen tsai, jen ts'in tsai

Jen pou tsai, jen ts'in pou tsai.

Lorsqu'on est présent, l'affection pour vous est présente,
Lorsqu'on est absent, l'affection pour vous est absente.
Loin des yeux, loin du cœur.

(251)

人 在 家 裡 坐
事 從 天 上 來

Jen tsai kia li tsouo

Che ts'ong t'ien chang lai

Que l'homme reste assis chez lui
Les affaires lui tombent du ciel

On a beau se prémunir contre le malheur, il vous trouve quand même.   L'homme n'échappe pas aux décrets du fatum.

(252)

人 前 教 子
枕 頭 上 教 妻

Jen ts'ien kiao tse

Tchen t'eou chang kiao ts'i.

Devant le monde on enseigne son fils
Sur l'oreiller on enseigne sa femme.

Ce n'est qu'au lit qu'un homme peut reprendre doucement sa femme, discuter avec elle, et même, les chinois n'en conviennent pas facilement, écouter son avis.   En public il doit toujours le prendre de haut avec elle, sous peine qu'on se moque de lui.   Simple question de façade, je crois que dans nos contrées les femmes *"qui portent les culottes"* sont aussi nombreuses qu'en Europe.

(253)

人 爲 財 死
鳥 爲 食 亡

Jen wei ts'ai se

Niao wei che wang.

Les hommes meurent à cause des richesses
Les oiseaux meurent à cause de la nourriture.

C'est toujours par cupidité qu'on se fait du tort.   Les oiseaux se font prendre par l'appât de quelques grains mis près du piége ou du filet.

(254)

人 有 做 下 的 不 明
磨 下 的 不 亮
滿 天 星 宿
頂 不 住 半 個 月 亮

Jen yeau tso hia de pou ming

Mouo hia de pou liang

Man t'ien hing sieou

Ting pou tchou pan ko yue liang.

Il y a des choses qu'un homme ne peut faire intelligemment,
Des objets qu'il ne peut faire briller en les frottant;
Un ciel rempli d'étoiles
Ne vaut pas la clarté d'une demi-lune.

Sens: un homme si éloquent et si habile qu'il puisse être ne pourra convaincre les autres s'il a évidemment tort, de même que des milliers d'étoiles n'éclairent pas autant qu'une demi-lune.

(255)

人 有 錢 做 詐
馬 有 膘 詭 大

Jen yeou ts'ien tso tcha

Ma yeou piao koei ta.

L'homme qui a de l'argent fait toute espèce de choses injustes
Un cheval qui est trop gras a de mauvais tours.

(256)

日 有 王 法
夜 有 更 鼓

Je yeou wang fa

Jè yeou keng kou

Pendant le jour il y a les pénalités
Pendant la nuit il y a les veilles.

Il faut toujours se surveiller.

(257)

人 有 來 回
地 有 轉 裡

Jen yeou lai hoei

Ti yeou tchoan li

L'homme va et vient

La terre se promène sur place.

ichoan li, tourne à l'intérieur. Une terre reste dans une même famille, est transmise à différents propriétaires appartenant tous à la même famille.

(258)

人 有 十 年 旺
神 鬼 不 攔 擋

Jen yeou che nien wang

Chen koei pou lan tang.

Lorsque l'homme a dix ans passés

Les esprits et les âmes errantes ne peuvent plus lui faire mal·

Superstition. L'homme a une âme supérieure 魂 *hoen*, et une âme inférieure 魄 *p'ai*. L'âme supérieure n'est complétement formée qu'après dix ans, et avant cette époque on a tout à craindre des démons qui cherchent à s'emparer de l'enfant. C'est pour cela qu'on donne si souvent des noms capables de détourner les âmes errantes : d'abord des noms méprisants, pour que le démon soit trompé en croyant qu'il s'agit d'une non valeur, et on aura des : *keou pou li*, le chien ne le regarde pas, *keou pou wen*, le chien ne le flaire même pas, *tch'eou siao ze*, puant petit etc. Puis des noms capables de faire réfléchir le démon ravisseur : *Koan in choan.* Celui qui est lié (ou protégé) par la déesse *koan in. Sai keou ze*, celui qui est couvert par le crible. *Souo siao ze*, le fils cadenassé. *Pao siao ze*, le fils qui est garanti. Ou bien des noms d'animaux terribles : *Lao hou ze*, le tigre, *ki siao ze*, le fils du coq, ou d'animaux domestiques : *eul louo kiu*, le second petit mulet, *liu tou ze*, portée d'ânesse, *ma kiu ze*, poulain. Et voilà comment on trompe les démons. Des enfants portent une chaine autour du cou, ou un petit cadenas, et ces objets ne leur sont enlevés qu'à 12 ans, alors que la période critique est passée.

(259) .

閏 二 八 月
于 主 不 利

Joen eul pa yue

Yu tchou pou li

Lorsque la 2ᵉ ou la 8ᵉ lune est intercalaire
La dynastie n'est pas à l'aise.

Elle n'est pas à l'aise parce qu'elle craint la révolution. Ce préjugé est tellement enraciné chez nos gens qu'il serait expédieut si c'était possible de choisir un autre mois intercalaire, car ils seraient capables de se révolter pour justifier le dicton. En 1900 la 8ᵉ lune était intercalaire. *Yu tchou*, proprement : le maître, l'empereur.

Mais on peut peut-être écrire.

宇宙 *yu tcheou*, le ciel et la terre, c'est à dire l'univers, et traduire : l'univers n'est pas à l'aise, le monde est révolutionné.

(260)

擩 手 三 分 低
打 架 全 沒 理

Jou cheou san fen ti

Ta kia ts'iuen mo li.

Si l'on en vient aux mains on s'abaisse de trois degrés
Si l'on se bat on a absolument tort.

En venir aux mains, même si l'on avait raison, c'est se donner trois parts de torts.

Voir Proverbes 179 et 435.

(261)

蓋 上 篩 子 蒸 飯
走 氣 不 在 一 處

Kai chang chai ze tchen fan

Tseou k'i pou tsai i tch'ou.

Recouvrir d'un tamis pour cuire la nourriture à la vapeur
C'est laisser la vapeur s'échapper de toutes parts.

Pour cuire à la vapeur on couvre à peu près hermétiquement.
Sens : Tu n'as pas pris tes précautions, tu as gâté tes affaires.

(262)

各 拉 達 坐 掌 盖
例 弊 精 通

Ka li ta tsouo Tchang kai

Li pi tsin t'ong.

Un Kalita qui devient Tjankkai
Connait la loi à fond.

Si quelqu'un a pu occuper un poste supérieur, à plus forte raison est il capable d'occuper un poste inférieur.

Qui peut le plus peut le moins.

Kalita et *Tjankkai* sont deux titres de mandarins mongols. Le "*Tjankkai*" mandarin inférieur, se trouve dans l'administration des mongols T'oumet et Ortos. Le "*Kalita*" ne se trouve que chez les T'oumet.

(263)

乾 看 好 朋 友
沒 錢 吃 不 上

Kan k'an hao p'ong yeou

Mo ts'ien tch'e pou chang.

Quoiqu'on ait des tas d'amis
Si l'on n'a pas d'argent on ne mangera pas.

(264)

乾 骨 頭
榨 不 出 油 來

Kan kou t'eou

Tcha pou tch'ou yeou lai.

D'un os sec
On ne peut faire sortir de la graisse.

On ne peut tondre un caillou.

Tcha : se prononce *tsa,* presser de l'huile.

Voir Proverbe suivant identique mais sous une forme interrogative.

(265)

上 頭 骨 乾
油 出 搾 怎

Kan kou-t'eou chang

Tsa jeou tch'ou yeou.

D'un os sec
Comment pourrait on extraire de la graisse ?
On ne peut raser un caillou.
Tsa proprement *tsen*.

(266)

耬 濕 鋤 乾
油 澆 如 賽

Kan tch'ou, che leou

Sai jou kiao yeou.

Lorsqu'il fait sec pour sarcler, et humide pour semer
C'est comme si l'on arrosait (les champs) d'huile.

Leou : proprement semer avec la machine à semer
Le leou, semoir, est formé d'une trémie dans laquelle est placé le grain, une ouverture réglable par une valve placée au bas de la trémie laisse tomber le grain dans une gouttière d'où partent deux ou trois tubes en bois terminés par une pointe en fer ; un grelot est suspendu au-dessus de la gouttière ; l'instrument tiré par un âne, un bœuf ou même un homme, trace deux ou trois sillons, au moyen de ses trois tubes ; pendant la marche, celui qui conduit l'appareil lui imprime des oscillations transversales, ce qui fait aller et venir le grelot qui divise ainsi également entre les tubes la semence qui tombe de l'ouverture dans la gouttière.

(267)

多 女 兒 佛 念 經 看
福 的 年 當 火 放 人 殺

K'an king nien Fo : eul niu touo

Cha jen fang houo : tang nien de fou.

Prier, supplier bouddha : beaucoup d'enfants
Tuer, incendier : C'est le bonheur d'une seule année.

C'est un bonheur précaire, et l'expiation suit bientôt.
Voir Proverbe 1

(268)

看 了 一 個 颭 颭 友
你 死 娃 娃
他 吃 肉

K'an la i ko koa koa yeou

Ni se wa wa

T'a tch'e jou.

Si tu vois une chouette
Il te mourra un enfant
Et elle mangera de la viande.

Koa koa yeou. Onomatopée dérivée du hululement de la petite chouette, nommée : *Tse koai ze.* Si elle vient crier tout près de la maison, les femmes sont persuadées qu'un de leurs enfants mourra. Comme on n'enterre pas les petits enfants, la chouette aura de la viande à manger.

(269)

看 見 別 人 的 東 西 好
娃 娃 看 見 各 人 的 好

K'an kien pié jen de tong si hao

Wa wa k'an kien ko jen de hao.

On trouve toujours que les objets d'autrui sont les meilleurs
On trouve toujours que ses enfants à soi sont les meilleurs.

Fertilior seges est alienis semper in agris (Ovide).
Voir Proverbe 724.

(270)

看 了 馬 尾 像
就 把 人 來 量

K'an la "Ma i hiang"

Tsieou pa jen lai liang.

Celui qui a lu le livre : Ma i hiang
Peut juger de la valeur d'un homme.

Ce livre enseigne les traits de physionomie, les indices physiques qui dévoilent le caractère et les aptitudes.

(271)

鋼 刀 雖 然 快
不 殺 無 罪 的 人

Kang tao soei jan k'oai

Pou cha ou tsoei de jen.

Le glaive d'acier est sans doute fort tranchant
Il ne tue pas quelqu'un qui n'est pas coupable.

Il s'agit du glaive de la justice.

(272)

告 人 一 狀
至 死 不 忘
打 人 不 槌
恨 人 十 年

Kao jen i tchoang

Tche se pou wang

Ta jen i tch'oei

Hen jen che nien.

Si quelqu'un vous a accusé
Vous ne l'oubliez pas jusqu'à la mort
Si quelqu'un vous a donné une râclée
Vous le haïssez pendant dix ans.

Que nos gens aient la rancune tenace et patiente, ce n'est que trop vrai, et ce dicton constitue un aveu.

Voir Proverbe 170.

(273)

高 粱 地 裡 耍 鎌 刀
嚇 詐 割 草 的

Kao liang ti li choa lien tao

Ho tcha ko ts'ao ti.

Lorsqu'on joue de la faucille dans un champ de sorgho
C'est avec inquiétude qu'on coupe l'herbe.

Il s'agit de gens qui vont en cachette couper la moisson d'autrui. Il est très dangereux de se prendre au sorgho du voisin. Sans doute la hauteur des céréales vous couvre, mais le froissement des tiges et des feuilles est si grand qu'il vous trahit aussitôt.

(274)

高 宗 保 吊 在 半 山 裡
上 不 能 上 下 不 能 下

Kao tsong pao tiao tsai pan chan li
Chang pou neng chang, hia pou neng hia.

Kao tsong pao acculé au milieu des montagnes
Ne pouvait ni monter ni descendre.

Quelqu'un qui est à quia, qui ne peut se dépêtrer. *Kao tsong pao,* nommé encore *Kao yao ze,* fut enveloppé par *Tchang fei,* aventurier, mais héros fameux du roman : *San kouo.*

(275)

靠 天 天 高
靠 地 地 厚

Kao t'ien, t'ien kao
Kao ti, ti heou.

Portez votre accusation au ciel, le ciel est trop élevé
Portez votre accusation à la terre, la terre est trop épaisse.

Inutile de porter plainte, personne ne viendra à votre aide.

(276)

靠 山 山 倒
靠 鬼 鬼 跑

K'ao chan, chan tao
K'ao koei, koei p'ao.

On s'est appuyé contre une montagne et la montagne est tombée
On s'est appuyé sur les âmes errantes et elles se sont enfuies.

Tout m'a fait faux bond en même temps. Pour expliquer une immense perte de face subie.

(277)

跟 上 好 人 就 出 好 人
跟 上 師 婆 就 跳 神

Ken chang hao jen, tsieou tch'ou hao jen
Ken chang se p'ouo, tsieou t'iao chen.

Si l'on accompagne un brave homme on devient brave homme
Si l'on accompagne une sorcière, on exorcise les esprits.

Dis-moi qui tu hantes je te dirai qui tu es. *T'iao chen,* ou plus souvent : *t'iao koei,* exorciser. Conjurer, cérémonie ridicule pratiquée par quelques vieilles qu'on invite en cas de maladies. Elles rappellent l'âme en faisant le geste de la balayer dans un tamis, elles chassent l'esprit mauvais en brûlant du vinaigre, en prenant leur tresse de cheveux entre les dents, en se bandant la jambe jusqu'aux genoux. Les méthodes, dont quelques détails diffèrent de vieille femme en vieille femme, sont toutes également ridicules. Nos superstitieux païens les consultent beaucoup. *Se-p'ouo,* plus souvent nommées *"chen p'ouo".*

(278)

狗 咬 呂 洞 賓
不 認 眞 人

Keou niao Liu tong pin
Pou jen tchen jen.

Le chien qui avait mordu Liu tong pin
Ne se connaissait pas en braves gens.

S'applique à un imbécile qui ne connait pas les hommes. *Liu tony pin,* un des huit immortels. *Pahien, (Taoïsme)* parait être un personnage qui a réellement existé, malgré les différences de dates assignées pour sa naissance. On rencontre ce nom chez des auteurs sérieux. C'est le type du lettré et du lettré aux mœurs faciles. Il sauva la vie à *Ho sien kou* 何 仙 姑 un autre des huit immortels, et qui est le type de la beauté facile ; une image chinoise représente : Les amours de Liu tong pin pour une pivoine. *(Liu tong pin hi mou tan).* Pour plus de détails voir l'ouvrage : *Recherches sur les superstitions en Chine. Tome IX p. 499 et suivantes.* Je n'y trouve pas d'allusion au fait que Liu-tong pin aurait été mordu par un chien.

Niao : toujours ainsi prononcé au lieu de *yao.*

(279)

狗 打 嚏 噴
人 說 話
不 且 三 天
就 下 大

Keou ta t'i p'en
Jen chouo hoa

Pou ts'ien san t'ien

Tsieou hia ta.

Lorsque les chiens éternuent
Les gens disent
Qu'avant trois jours
Il y aura une forte pluie.

(280)

狗 吃 草
蛇 過 道
蝦 蟆 叫 喚
水 甕 浸
若 還 不 信
剜 艾 根

Keou tch'e ts'ao

Che kouo tao

Hia ma kiao hoa

Choei wen kin

Je hoan pou sin

Wan ngai ken.

Le chien qui mange de l'herbe
Le serpent qui traverse la route
La grenouille qui coasse
La jarre qui transpire
Si tu n'y crois pas encore
Déterre les racines d'absinthe.

Signes de pluie.   *Hia-ma* prononcé *ho ma*, grenouitte.
Voir Proverbe 37.

(281)

狗 嘴 裡
吐 不 出 象 牙 來

Keou tsoei li

T'ou pou tch'ou siang ya lai.

Dans la bouche d'un chien
Ne poussent pas des dents d'ivoire

Il ne peut sortir des paroles convenables d'une bouche ordurière.

(282)

狗 吃 粽 子 沒 解

Keou tch'e tsong ze mo kiai.

Un chien qui mange des dumplings ne les ouvre pas.

Quelqu'un qui veut faire à sa tête malgré tout, et qui va à l'encontre de toutes les observations qu'on lui fait. Le *tsong-ze* est un petit pudding fait de millet gluant ou de riz bouilli avec des jujubes, puis enveloppé dans une feuille de sorgho. Le chien est tellement glouton qu'il n'attend pas que la feuille de sorgho soit détachée et qu'il mord à même le pudding.

Ou encore :

Keou tch'e tsang ze nan kiai : 莫 解

Lorsque le chien mange un dumpling au riz, il est difficile de l'ouvrir. Difficile d'enlever un morceau à un chien qui s'en régale.

Sens : c'est une affaire difficile à débrouiller.

(283)

狗 忘 不 了 喫 屎

Keou wang pou leao tch'e che.

Un chien n'oubliera jamais de manger les excréments.

Manière peu distinguée pour dire : Un homme qui a une passion qui le tenaille, profite de toutes les occasions pour la satisfaire. Par exemple : un fumeur d'opium.

Les chiens et les porcs sont les vidangeurs attitrés de toute agglomération chinoise ; sans ces utiles dépotoirs les villages seraient une véritable infection.

(284)

口 外 三 大 寶
黑 茶 炒 米 爛 皮 襖

K'eou wai san ta pao

He tch'a, ts'ao mi, lan p'i ngao.

Les trois choses précieuses de la Mongolie sont
Le thé en briques, le millet grillé, et les grandes pelisses.

Dans l'Est on change un peu et on dit :

山 藥 莜 麥 大 皮 襖

Chan yo, yeou mei ta p'i ngao.

Les pommes de terre, l'avoine, et les grandes pelisses.

13

L avoine est à la base de la nourriture en Mongolie comme le millet l'est en Mongolie sud ouest.

山藥 désigne la pomme de terre *(solanum tuberosum)* qui n'est cultivée en Chine que dans les environs de la grande muraille : la date de son introduction est assez ancienne : les chinois distinguent principalement deux variétés ; *tchoung houo chan yo*, pomme de terre chinoise, d'introduction ancienne, plus petite et jaune, et *"wei houo chan yo"* pomme de terre européenne, rouge et assez grande, celle ci introduite par les missionnaires.

(285)

口 外 官 九 個 賍 的

K'eou wai koan, kieou ko tsang de.

Les mandarins de Mongolie, sur dix il y en a neuf qui sont concussionnaires.

t'an tsang : rechercher les pots de vin.

Dans l'idée des Chinois exprimée ici, il ne s'agit pas des mandarins mongols, mais des mandarins chinois établis dans cette partie de la Mongolie intérieure qui de fait est devenue chinoise. La phrase n'est nullement exagérée. Quant aux mandarins mongols, on peut hardiment dire que sur dix fonctionnaires il y en a dix qui sont concussionnaires.

(286)

急 生 急 養
養 下 不 長

Ki cheng ki yang

Yang hia pou tchang.

Si tu engendres trop vite, si tu enfantes d'une manière pressée
Ce que tu enfantes ne croîtra pas.

Il faut prendre son temps pour tout et ne rien faire d'une manière précipitée.

(287)

雞 叫 的 鵏 子
半 夜 的 鷹
赤 旵 起 來
把 鵪 鶉

Ki kiao de yao ze

Pan yè de ing

Tch'e tou k'i lai

Pa ngan-tch'oen.

Il faut s'occuper de l'émouchet à l'aurore
De l'aigle à minuit;
On n'est pas encore habillé
Qu'il faut malaxer les cailles.

Il s'agit du dressage de certains oiseaux.

Dès l'aurore il faut fatiguer l'émouchet pour qu'il soit apte à la chasse et n'ait pas des velléités d'indépendance. Pour l'aigle, il faut le priver de sommeil dès minuit, comme cela il sera en forme pour la chasse au liévre. Dès le réveil il faut malaxer la caille, pour que les chairs soient dures et compactes, et soient à l'abri d'un coup de bec. Les combats de cailles dans une petite piste ressemblent à nos combats de coqs en Flandre. L'oiseau qui doit quitter le champ clos, harcelé par les coups de bec de son adversaire, perd. Nos chinois parient avec frénésie.

Tch'e tou ze: proprement: le postérieur nu, lorsqu'on est encore nu, lorsqu'on ne s'est pas encore habillé, au saut du lit. On sait que nos indigènes se débarrassent complétement de leurs vêtements pour dormir.

(288)

雞 蛋 和 碌 軸 滾

Ki tan houo lieou tchou kong.

Un œuf et un rouleau qui aplatit (le sol).

Le pot de fer et le pot de terre du fabuliste. Se dit d'un bon benêt qui s'est associé avec un chevalier d'industrie, ou *lieou-tchou :* rouleau compresseur.

(289)

雞 蛋 碰 碌 軸
碰 不 過 去

Ki tan p'en lieou tchou

P'en pou kouo k'iu

Lorsqu'un œuf heurte un rouleau d'aire
En le heurtant il ne le fera pas mouvoir.

Le pot de fer et le pot de terre. *Lieou tchou,* gros rouleau de pierre avec lequel on sépare le grain des épis. Les céréales sont disposées en litière circulaire, et des bœufs tirant le rouleau font le tour de l'aire. Il n'y a que certaines céréales, telles le chanvre, le lin etc qu'on bat au fléau.

(290)

忌 齋 又 開 齋
災 禍 一 齊 來

Ki tchai yeou k'ai tchai

Tsai houo i ts'i lai.

Lorsqu'on a observé l'abstinence puis qu'on n'en a plus cure
Malheurs et calamités arrivent tout ensemble.

Ce proverbe n'est pas employé par tout le monde, mais par les adeptes des sectes d'abstinents. Nous avons en Mongolie Occidentale deux sectes d'abstinents, le *"Ts'ing fou kiao* 清 福 敎 la religion du pur bonheur", et le *"Hoen yuan kiao* 混 源 敎" les adeptes de *Hoen yuan lao tsong ;* surtout répandus dans la contrée de Ning-t'iao-leang. Ils s'abstiennent de viande, de légumes de haut goût (aïl, ciboule) d'eau de vie, de tabac et d'opium. Il y a trois degrés parmi les adeptes ; ceux du second et du troisième degré doivent renoncer au mariage, ou aux relations conjugales s'ils sont déjà mariés. Les plus hauts dignitaires ont, prétend-on, des formules secrétes au moyen desquelles ils peuvent connaître l'avenir. Le très grand nombre des abstinents ne dépasse jamais le premier degré d'initiation ; on les appelle : *chan jen*, hommes vertueux. La secte compte quelques vierges, dont certaines rachétent des enfants en ville. Leur but n'est pas de sauver les corps. C'est pour cela aussi que les abstinents consacrent tous les ans une somme pour racheter les carpes prises par les pêcheurs et les relancer dans le fleuve. Toute vie est précieuse et c'est là faire œuvre pie. Ils ne rachétent pas les silûres *(mien yu)* parce qu'elles sont carnivores et indignes.

Ces deux sectes sont bouddhiques.

Voir Proverbe 6

(291)

鷄 吃 骨 頭
兎 吃 血

Ki tch'e kou t'eou

T'ou, tch'e hiue.

Lorsqu'on mange une poule, on mange les os
Lorsqu'on mange un lièvre, on mange le sang.

Il faut bouillir coq. poule ou poulet tellement fort qu'on puisse facilement casser les os et en sucer la moelle; on ignore ou on dédaigne les poulets rôtis. Pour le lièvre il faut longtemps le laisser mijoter dans son sang additionné d'eau et de graisse.

(292)

嫁 鶏 隨 鶏

嫁 狗 隨 狗

Kia Ki, soei ki

Kia keou soei keou.

Si l'on est mariée au coq, on suit le coq.

Si l'on est mariée au chien, on suit le chien.

La femme doit suivre son mari.   *kia* être mariée à, se dit aussi en mauvaise part: s'acoquiner à: *kia han*, ètre la maîtresse de quelqu'un.

(293)

節 令 不 饒 人

Kia ling pou jao jen

Le changement de saison ne fait crédit à personne.

On est obligé par le changement de température à changer de vêtement.

Voir Proverbes 47, 54, 65, 91.

(294)

家 煖 一 盤 炕

Kia noan i p'an k'ang.

Si la maison est chaude c'est à canse du k'ang.

C'est généralement le seul mode pour réchauffer une pièce. Certains riches ont le "*houo-p'eng*", espèce de récipient en fer ou en glaise, dans lequel ils plaçent des braises ; cela donne peu de fumée.... il est vrai que nos gens ont les bronches et le nerf olfactif moins sensibles que nous.

(295)

家 無 勤 人

少 種 田

Kia ou k'in jen

Chao tchong t'ien.

Lorsqu'il n'y a pas un homme entendu à la maison

On ensemence moins de moissons.

K'in, proprement : laborieux, diligent, attentif ; ici : entendu, capable.

(296)

家貧難管妻
買賣小沒規矩

Kia p'in, nan koan ts'i

Mai mai siao, mo koei kiu.

Lorsqu'il y a misère à la maison, il est difficile de surveiller sa femme
Lorsque le commerce est de peu d'importance il n'y a pas de régles fixes,

Il est de fait que beaucoup de femmes qui se méconduisent le font par misère. Le *"primum vivere"* leur fait employer le moyen qu'elles ont à leur disposition.

Dans une grande maison de commerce tout est réglé ; les attributions de chaque employé sont minutieusement indiquées ; chez un petit marchand cela se fait à la bonne franquette.

(297)

家貧不算貧
路貧貧死人

Kia p'in pou soan p'in

Lou p'in, p'in se jen,

Misère à la maison ne compte pas comme misère.

Misère en route, on peut en mourir.

Voir Proverbes 106, 751, 752

(298)

家值萬官
身值萬官

Kia tche wan koan

Chen tche wan koan.

Si votre famille vaut dix mille soins

Votre corps vaut dix mille soins.

La vie d'un homme a une valeur en rapport avec les biens que cet homme représente ; la vie d'un crésus est plus précieuse que celle d'un pauvret.

(299)

家 醜
不 可 外 昌 揚

Kia tch'eou

Pou k'o wai tch'ang yang.

Les misères de la famille
Il ne faut pas les ébruiter au dehors.

Le proverbe français : *Il faut laver son linge sale en famille.*

(300)

嫁 出 個 的 女 撲 出 個 的 水
活 的 是 你 們 的 人 死 的 是 你 們 的 鬼

Kia tch'ou-ko de niu, p'a tch'ou-ko de choei

Houo-de che ni-men de jen, se-de che ni-men de koei.

Une fille sortie de la maison est comme de l'eau répandue,
Tant qu'elle vit elle vous appartient, morte elle devient votre démon.

Le sens du proverbe est : *Engendrer une fille n'occasionne que des miséres, c'est un triste cadeau.*

Une fille mariée c'est comme de l'eau répandue, qu'on ne peut plus recueillir. Tant qu'elle vit elle est encore à vous, car on s'adressera à vous pour peu qu'il y ait des miséres ; morte elle est l'âme errante qui vient vous chercher noise.

On voit que nos gens attachent un sens très prècis aux mots : *Houo de che ni-men de jen.* On se rappelle qu'elle vous appartient dès qu'il y a des miséres ; pour le reste vous n'avez plus rien à dire puisqu'elle a changé de famille. Cette explication enlève la contradiction qui existe à première vue entre ces mots et le premier vers. Il semble qu'il faudrait dire : *Houo de pou che ni-men de jen.* Vivante elle ne vous appartient pas, morte elle devient votre bourreau ; et le sens serait bien préférable. On cite le proverbe de la première manière.

Les chinois craignent énormément les revenants, les âmes des défunts, et parmi celles-ci rien de plus redoutable que l'âme d'une fille qui a été mariée. Cette âme ne revient pas ennuyer ses beaux-parents, se venger sur eux des mauvais traitements qu'elle a subis, mais bien sur ses parents. Les beaux-parents étaient dans leur rôle, mais les parents auraient dû avoir plus de vigilance, de sollicitude, et ne pas donner leur fille à des gens capables de la maltraiter.

(301)

家 在 南 房
老 鼠 洞 墻

Kia tsai nan fang

Lao-chou tong ts'iang.

Toute habitation est orientée vers le sud
Tous les mûrs sont minés par les rats.

Pour exprimer une affaire qui devait nécessairement arriver ; de même que toute maison chinoise a les fenêtres au sud, et que tous leurs mûrs de torchis ou de pisé sont percés comme des écumoires par les rats.

Ce proverbe s'énonce encore autrement.

家 賊 難 防
老 鼠 洞 墻

Kia tsé nan fang

Lao-chou tong ts'iang.

Il est difficile de se défendre contre un voleur domestique
Comme il est difficile de se défendre des rats qui minent les mûrs.

Ou bien : Il est difficile de se défendre contre les voleurs domestiques, car les rats ont déjà miné les mûrs, ils sont déja dans la place.

(302)

家 有 十 五 口
七 嘴 八 舌 頭
一 個 要 吃 雞 蛋
一 個 要 喝 燒 酒

Kia yeou che ou k'eou

Ts'i tsoei, pa che t'eou

I ko yao tch'e ki tan

I ko yao ho chao tsieou.

Lorsque dans une famille il y a quinze bouches
Cela fait sept bouches et huit langues,
Celui-ci veut manger des œufs
Celui-là veut boire de l'eau de vie.

Plus il y a de monde au logis plus c'est difficile à réglementer, car les avis différent et les goûts ne sont pas les mêmes.

(303)

家　有　十　五　口
七　嘴　八　舌　頭
一　個　要　吃　炒　雞　蛋
一　個　要　吃　會　豆　腐

Kia yeou che ou k'eou

Ts'i tsoei pa che t'eou

I ko yao tch'e ts'ao ki tan

I ko yao tch'e hoei teou fou.

Lorsque dans une famille il y a quinze personnes
Cela fait sept bouches et huit langues,
Celui-ci veut manger des œufs brouillés
Celui-là veut manger du fromage de fèves en purée.

Hoei teou fou, mélange de fromage de fèves avec d'autres mets,
Hoei ts'ai, mélange de légumes.　Hochepot.
Tot capita tot sensus.

(304)

家　有　賢　妻
不　遭　橫　事

Kia yeou hien ts'i

Pou tsao hong che.

Lorsqu'on a une femme sage à la maison
Elle ne crée pas d'affaires perverses.

Une femme sage est de tout repos.

(305)

家　有　升　合　糧
不　當　猴　兒　王

Kia yeou cheng ko liang

Pou tang heou eul wang.

Tant qu'il y a un "cheng" ou un "Ko" de céréales à la maison
On ne se fait pas roi de petits singes.

Tant qu'on a quelque chose à se mettre sous la dent on ne se fait pas maître d'école.

Cheng, la dixième partie du *teou*, boisseau ; *ko*, (prononcé *ka*) la dixième partie du *cheng*.

(306)

家 有 光 棍 招 棍 光
家 有 梧 桐 招 鳳 凰

Kia yeou koang-kouen tchao koen-koang

Kia yeou ou-t'ong tchao fong-hoang.

A la maison un célibataire appelle l'autre,

A la maison le sterculier appelle le phénix.

C'est le proverbe flamand : *Soort zoekt soort.*

Ou-t'ong, sterculier, est l'arbre de bon augure (famille des *euphorbiacées*) et le seul sur lequel le phénix pose son pied.

Fong-hoang. Le phénix est un oiseau mystérieux qui est censé apparaitre aux temps de prospérité et qui se tient caché aux époques de trouble. Il a la tête de la poule, l'œil de l'homme, le cou du serpent, les viscères de la sauterelle, le front de l'hirondelle et le dos du serpent. Le phénix présage et améne le bonheur.

Voir à ce sujet : *Recherches sur les superstitions en Chine. Tome 4. Chapitre X. p. 442 et suivantes, par H. Doré S. J.*

(307)

家 有 千 萬
鬼 神 的 一 半

Kia yeou ts'ien wan

Koei chen de i pan.

Qu'à la maison on ait énormément de richesses
La moitié revient aux défunts et aux génies.

Parce qu'on brûle du papier et de l'encens, on fait des sacrifices, on paye annuellement pour la pagode et la comédie.

(308)

家 有 千 萬
四 條 腿 的 不 算

Kia yeou ts'ien wan

Se t'iao t'ouei de pou soan.

A la maison on peut avoir d'innombrables richesses
Mais il ne faut jamais compter les quadrupédes.

Qui sont sujets à mourir d'épidémie et ne valent pas les propriétés foncières.

(309)

家 有 千 萬
有 措 手 不 及

Kia yeou ts'ien wan

Yeou ts'ouo cheou pou ki.

Quoiqu'à la maison on ait mille et dix mille (taels)
Lorsqu'on est pressé on n'y peut toucher.

Il y a des moments où l'on est embarrassé pour payer une dette, non qu'on soit à bout d'argent, mais parce que pour l'instant il est difficile de réaliser la somme sans nuire à des intérêts supérieurs.

(310)

家 有 餘 糧
打 墻 盖 房

Kia yeou yu liang

Ta ts'iang kai fang.

Lorsque la famille a une récolte abondante
On éléve des mûrs et on construit des maisons.

On peut se donner du confortable.

(311)

將 心 比 自 心
何 必 問 旁 人

Kiang sin pi tse sin

Ho pi wen p'ang jen.

Pour expliquer le cœur d'autrui compare le à ton cœur
Il n'est pas nécessaire de demander explication aux autres.

Juge les gens d'après toi-même, compare leur état d'âme avec le tien.

Comparez proverbe 241

(312)

騎 上 駱 駝 割 葦 子
找 稍 呢

K'i chang louo-t'ouo ko wei ze

Tchao-sao ni.

Couper des roseaux en montant à chameau
C'est ne couper que leur plumet.

Jeu de mots sur *tchao sao :* couper la ramure, le plumet, et *tchao sao*, ajouter ce qui fait défaut, s'emploie pour désigner un homme qui croit tout savoir, qui a entendu quelque chose et forge là dessus toute une histoire sans souffrir la contradiction.

(313)

騎 上 馬 討 吃
快 窮 了

K'i chang ma t'ao tch'e

K'oai k'iong la.

Mendier en montant à cheval
C'est être vite pauvre.

Parce que monter à cheval est un luxe insensé pour un mendiant qui ne recueille que tout juste sa maigre pitance ordinaire.

(314)

騎 上 毛 驢
尋 毛 驢

K'i chang mao liu

Sing mao liu.

Monter son âne
Et le chercher.

Chercher l'âne qu'on monte.

(315)

旗 杆 上 吊 棒 槌
棍 磕 棍

K'i kan chang kiao pang tch'oei

Koen k'o koen.

Si l'on attache un battoir à une hampe de drapeau
Un bâton heurte l'autre.

Se dit de deux individus, mauvais coucheurs, qui se sont pris de querelle, et ne veulent de part et d'autre faire aucune concession.

Pang tch'oei, gros bâton que les laveuses emploient pour battre les vêtements mouillés.   Cette méthode est déplorable et la plus forte toile est usée après quelques lavages.   Au lieu de *pang tch'oei* on dit encore davantage : *tch'oei k'iao kou lou ze.*

(316)

旗 杆 上 綁 雞 毛
好 大 担 子

K'i kan chang pang ki mao

Hao ta tan ze.

Lorsqu'on attache des plumes de coq à une hampe de drapeau,
Cela fait un colossal plumeau.

Jeu de mots sur : *ta tan ze* : grand plumeau, et *ta tan ze* 大 胆 子 grande audace.   Et le sens est : Tu es crânement audacieux.

K'i kan : Hampes très élevées qui se dressent de chaque côté de l'entrée d'une pagode.

(317)

騎 駱 駝 跌 在 脖 子 上
騎 馬 跌 在 鬃 上
騎 驢 跌 在 蹄 子 上

K'i louo-t'ouo, tiè tsai pouo ze chang

K'i ma, tiè tsai tsong chang,

K'i liu, tiè tsai t'i ze chang.

Lorsqu'on tombe d'un chameau, on tombe sur le cou de la bête
Lorsqu'on tombe d'un cheval, on tombe sur la crinière,
Lorsqu'on tombe d'un âne, on tombe sur les sabots.

Ce dicton basé sur l'expérience montre comme les proverbes suivants que les chutes d'âne sont les plus dangereuses.

Voir Proverbe 455

(318)

騎 馬 騎 前 盤
騎 驢 騎 居 彈
騎 騾 騎 當 腰
就 因 爲 忽 躔

K'i ma, k'i ts'ien p'an

K'i liu, k'i tou tan

K'i louo, k'i tang yao

Tsieou in wei houo tch'an.

Si tu montes à cheval, monte sur la partie antérieure du corps
Si tu montes un âne, monte sur la croupe
Si tu montes un mulet, monte au milieu des reins
Pour ne pas glisser en bas.

Le derner vers s'applique aux trois méthodes d'équitation. Le cheval rétif se cabre surtout mieux, vaut monter près des épaules pour ne pas être projeté en arrière ; l'âne rétif rue, en montant sur la croupe moins de danger de faire panache ; comme le mulet est capable de faire l'un & l'autre, tenez-vous solidement au milieu.

(319)

騎 馬 三 年
跌 在 驢 肚 跟 底

K'i ma san nien

Tiè tsai liu tou ken-ti.

On peut avoir monté à cheval pendant trois ans
Qu'on tombe sons le ventre d'un âne.

Il est beaucoup plus difficile de monter à baudet que de monter à cheval, parce que l'âne a toute espèce de trucs pour vous désarçonner.
Voir Proverbe 317

(320)

騎 牛 頂 坐 轎
跌 下 來 頂 放 炮

K'i nieou ting tsouo kiao

Tiè hia lai ting fang p'ao

Monter un bœuf c'est aussi bon qu'être assis en palanquin
Mais si l'on tombe, cela équivaut à un coup de canon.
On s'en tire rarement indemne.

(321)

蕎 麥 皮 出 漿 糊 不 沾

K'iao mai p'i tch'ou kiang hou pou tchan.

Une colle faite de pelûres de sarrazin n'adhère pas.

Tch'ou, sortir de, une colle issue de. Sens: voilà de vains efforts, cela ne sert à rien.

(322)

將 恩 不 報
反 爲 仇

Kiang ngen pou pao

Fan wei tch'eou

On n'a pas de reconnaissance pour les bienfaits
On se retourne pour haïr.

C'est ce que Lafontaine a décrit dans sa fable : *Le villageois et le serpent. L'animal engourdi sent à peine le chaud, que l'âme lui revient avecque la colère; se lève un peu la tête et puis siffle aussitôt; Puis fait un long repli, puis tâche à faire un saut contre son bienfaiteur, son sauveur et son père.*

(323)

膃 忻 州
僵 嚀 縣
子 留 之 兒 的
河 曲 縣

Kiang sin tcheou

Kiang kouo hien

Tse lieou se tseul de

Ho k'iu hien.

Les gens de Sin tcheou sont entêtés
Ceux de Kouo-hien font toujours à leur mode
Ils affectionnent les mots en "eul"
Ceux de Ho-k'iu hien

Voir Proverbe 48

(324)

疥 蛤 蟆 跳 在 氷 盤

彈 打 細 傢 具

Kiè hia ma t'iao tsai ping p'an

T'an ta si kia-kiu.

Lorsqu'un crapaud saute sur une grande assiette
(Il s'imagine) polir de la fine vaisselle.

Se dit de quelqu'un qui emploie de bons outils sans avoir le talent de s'en servir, d'en tirer parti.

Ping p'an : se dit encore *tch'e p'an*, assiette d'un pied de diamètre.

(325)

疥 蛤 蟆 跳 門 限

又 擎 屁 子 又 傷 臉

Kiè hia ma t'iao men sien

Yeou toen tou ze, yeou chang lien.

Le crapaud lorsqu'il saute sur le seuil de la porte
Se cogne le derrière et se blesse la figure.

Sens.   Il a rudement perdu la face dans cette affaire. *Kiè hia ma*, se prononce *Ho ma*, ils sortent de partout après une pluie d'été. Les seuils des maisons étant assez élevés, une grenouille qui essayerait de les sauter se cognerait la tête et en retombant se blesserait de l'autre côté.

(326)

見 事 知 長 短

見 面 知 高 低

Kien che, tche tch'ang toan

Kien mien tche kao ti.

D'un coup d'œil sur une affaire il en connaît tous les secrets
D'un coup d'œil sur quelqu'un, il l'a détaillé aussitôt.

Un homme perspicace *tch'ang toan*, le long et le court ; les circonstances ; les tenants et les aboutissants.

Kao ti, le haut et le bas ; la taille ; la valeur physique et morale.

(327)

見 了 老 者 大 爺 叫
見 了 年 幼 叔 叔 稱
若 要 合 咱 一 般 同
彎 腰 施 禮 稱 長 兄

Kien la lao-tche: ta yè kiao

Kien la nien yeou: cheou cheou tch'eng

Jo yao ho tsa i pan t'ong

Wan yao se li tch'eng tchang hiong.

Si l'on rencontre un vieux: on l'appelle grand père
Si l'on rencontre un moins vieux: il est appelé oncle
Même si c'est quelqu'un qui soit du même âge que soi
Toujours il faut faire courbette devant lui et l'appeler frère aîné.

Ce sont les règles de politesse à observer par le voyayeur s'il adresse la parole à quelqu'un pour avoir un renseignement. Un vicillard sera nommé grand père, un homme de quarante ans sera nommé oncle, un homme de même âge sera nommé frère aîné. Au préalable il faut descendre de cheval ou de char et faire des courbettes. Si on a le malheur de négliger ce rituel on aura à le regretter, car sûrement l'interpellé vous montrera une route qui n'est pas celle que vous devez suivre. Dans certaines régions, malgré toutes ces formes de l'urbanité, il est encore beaucoup d'individus qui s'amusent à tromper les voyageurs.

Voir Proverbe 752

(328)

九 裡 頭 有 雪
伏 裡 頭 有 雨

Kieou li-t'eou yeou hiue

Fou li-t'eou yeou yu.

Lorsque dans les neuvaines d'hiver il y a de la neige
Dans les décades d'été il y aura de la pluie.

(329)

九 裏 有 風

伏 裏 有 雨

穀 裏 有 米

Kieou li yeou fong

Fou li yeou yu

Kou li yeou mi.

Lorsque pendant les neuvaines d'hiver il y a du vent
Pendant l'été il y aura de la pluie
Et dans les céréales il y aura du grain.

Kou, proprement millet paniculé, veut aussi dire : céréales en général.   Ici on le prend dan les premier sens.

(330)

九 月 裡 的 狐

十 月 裡 的 狼

十 一 臘 月

打 青 羊

Kieou yue li de hou

Che yue li de lang

Che-i la yue

Ta ts'ing yang.

Le renard tué à la neuvième lune
Le loup tué à la dixième lune
Pendant la onzième et la douzième
C'est l'antilope caudata.

Tués à ces différentes époques les peaux de ces trois animaux sont les meilleures.

Ta ts'ing yang : antilope à couleur d'un noir brunâtre, (Voir à ce sujet *Les fourrures chinoises par F. Courtois S. J. appendice au numéro 25 des "Variétés Sinologiques"*.

(331)

敬 神 如 神 在

不 敬 也 不 怪

King chen jou chen tsai

Pou king yè pou koai.

Honorer les esprits c'est faire que les esprits soient présents,
Si on ne les honore pas, ils ne s'en formalisent pas.

Ce dicton, passablement goguenard pour les dieux, montre exactement l'état d'esprit de grand nombre de païeus qui, pratiquement, sont athées. Et cela me fait souvenir d'une réunion de mandarins à la ville bleue. On était à table, il y avaît parmi tous les chinois un gros fonctionnaire mongol, qui venait de raconter qu'il avait passé la matinée en pélerinages aux pagodes, et qu'il avait donné force prostrastions aux divinités. Cette histoire fut accueillie avec des rires moqueurs par les sceptiques chinois, lorsque le tao-t'ai leur imposa silence. *"Messieurs vous avez tort de vous moquer de notre frère mongol; donner des prostrations aux dieux est une chose excellente, il n'y a rien de tel pour exciter l'appétit!*

(332)

敬 紙 不 響 炮

神 神 不 知 道

King tche pou siang p'ao

Chen chen pou tche tao.

Lorsqu'on brûle du papier sans lâcher des pétards
Les divinités n'en savent rien.

Il faut les avertir. Toujours la même chose, nos gens n'ont pas une haute idée de la perspicacité de leurs dieux. *King tche :* brûler du papier en l'honneurs des dieux, *chao tche* 燒 brûler du papier en l'honneur des morts.

Voir Proverbe 26

(333)

勤 有 功

戲 無 益

K'ing yeou kong

Hi ou i.

Un homme diligent a toujours de la besogne
Les comédies n'ont aucune utilité.

Voir à ce sujet le Proverbe 692 qui dit absolument le contraire.

(334)

脚 板 子 烤 火 不 是 手

Kiô pan ze k'ao houo pou che cheou.

C'est la plante des pieds qu'on chauffe au feu et non les mains.

Cela constitue un calembour sur les trois derniers mots 不 是 手 *pou che cheou*, ce ne sont pas les mains et 不 實 受 *pou che cheou*, ce n'est pas bien, ce n'est pas véridique, *Tche ko jen pou che cheou*, cet homme n'est pas ce qu'il faut.

On emploie ce dicton pour dire : Tu n'as pas bien traité cette affaire, tu n'as pas fait ce qu'il fallait.

(335)

窮 漢 兒 多
生 瓜 子 多

K'iong han eul touo

Cheng koa tze touo.

Un pauvre diable a beaucoup d'enfants
Un melon qui n'est pas mûr a beaucoup de pépins.

Se dit en plaisanterie pour les familles nombreuses où il y a plus d'enfants que de sapéques.

(336)

窮 漢 乍 富
捻 心 仰 肚
富 漢 乍 窮
不 敢 見 人

K'iang han tcha fou

Nien sin yang tou

Fou han tcha k'iong

Pou kan kien jen.

Lorsqu'un pauvre devient subitement riche
Il porte haut son cœur et fait rebondir son ventre,
Lorsqu'un richard devient subitement pauvre
Il n'ose plus paraître devant le monde.

Tcha-se, prononcé *tsa ; nien*, veut proprement dire: tenir du bout des doigts, *nien sin*, élever son cœur, un peu comme : *Kao sin*, ne douter de rien, *yang*, regarder en haut.

(337)

窮 漢 乍 有 錢
忘 了 那 幾 年

K'iong han tcha yeou ts'ien

Wang liao na ki nien.

La première fois qu'un pauvre diable a de l'argent
Il oublie les années précédentes.

Il oublie ses misères passées.

Voir Proverbe précédent

(338)

窮 漢 短 下 富 漢 錢
沒 利 沒 了 就 幾 年
富 漢 短 下 窮 漢 錢
性 命 就 在 眼 跟 前

K'iong han toan-hia fou-han ts'ien

Mo li mo la, tsieou ki nien

Fou-han toan-hia k'iong-han ts'ien

Sin ming tsieou tsai yen ken-ts'ien.

Lorsqu'un pauvre doit de l'argent à un riche
Ni intérêts, ni rien, pendant plusieurs années;
Lorsqu'un riche doit de l'argent à un pauvre
Comme il y va de la vie (le pauvre) y songe aussitôt.

Tsai yen ken-ts'ien : Il a cela devant les yeux.

(339)

窮 人 的 炕
四 面 躺
燙 了 肚 子
燙 脊 梁

K'iong jen de k'ang

Se mien t'ang

T'ang la tou tze

T'ang ki leang.

Sur le k'ang du pauvre
On se couche des quatre côtés
On se chauffe la peau du ventre
Ensuite on se chauffe le dos.

Comme on n'a pas de literie, on se tourne dans toutes les positions, la surface du *k'ang* seule donnant de la chaleur.

(340)

窮背窮
非離吃肉不能行

K'iong pe k'iong

Fei li tch'e jou pou neng hing.

Un pauvre qui porte un pauvre sur le dos
A moins de manger de la viande, ne peut avancer.

Un pauvre ne peut aider un de ses semblables, si un riche ne vient à la rescousse. Rien ne lui sert d'avoir la bonne volonté de secourir un autre pauvre.

(341)

窮不過討吃
死不過斷氣

K'iong pou kouo t'ao tch'e

Se pou kouo toan k'i.

Mendier, c'est le summum de la pauvreté,
Avoir expiré le souffle : on ne pent pas être plus mort que cela.

(342)

窮不讀書
富不教學

K'iong pou tou chou

Fou pou kiao hio.

Les pauvres ne peuvent étudier les livres
Les riches ne veulent pas enseigner.

Et voilà comment le pauvre peuple restera toujours ignorant. Ils ne peuvent payer les frais d'école, et les gens riches ne condescendent pas à se faire gratis leurs professeurs.

(343)

窮 秀 才 造 反
一 話 三 年

K'iong sieou-ts'ai tsao fan

I hoa, san nien.

Lorsqu'un pauvre bachelier veut provoquer une révolution
Après les premières ouvertures, il se passe encore trois ans.

Et la révolution avorte car tout le monde est averti. Le sens qu'on attache à ce dicton est le suivant :

De pauvres diables doivent discuter longuement avant d'entreprendre quelque chose, et au milieu des avis contradictoires leurs plans tombent à l'eau. Un homme riche n'a qu'à parler et tout le monde l'écoute et l'approuve.

Voir Proverbe 439

(344)

瘸 苦 瞎 毒
禿 沒 良 心

K'iue k'ou; hia tou

T'ou mo liang-sin.

Le bancal est amer, l'aveugle venimeux
Le chauve n'a pas de conscience.

Le bancal est hargneux et peu complaisant ; l'aveugle cherche à nuire ; le chauve oublie volontiers les bienfaits reçus et se retourne souvent contre son bienfaiteur.

Voir Proverbe 620

(345)

勸 人 總 有 益
挑 人 兩 頭 空

K'iuen jen tsong yeou i

T'iao jen liang t'eou k'ong.

Quand on apaise quelqu'un, il y a profit pour tout le monde
Quand on excite quelqu'un, il y a perte des deux côtés.

Liang t'eou k'ong. Des deux côtés c'est vide. C'est mauvais pour celui qu'on excite et pour celui contre lequel on excite.

(346)

君 子 不 奪 人 之 路

Kiun tze pou touo jen tche lou

L'homme vertueux ne barre la route à personne.

N'intrigue pas aux dépens d'autrui.

(347)

接 官 容 易
送 官 難

Kien koan yong i

Song koan nan.

Il est facile de recevoir un mandarin
Il est difficile de le renvoyer.

Ce n'est pas difficile de soumettre une affaire à un mandarin, mais c'est le diable de s'en débarrasser une fois qu'il s'est occupé de votre procés, il ne vous lâche plus aussi longtemps qu'il peut vous soutirer de l'argent.

(348)

君 子 言 前
不 言 後

Kiun-tze yen ts'ien

Pou yen heou.

Un homme distingué parle avant
Ne parle pas après.

Un gentleman discute avant de faire quelque chose.

Il ne discute pas après que la chose est faite. Il convient de toutes choses avant de procéder à un ouvrage, mais sa décision prise ne discute plus; on ne change pas d'avis quand l'ouvrage est en train ou est terminé.

Comparer avec les proverbes 153 et 621

(349)

各 人 買 馬 各 人 騎
各 人 有 錢 吃 東 西

Ko jen mai ma ko jen k'i

Ko jen yeou ts'ien tch'e tong si.

On achéte un cheval pour le monter soi-même
On a des sapèques pour manger à volonté.

Chacun pour soi.

Voir Proverbe suivant

(350)

各 管 各 的

Ko koan ko de

Chacun pour soi!

Ce proverbe est à coup sûr bien chinois

(351)

各 自 喫 飯 各 自 飽
各 自 作 事 各 自 了

Ko-tse tch'e fan, ko-tse pao

Ko-tse tso che, ko-tse leao.

Chacun doit prendre soin de sa propre nourriture
Celui qui a entrepris une affaire, peut seul l'abandonner.

Chacun fait son lit comme il veut se coucher.

Voir Proverbe 149

(352)

咳 嗽 唾 痰
肺 筋 上 寒

K'o-seou t'ouo t'an

Fei-kin chang han.

Quand on tousse et qu'on expectore des crachats
C'est que les poumons ont pris froid.

Fei-kin : proprement : les poumons et les nerfs.

16

(353)

官 向 官
民 向 民
和 尙 向 的 出 家 人

Koan hiang koan

Ming hiang ming,

Houo-chang hiang de tch'ou kia jen.

Les mandarins estiment les mandarins
Le peuple estime le peuple
Les bonzes estiment les bonzes.

Hiang, ici prendre parti pour. Les gens d'une même profession s'entr'aident. 出 家 人 est une une périphrase pour bonze : quand ils s'engagent dans une bonzerie ils ne sont plus de leur famille ; se faire bonze se dit 出 家

Voir Proverbe 458

(354)

官 憑 印
私 憑 約

Koan p'ing ing

Se p'ing ya.

Les affaires publiques se réclament du cachet,
Les affaires privées se réclament de l'acte écrit.

Sans le cachet du tribunal il n'y a rien d'officiel, sans acte écrit il n'y a pas d'affaires sérieuses ; un accord conclu verbalement n'a aucune valeur.

(355)

官 不 嫌 民 窮
閻 王 不 嫌 鬼 瘦

Koan pou sien ming k'iong

Yen-wang pou sien koei seou.

Le mandarin ne s'inquiète pas que le peuple soit pauvre
Le dieu de l'enfer ne s'inquiète pas si les âmes errantes sont maigres.

Les fonctionnaires ne s'occupent pas des souffrances du peuple.

Voir Proverbe 901

(356)

官 不 修 衙 門
客 不 修 店

Koan pou sieou ya-men

K'o pou sieou tien.

Le mandarin ne bâtit pas son tribunal
Le voyageur ne bâtit pas l'auberge.

Ce serait ridicule de bâtir pour un autre. En somme le sens est : Après moi le déluge ! Les mandarins n'étant nommés que pour quelques années préférent empocher la sainte galette plutôt que de travailler à un bâtiment qu'ils devront quitter dans un temps donné. C'est pour cela qu'on voit tant de "*Ya-men*" délabrés, que les routes ne sont pas entretenues, qu'un passant n'écartera pas une grosse pierre gisant au milieu du chemin. On ne peine que pour soi, les autres n'ont qu'à se tirer d'affaire. L'égoïsme règne partout sans doute, mais en Chine il s'affiche parfois avec une sérénité qui désempare.

(357)

官 打 是 沒 嘴 的
不 是 沒 理 的

Koan ta, che mo tsoei de

Pou che mo li de.

Le mandarin frappe ceux qui ne savent pas parler
Et non ceux qui sont dans leur tort.

C'est comme dans : Les animaux malades de la peste.
"Selon que vous serez puissant ou misérable, les jugements de cour vous rendront blanc ou noir". Ce sont les langues bien pendues qui se tirent d'affaire chez les mandarins. La question est de préparer des connivences parmi les employés du tribunal, de ne pas se laisser intimider, et de jeter le discrédit sur quelqu'un qui ne sait pas se défendre.

(358)

官 打 民 不 羞
父 打 子 不 羞

Koan ta ming pou sieou

Fou ta tse pou sieou.

Le mandarin ne rougit pas de frapper son peuple
Le père ne rougit pas de frapper son fils,

Parce que c'est conforme à la règle.

(359)

關 住 門 子 坐 皇 上
自 起 國 號

Koan tchou men ze tsouo hoang chang
Tse ki kouo hao.

Lorsqu'on ferme sa porte on est l'empereur
De son propre royaume.

Se dit en plaisantant d'un tyranneau domestique, d'un potentat de coin du feu.

(360)

官 斷 十 條 路
九 條 人 不 知

Koan toan che t'iao lou
Kieou t'iao jen pou tche.

Le mandarin peut suivre dix routes
Il y en a neuf qu'on ne connaît pas.

On ne peut jamais savoir quelle décision prendra le supérieur, car il peut envisager l'affaire de bien des manières que l'inférieur ne soupçonne même pas, inutile de faire des suppositions.

(361)

官 差 逼 个 三 卯 兩 卯

Koan tch'ai pi ko san mao leang mao.

Les ordres mandarinaux doivent être répétés deux ou trois fois.

Le sens déterminé ici est: Les contributions doivent être exigées deux ou trois fois, à la première réquisition tout le monde fait la sourde oreille.

(362)

棺 材 騸 馬
無 買 用 價

Koan ts'ai, chan ma
Ou mai yong kia.

Un cercueil et un cheval hongre
N'ont un prix que lorsqu'on les achète.

Ce sont des objets que l'on n'achéte que lorsqu'on en a besoin.

(363)

棺 材 裡 邊 打 哈 欠
還 張 死 人 的 口 呢

Koan ts'ai li pien ta ho si

Hoan tchang se jen de k'eou ni.

Tu bailles comme à l'intérieur d'un cercueil
Tu veux donc imiter la gueule d'un mort?
Pour se moquer de quelqu'un qui baille avec fracas.

(364)

光 陰 似 箭
日 月 如 梭

Koang ing tche tsien

Je yue jou souo.

L'ombre est comme une fléche
Les jours et les mois se remplacent.
Le temps vole.

(365)

光 棍 打 光 棍
一 頓 還 一 頓

Koang koen ta koang koen

I toen hoan i toen.

Lorsque deux mauvais sujets se battent
Ils tapent à tour de rôle.

A chacun son tour. *Koang-koen:* tige sèche, célibataire, ici : individus peu recommandables.

(366)

光 棍 跳 過 墻
暫 躲 一 時 忙

Koang koen t'iao-kouo ts'iang,

Tsan touo i se mang.

Un pauvre diable a sauté le mûr
Pour échapper à une nécessité pressante.

Aller de Charybde en Scylla. Faire un trou pour en boucher un autre. Emprunter pour payer ailleurs.

Dans la contrée de Ning-t'iao-leang on attache un tout autre sens à ce proverbe et l'on explique :

Lorsqu'un célibataire saute le mûr
Aussitôt beaucoup de monde est affairé.

Lorsqu'un célibataire se marie, cela occupe beaucoup de personnes. Il faut beaucoup se remuer pour arranger un mariage. Cette expression "sauter le mûr" pour-se marier, se rencontre parfois dans les chansons populaires, mais est plutôt prise dans un sens déshonnête:

(367)

貴 人 吃 貴 物

Koei jen tch'e koei ou

Un homme distingué mange des choses distinguées.

A chacun son métier.

(368)

閨 女 大 不 離 娘 的 手

Koei niu ta pou li niang de cheou.

Lorsqu'une fille est grande, elle ne quitte pas les mains de sa mère.

Elle ne peut être soustraite à la surveillance de sa mère ; elle ne peut jamais sortir seule.

(369)

龜 背 上 釦
於 主 家 不 利

Koei-pei chang k'eou

Yu-tchou kia pou li.

Un dos bombé et une bande noire
Un richard n'en veut pas.

Il s'agit d'une mule. Le *"chang-k'eou"* est cette bande noire qui descend transversalement sur les épaules de la bête. Si cette bande est large, elle constitue un vice rédhibitoire, car pareil animal cause malheur à celui qui le monte. Un homme riche ne consentira jamais à l'acheter.

(370)

滾 水 鍋 煮 菱 稭

悉 寡 沒 味

Kong choei kouo tchou kiao-kiai

Hi koa mo wei.

Lorsqu'on bout des tiges de sorgho dans une marmite d'eau bouillante
C'est fade et sans saveur.

(371)

公 道 不 公 道

死 後 天 知 道

Kong tao pou kong tao

Se heou t'ien tche-tao.

Que tu sois juste ou injuste
Après ta mort le ciel le saura.

T'ien, dans l'idée du peuple c'est : *Lao t'ien yè*. "Le dieu de la conscience, le vénérable Seigneur du ciel, celui qui voit et juge, qui punit et récompense" comme le dit Wieger. (*La Religion des chinois-Christus.*) La glose suivante est classique : Quand on parle de son être on l'appelle ciel, quand on parle de son gouvernement on l'appelle sublime souverain. En réalité le ciel et le sublime souverain sont un.

Pour nos gens en effet ils ne différencient pas : *Lao t'ien yè* et *Chang ti.*

Voir à ce sujet encore : *Wieger Textes philosophiques. Chap I.* p. 11.

(372)

估 衣 舖 的 幌 子

沒 頭 鬼

Kou i p'ou de hoang ze

Mo t'eou koei.

L'Enseigne d'un magasin de vieux habits
Est un diable sans tête.

Parce qu'on y pend un habillement complet faisant office d'enseigne.

Mo t'eou koei, est une petite insulte anodine que les femmes lancent beaucoup à leurs enfants.

(373)

古 來 多 少 英 雄 漢
多 少 英 雄 入 土 泥

Kou lai touo-chao ing-hiong han
Touo-chao ing-hiong jou t'ou ni.

Combien il y eut de héros dans l'antiquité
Et tous ces héros sont rentrés dans la terre.

N'importe qui meurt inévitablement.

(374)

孤 楡 不 上 房

Kou yu pou chang fang.

Une seule poutre d'orme n'est pas employée à la construction d'une maison.

Superstition. Là où l'on ne se sert que d'une poutre il faut employer le saule, le pin ou le peuplier. Si l'on a besoin de deux poutres on peut se servir de l'orme. Une poutre unique de bois d'orme porte malheur.

(375)

褲 襠 子 放 屁
兩 岔 岔

K'ou tang ze fang p'i
Liang tch'a tch'a.

Lorsqu'on lâche un vent dans un pantalon fermé,
Cela s'échappe par les deux fourreaux.

Proprement par la double fourche. Le tuyau d'échappement est double.

Se dit lorsque deux personnes ont fait une même chose à l'insu l'une de l'autre. J'euvoie un homme en ville pour m'acheter des allumettes, mon scribe qui se trouve dans un autre endroit, et qui connaît mes besoins, m'achéte aussi des allumettes. Il y a pléthore : *K'ou tang ze etc.*

(376)

過 了 閏 月 年

走 馬 就 種 田

Kouo la jong yue nien

Tseou-ma tsieou tchong t'ien.

Lorsqu'on a passé une année avec un mois intercalaire
Vite vite il faut commencer les labours.

Le nouvel an suit l'année lunaire, tandis que nos paysans pour leurs travaux suivent l'année solaire ; s'il y a eu treize mois l'année précédente, le nouvel an vient donc très tard d'après l'année solaire, et il faut commencer aussitôt les labours. *Tseou-ma :* se dit encore *mali*, ou *ma ma li li*, très vite.

(377)

鍋 爛

馬 瘦

女 人 爛

和 衆 人 睡

Kouo lan

Ma seou

Niu jen lan

Houo tchong jen choei.

La marmite brisée
Un cheval maigre
Une femme corrompue
Se compromet avec tout le monde.

Les deux premiers vers ne sont pas complétement exprimés quant au sens : *Kouo lan leou choei.* La marmite brisée laisse couler l'eau. *Ma seou tchong jen k'i.* Un cheval maigre, c'est que tout le monde le monte.

(378)

國 亂 顯 忠 臣

家 貧 顯 孝 子

Kouo loan, hien tchong tch'eng

Kia p'in, hien hiao tse.

Lorsqu'il y a révolution dans le royaume, le ministre fidèle apparait,
Lorsqu'il y a misère dans la famille, la piété filiale apparait.

(379)

喇 嘛 頭 赤 紫 紫 的
可 耐 凍

La ma t'eou tch'e tse tse de

K'o nai tong.

Une tête de lama quoiqu'elle soit chauve comme un œuf

Résiste admirablement au froid,

L'habitude devient une seconde nature.

Lama, moine bouddhique mongol, qui se rase complétement la tête, ils ne portent ordinairement pas de chapeau, à moins d'être en voyage.

(380)

拉 住 朝 廷 叫 姐 夫
攀 高 結 貴

La tchou tch'ao t'ing kiao tsiè fou

P'an kao tiè koei.

Si celui qui dirige l'empereur s'appelle ton beau frère

Tu peux demander des grades et acquérir des faveurs.

Si on a des parents influents on peut se faire pousser par eux, se faire *"pistonner."*

Lieou tiè jen: synonymes : *Lieou mei jen, tch'an mei jen, Lieou kou ze.* Flatter quelqu'un. Le premier terme est peu convenable, le dernier est franchement grivois, quoiqu'il soit le plus souvent employé.

(381)

臘 月 窮 漢 賽 如 馬

La yue, k'iong han sai jou ma.

A la dernière lune, le pauvre diable peut être comparé à un cheval.

Tellement il doit courir de droite à gauche, soit pour exiger des dettes, soit pour emprunter de l'argent ou des aliments, soit pour se mettre hors de la portée de ses créanciers. Nos indigénes sont tous endettés, ils ont aussi tous l'une ou l'autre petite somme à percevoir. Ils oublient complétement ce qu'ils doivent, mais se souviennent toujours de ce qu'on leur doit. Depuis le 15 de la dernière lune jusqu'au nouvel an nos gens sont très affairès.

(382)

臘 月 三 白 兩 樹 駕
正 年 窮 漢 叨 大 話

La yue san pé, liang chou-kia

Tchen nien k'iang han tao ta hou.

Lorsqu'à la douzième lune il y a trois neiges et deux grésils
Cette année-çi les pauvres auront le verbe haut.

Parce que l'année suivante sera bonne et qu'ils auront de quoi manger. *Tchen nien*, est une manière régionale pour dire 今 年 *kin nien*, cette année-çi.

(383)

臘 月 半
這 漢 蹤 那 漢

La yue pan

Tche han nien na han.

Dès le milieu de la douzième lune
Celui-ci poursuit celui là.

Soit pour exiger ses dettes, soit pour emprunter de l'argent ou des vivres.

Voir Proverbe 381

(384)

來 的 不 明
去 的 糢 糊

Lai de pou ming

K'iu de mo hou.

Ce qui est venu dans l'obscurité
S'en va par les ténébres.

Ce qui est acquis par fraude, se perd facilement.

(385)

狼 黃 昏
賊 半 夜
鬼 怕 雞 叫

Lang hoang hoen

Tsé pan yè

Koei p'a ki kiao.

Le loup sort au crépuscule
Le voleur à minuit
L'âme errante craint le chant du coq.

Les âmes des morts, viennent surtout la nuit chercher noise aux vivants, elles ont peur du coq. Le coq 雞 *Ki* est un animal fauste, et cela parce qu'il est appelé du même nom (même prononciation) que 吉 *ki*, de bon augure. Est-ce pour cela qu'on le peint parfois sur des cercueils, ou n'est-ce pas plutôt pour que le mort, voyant ce coq, n'ose pas sortir du tombeau pour ennuyer les vivants. Cette peinture de coq est plutôt exceptionnelle; ce qui est tout à fait général c'est de mettre un coq vivant (surtout à plumage fauve) sur le cercueil lors de l'enterrement. Le but est d'éloigner les "*koei*" du mort, mais surtout des vivants.

(386)

狼 和 狗 一 樣
嘴 不 一 樣
賊 和 人 一 樣
心 不 一 樣

Lang houo keou i yang

Tsoei pou i yang

Tsé houo jen i yang

Sin pou i yang.

Le loup et le chien se ressemblent
Mais la gueule n'est pas la même;
Un voleur et un homme se ressemblent
Mais le cœur n'est pas le même.

Voir Proverbe 785

(387)

狼 咬 屁 股
歹 毒

Lang niao p'i kou

Tai tou.

Le loup mord le derrière
Et la croupe (de l'agneau)

Jeu de mots sur *"tai tou"* la croupe, et *tai tou* 帶毒 être venimeux. Pour dire qu'une chose constitue un péril latent, qu'un homme a de mauvaises intentions cachées; *niao*, proprement *yao*.

(388)

狼 咬 的 羊

雨 打 了 的 田

Lang niao de yang

Yu ta la de t'ien.

Le mouton mordu par le loup
Le champ ravagé par la grêle

Ne seront jamais brillants. On se contente de dire ces deux vers ; la conclusion est claire pour tout le monde.

(389)

狼 咬 辮 子

絕 了 根 了

Lang niao pien ze

Kiue la ken la.

Lorsqu'un loup mord la natte de cheveux
La racine même est arrachée.

Se dit d'un homme sans enfants ; la racine est arrachée, la postérité est détruite. Chose très grave pour un chinois, qui dans ce cas adoptera un neveu ou même l'enfant d'un étranger.

(390)

狼 撞 開 門

狗 也 進 來 呀

Lang p'en k'ai men

Keou yè tsin lai ya.

Lorsque le loup a ouvert une porte
Le chien lui aussi entrera.

Lorsqu'un ennemi puissant s'est introduit dans la place, les petits ennemis en profitent pour y arriver à sa suite, *p'en k'ai*, ouvrir en heurtant violemment.

(391)

狼 走 千 里 吃 肉

狗 走 千 里 吃 屎

Lang tseou ts'ien li tch'e jou

Keou tseou ts'ien li tch'e che.

Le loup fait mille stades pour manger de la viande
Le chien fait mille stades pour manger des excréments.

Lorsqu'il s'agit de satisfaire sa passion on est capable de tout. Ce dicton est beaucoup employé et avec désinvolture par des gens auxquels on veut faire un peu de morale. Vous essayez de démontrer à un fumeur d'opium qu'il doit abandonner sa drogue, qu'il se ruine le corps et l'âme.... il vous citera cyniquement ce distique.... et la discussion est close. (En somme, ces gens avouent sans rougir qu'ils sont l'esclave d'un vice, il n'y en a qu'un qu'ils tâchent de cacher, qu'ils n'avouent jamais, et c'est peut-être celui qu'on rencontre le plus chez eux. Il n'avouent jamais qu'ils sont voleurs.)

(392)

老 實 依 然 在

巧 虛 兩 頭 空

Lao che i jan tsai

K'iao hiu, liang t'eou k'ong.

La droiture, en vérité, c'est ce qui dure le plus longtemps
La fourberie est bientôt creuse aux deux bouts.

Un fourbe finit par se faire prendre. On emploie ce k'iao-hiu, par exemple dans l'expression : *Tche ko teou p'an de k'iao hiu,* 這伯 斗扳的巧虛 Ce boisseau est rempli de façon trompeuse; la mesure n'y est pas.

(393)

老 虎 不 喫 人

以 前 壞 名

Lao-hou pou tch'e jen

I ts'ien hoai ming.

Quoique le tigre ne dévore plus d'hommes
Il a précédemment gâté sa réputation.

Lorsqu'un homme a fait parler de lui, s'il se corrige, il ne parvient pas à se réhabiliter complétement, et on reste toujours soupçonneux envers lui.

(394)

老 虎 戴 上 董 鈴
沒 飯 了

Lao-hou tai chang tong ling

Mo fan léao.

Lorsqu'un tigre porte une clochette
Il n'a plus à manger.

Il faut que le tigre s'approche en tapinois; s'il le fait avec fracas on peut se mettre sur la défensive ou s'enfuir ; et la proie lui échappe.

Sens appliqué : Il en a mené trop large, il a cru qu'il pouvait tout se permettre, et s'est trompé. *Tong ling :* est le terme consacré pour désigner la clochette qu'on attache au chameau de queue dans les caravanes. Les chameaux vont en longues files, attachés par la ficelle qui les relie au petit piquet traversant le nez, d'une part, et la selle du chameau précédent, d'autre part. Le caravanier qui marche en tête est averti qu'une partie de ses chameaux s'est détachée lorsqu'il n'entend plus la clochette. Un chameau détaché s'arréte aussitôt pour broûter.

(395)

老 虎 也 有 丢 盹 的 時 候

Lao-hou yè yeou kieou tong de che heou.

Le tigre même a des moments d'assoupissement.

Le plus attentif même peut être une fois surpris. *Quandoque dormitat bonus Homerus ?*

(396)

老 和 尙 剃 眉 毛 一 掃 淨 光
梆 桲 琜 子 編 了 腰 貨 盡 了

Lao houo-chang t'i mi-mao, i sao tsin koang

Peng pe lang ze pien la yao, Houo tsin la.

Quand le vieux bonze s'est rasé les sourcils,
lorsqu'il se frotte il est tout lisse
Quand le colporteur a attaché le tambourin à sa ceinture,
c'est que ses marchandises sont toutes vendues.

Ce proverbe se dira à table pour inviter les convives à faire plat net : voyons il ne reste plus grand chose, ce n'est pas la peine de laisser cela dans le plat.

Prenez donc, videz donc le plat, comme lorsque le vieux bonze s'est rasè les sourcils etc. C'est que ce sont les seuls poils qu'un bonze tolére sur sa tête; le colporteur lui, jouc du tambourin aussi longtemps qu'il a encore quelque chose à vendre.

Peng pe lang ze. Harmonie imitative du petit tambourin employé par les marchands ambulants.

(397)

老 母 猪 含 住 一 本 百 家 姓
吃 屎 的 嘴 頭
你 還 載 文 呢

Lao mou tchou han tchou i pen pé'kia sing

Tch'e che de tsoei t'eou

Ni hoan tsai wen, ni.

Une vieille truie avale un volume de "pé kia sing"
Alors que son groin est fait pour manger des excréments,
Va, fais tu encore du littéraire?

Pour tourner quelqu'un en bourrique, qui veut s'essayer à parler un langage un peu littéraire, et qui patauge à tout bout de champ. *Pe kia sing.* Petit livre classique élémentaire dans lequel se trouvent les noms "des cent familles chinoises" tous les noms de famille; *tsai*, proprement: transporter en voiture, *wen hoa* langage littéraire, par opposition à *t'ou hoa*, dialecte, patois.

(398)

老 娘 娘 上 會
乾 饑 沒 錢 不 想 吃

Lao niang niang chang hoei

Kan ki, mo ts'ien, pou hiang tch'e.

Une vieille allant à la foire
Peut jeûner, si elle n'a pas d'argent elle n'a pas envie de manger.

Une vieille coquette qui va à la foire, quoi qu'elle crêve de faim et n'ait pas le sou, préfère dire qu'elle n'a pas envie de manger plutôt que d'avouer sa misère.

Tout à fait la fable du "*Renard et les raisins*"
Ils sont trop verts et bons pour des goujats.

(399)

老 牛 力 盡 刀 尖 死
侍 候 君 王 不 到 頭

Lao nieou li tsin tao tsien se

Tse-heou kiun wang pou tao t'eou.

Un vieux bœuf épuisé de forces meurt sous la pointe du couteau;
Le serviteur d'un monarque n'arrive pas aux sommets.

De même qu'on tue un vieux bœuf à bout de forces, de même on se débarrasse facilement d'un serviteur qui a commis une faute ou qui a cessé de plaire, sans avoir égard à son dévonement passé.

(400)

老 婆 打 漢 子
金 銀 滿 罐 子
漢 子 打 老 婆
家 裡 沒 一 顆

Lao-p'ouo ta han-ze

Kin-in man koan-ze

Han-ze ta lao-p'ouo

Kia-li mo i k'ouo.

Lorsque la femme bat l'homme
Il y a une terrine pleine d'or et d'argent (à la maison)
Lorsque l'homme bat la femme
A la maison il n'y a pas un grain.

Voilà une vèrité présentée d'une façon outrée et excessive. Le sens est que la femme est moins dépensière que l'homme, et que si elle tient les cordons de la bourse il n'y aura pas misère au logis.

Voir Proverbe 945

(401)

老 嫂 爲 母

Lao sao wei mou.

La grande belle soeur est comme une mère.

Le beau-frère puîné ne peut l'épouser si elle devient veuve, cela constitue pour nos chinois un véritable empèchement de mariage; et si l'on passe outre, le scandale est énorme et les deux époux déconsidérés. C'est à cela que le dicton fait allusion, un beau-frère aîné peut très bien épouser la veuve de son frère cadet.

(402)

老將楊林八十三
聽見打仗心喜歡

Lao tsiang yang lin pa che san

T'ing kien ta tchang sin si hoan.

**Le vieux général yang lin, à quatre vingt trois ans
Entendant qu'on allait faire la guerre était tout content.**

Si vieux qu'on soit on se sent toujours attiré par ce qui a charmé la jeunesse.

Yang lin, général de la dynastie des Song ; qui serait venu se battre en Mongolie contre les Mongols.   Une bataille livrée au Nord du fleuve Jaune fut fatale aux Chinois : *Yang lin* et ses trois fils aînés furent tués en combattant ; le septieme, *Yang ts'i lang*, fut écrasé par les chevaux ; le cinquième, *Ou lang*, se fit bonze ; le quatrième, *Sen lang* fut marié à *Siao-in-tsong* la fille du roi mongol.   Le sixième, *Lieou lang*, se retira à *Si-ngan-fou*, reconstitua une armée avec laquelle il tira vengeance des Mongols.

(403)

老財榨油
窮人放牛

Lao ts'ai tcha yeou

K'iong jen fang nieou.

**Un richard ouvre une huilerie
Un pauvre garde les bœufs (d'autrui).**

Ce sont deux excellents moyens pour gagner de l'argent.   Le premier est très rémunérateur du capital qu'on y consacre, le second nourit son homme sans capital.   Dans beaucoup de villages, après les labours, tous les bœufs sont confiés à la garde d'un seul homme qui reçoit tant par tête de bétail. *Tcha*, prononcé *tsa*.

(404)

老子送兒逆子
一面官司

Lao ze song eul i tse

I mien koan che.

**Lorsqu'un père prend son fils et le livre
L'affaire se plaide unilatéralement.**

Si un père livre son fils à la justice on n'entend même pas la défense du fils.   *I :* prononcé *nié* dans notre région.

(405)

老 爺 好 見
舅 舅 難 見

Lao-yè hao kien

Kieou-kieou nan kien.

Il est facile de voir le mandarin
Il n'est pas facile de voir les satellites.

Si l'on pouvait s'adresser directement au mandarin ce serait une excellente affaire ; mais l'on se heurte d'abord aux satellites qui vous grugent avant de vous permettre l'accés, ou bien qui vous empêchent complétement d'approcher le grand homme.

Ce dicton est bâti sur un jeu de mots.

Nos gens appellent *Kieou-kieou* leurs oncles maternels, les frères de leur mère, et *Lao yè* leur grand père maternel. Les mandarins étant appelés *Lao yè* eux aussi, on donne par plaisanterie le nom de *Kieou-kieou* aux satellites.

(406)

冷 水 就 飯
吃 個 肉 疸

Leng choei tsieou fan

Tch'e tch'eng jou tan.

Avec de l'eau froide et de la nourriture
On peut acquérir un bel embonpoint.

Cette eau froide, est d'expression ironique. Nos indigènes craignent de boire de l'eau froide.

Jou tan, ou *jou ko tan*, boule de viande.

(407)

理 是 制 的 君 子
法 是 制 的 小 人

Li che tche de kiun-ze

Fa che tche de siao jen.

C'est par la raison que les gentilshommes sont tenus en bride
C'est par les punitions que la plébe est tenue en respect.

Un homme respectable se conduit toujours d'après les principes du droit ; la plèbe n'obéit que par crainte.

(408)

理 是 直 的
路 是 彎 的

Li che tchen de

Lou che wan de.

La raison est droite
La route est sinueuse.

La raison, la règle, la loi est droite. *Wan de* contournée abréviation de *Ko wan de*, qui a des courbes.

(409)

立 夏 不 起 塵
起 塵 埋 死 人

Li hia pou k'i tch'eng

K'i tch'eng mai se jen.

Au premier jour de l'été il ne peut faire de poussière
Si la poussière s'élève, on enterrera des morts.

L'année sera mauvaise, la récolte manquée, et les gens mour-
ront de misère. S'il vente ce jour là, le vent ne décolèrera pas pendant
au moins quarante jours. Il est vrai que ce dicton est basè sur l'ex-
périeuce acquise, et que le fait se réalise parfois.

(410)

立 夏 不 起 塵
起 塵 四 十 天 大 風

Li hia pou k'i tch'eng

K'i tch'eng, se che t'ien ta fong.

Le premier jour de l'été il ne peut s'élever de la poussière
S'il s'élève de la poussière il y aura quarante jours de grand vent.

Il ne peut y avoir de vent violent le premier jour de l'été.
Pronostic du temps, basè sur l'expérience.

(411)

立 秋 糜 子 四 指 高
出 穗 八 角 大 纏 腰

Li k'ieou mi ze se tche kao

Tch'ou soei pa kiu ta tch'an yao.

Le millet à l'automne doit avoir quatre doigts
La tige d'où sort l'épi doit arriver jusqu'aux reins.

L'épi doit avoir quatre doigts de long.   Sans ces conditions la récolte n'est pas bonne.

(412)

理 無 是 全

Li ou che ts'iuen.

Il n'y a pas de règle absolue.

Il n'y a pas de règles sans exceptions.   Exemple : D'après la coutume ordinaire de la contrée, je ne pourrais pas me permettre telle chose ; mais : *li ou che ts'iuen*, il n'y a pas de règle si absolue qu'elle n'admette pas une exception.

C'est tout à fait le proverbe flamand : *Nood kent geen wetten.* La nécessité ne connait pas de lois.

(413)

理 正 不 怕 君 王 怒

Li tchen, pou p'a kiun wang nou.

Lorsqu'on a pleinement raison, on ne craint pas la colère du mandarin.

Ce proverbe est en contradiction avec le n°. 795

(414)

立 冬
封 死 海

Li tong

Fong se hai.

Au commencement de l'hiver
Les étangs sont gelés.

Li tong. 7 Novembre.   Les eaux dormantes sont gelées.

(415)

立 多 不 使 牛
膃 耕 十 天 地

Li tong pou che nieou

Tsiang king che t'ien ti.

Au "li tong" on ne peut plus se servir des bœufs
A peine peut-on encore labourer la terre pendant dix jours.

Che nieou prononcé *se nieou.*

(416)

兩 個 蛤 蟆 晒 暖 暖
一 對 兒 骯 髒 鬼

Liang ko hia ma chai nan nan

I toei eul nga-tcha koei.

Lorsque deux grenouilles se chauffent au soleil
C'est un couple de sales diables.

Nga-tcha écrit *hang tsang*, prononcé *ngang tsang* ou plus souvent : *nga tcha-nga tsa*, fumier, couvert de purin.
Sens : A laver la tête d'un nègre on perd sa lessive.

(417)

凉 帽 沒 有
穿 袍 子 沒 袖 子
穿 靴 子 沒 底 子

Liang mao mo yeou

Tch'oan p'ao ze mo sieou ze

Tch'oan siue ze mo ti-ze.

Il n'a pas de bonnet de cérémonie
Il revêt une robe sans manches
Il chausse des bottes sans semelles.

Pour décrire un faiseur d'embarras qui n'a pas le sou. Comme on dit en flamand : *Een kale mijnheer.*

Voir Proverbe 556

(418)

兩 親 家 不 和
是 閨 女 的 過
弟 兄 不 和
是 妯 娌 的 過

Liang ts'in kia pou houo

Che koei niu de kouo

Ti-hiong pou houo

Che tcheou-li de kouo.

Lorsque deux familles alliées ne s'accordent pas ·
C'est à cause de la fille,
Lorsque des frères ne s'accordent pas
C'est à cause des belles sœurs.

On dit parfois les deux premiers vers comme un proverbe séparé.

A cause de la fille : soit à cause des mauvais traitements infligés à la jeune femme par les beaux-parents ; soit parce que ceux-ci ne permettent pas la visite annuelle de la fille chez ses parents, *(tchou niang kia)*.

A cause des belles sœurs : parce qu'elles ne s'accordent pas entre elles, et surtout parce que la belle-mère, ayant des préférences, ne les traite pas sur le même pied.

(419)

六 十 年 一 轉 子

Lieou-che nien i tsoan ze.

Après soixante ans cela recommence.

Il s'agit du temps qu'il fait ; des variétés barométriques qui suivent, d'après le *Hoang li*, l'ancien calendrier impérial, un cycle de soixante ans. S'il a fait sec. il y a soixante ans, il fera sec cette année-çi.

(420)

流 財 主 敬 掌 櫃
喜 見 房 東
打 娃 娃 罵 老 漢
盖 世 的 英 雄

打 尋 喫 的 罵 吽 花
見 不 得 窮 人

Lieou ts'ai tchou, king tchang-koei

Hi kien fang-tong

Ta wa-wa, ma lao-han.

Kai-che-de in-siong

Ta sin-tch'e-de, ma kiao-hoa

Kien pou te k'iong jen.

Il tourne autour d'un richard, honore le propriétaire
Regarde en souriant un possesseur d'immenbles
Frappe les enfants, mandit les vieillards,
Est sous le ciel le gaillard le plus important,
Frappe les crève-de faim, insulte les mendiants
Ne peut souffrir les pauvres gens.

Le sens du proverbe est : la bouche en cœur avec les riches, l'allure despotique avec les pauvres.

Kai che de : littéralement : ce qui couvre la terre, le ciel. *In-siong*, un gaillard, un synonyme plus employé est : *Hao han-ze* un matamore.

Sin-tch'e de qui cherche de quoi manger.

Ce dicton ne brille pas par la concision.

(421)

六 月 僱 人
頂 龍 王

Lieou yue kou jen

Ting Long-wang.

Louer du monde à la sixième lune
C'est comme si l'on avait à faire à Long-wang.

Long-wang est le dieu de la pluie ; il se fait souvent tirer l'oreille malgré les sacrifices les comédies et les processions qu'on fait en son honneur. Les journaliers font de même à la sixième lune, alors qu'on a besoin d'eux, que le travail presse ; et ils en profitent pour imposer des conditions parfois exorbitantes.

(422)

六月不要忘了臘月的衣

Lieou yue pou yao wang la la yue de i.

A la sixième lune il ne faut pas oublier les habits de la douzième lune.

Si vous vous mettez en voyage en plein été, n'oubliez pas vos habits d'hiver, car vous pouvez être empêché de rentrer aussi vite que vous l'espériez.   Sens : Il faut être prévoyant dans la vie.

Voir Proverbe 83

(423)

六月初六
吃茄子和羊肉

Lieou yue tch'ou liou

Tch'e ts'iè ze houo yang jou.

Au six de la sixième lune
Il faut manger des aubergines mêlées à de la viande de mouton.

C'est le plat du jour, à l'entrée de l'été.   C'est à cette époque, parait-il, que la viande de mouton est la plus jûteuse.

Voir Proverbe 931

(424)

驢閒齦橛子
女閒翻舌頭

Liu han, k'oen kiue-ze

Niu han, fan che-t'eou.

Un âne qui n'a rien à faire ronge son piquet
Une femme qui n'a rien à faire joue de la langue.

Han : prononciation régionale pour pour : *hien.*

Fan : proprement : tourner.

(425)

驢不嗑水
按不倒頭

Liu pou ho chouei

Ngan pou tao t'eou.

D'un âne qui ne veut boire
On ne peut abaisser la tête.

(426)

驢 尾 長
將 扇 住 驢 屁 眼

Liu wei tch'ang

Tsiang chan tchou liu p'i yen.

La queue de l'âne si longue qu'elle soit
Couvre à peine le derrière du baudet.

Pour décrire un égoïste. Tu as de l'argent, c'est à peine s'il suffit à tes besoins, jamais tu n'aides personne, *wei* queue, se dit plus en langage ordinaire 尾 巴 *i pa.*

(427)

龍 生 龍
鳳 生 鳳
討 吃 子 兒
會 拉 棍

Long cheng long

Fong cheng fong

T'ao tch'e ze eul

Hoei la koen.

Le dragon engendre le dragon
Le phénix engendre le phénix
Le fils du mendiant
A appris à traîner le bâton.

Tel père tel fils.

Hoei la koen. Les mendiants sont armés d'un long bâton ou perche dont ils se défendent contre les molosses. Ils frappent rarement les chiens, mais tiennent le bâton de telle manière qu'il traine par terre derrière eux, cela suffit pour tenir les chiens en respect. Ils impriment d'ailleurs un mouvement va et vieut à leur perche. C'est à cette manière de faire que le dicton fait allusion.

Voir Proverbes 80, 464, 468

(428)

龍 王 爺 爺 下 大 雨
打 下 麥 子 供 養 你

Long-wang yè yè hia ta yu

Ta hia mai ze, kong yang ni.

Grand père Long-wang si tu nous donnes de bonnes pluies
Lorsque notre blé sera battu nous t'offrirons un gâteau.

C'est le second de la deuxième lunaison qu'on ouvre la pagade
de *Long wang.* *Eul yue eul long t'ai t'eou.* Au second jour de la
seconde lune le dragon *(Long wang)* léve la tête. Cette divinité fait
maigre et on lui offre à cette date des épinards et de la ciboule.

(429)

聾 子 的 耳 朶
配 伴

Long ze de eul touo

P'éi pan.

Les oreilles du sourd
Ne sont que pour l'harmonie (du visage).
Elles n'ont pas d'autre utilité.

(430)

路 是 各 人 修

Lou che ko jen sieou.

Chacun se fait sa propre route...(dans la vie).

Suivre le bon ou le mauvais chemin, cela dépend d'un chacun,
ou comme on dit familièrement : chacun fait son lit comme il veut se
coucher.

(431)

路 遠 知 馬 壯
日 久 見 人 心

Lou yuen tche ma tchoang

Jen kieou kien jen sin.

C'est sur une longue route qu'on connait les forces d'un cheval
C'est après de longs jours qu'on connait le cœur de l'homme.

(432)

蘿 蔔 快
不 洗 泥

Louo pei k'oai

Pou si ni.

**Lorsque les carottes (se vendent) rapidement
On ne lave pas la terre (qui y adhère).**

Lorsqu'il y a une grande demande de carottes, on ne se donne même pas la peine de les laver, puisqu'on les vendra bien tout de même. Quand une chose est pressante, on ne peut soigner dans tous ses détails ; l'essentiel c'est de faire vite.

Louo-pei, prononciation régionale pour *louo-fou*, au sud de la contrée on dit : *louo-pou.*

(433)

駱 駝 鑽 柵 子
出 不 來

Louo t'ouo tsoan tcha ze

Tch'ou pou lai.

**Qu'un chameau passe la tête à travers une palissade
Il ne peut tout de même en sortir.**

Son corps et ses bosses l'arrêtent.

(434)

馬 尾 提 豆 腐
提 不 起 來

Ma i t'i teou-fou

T'i pou k'i lai.

**Vouloir soulever du fromage de fèves avec un crin de cheval
C'est s'évertuer en vain à le soulever.**

Ce fromage de fève est tellement flasque et inconsistant que le crin le coupe en deux.

Se dit d'un homme qui n'est bon à rien ; un homme limace sur lequel encouragements ou injures même n'ont aucune prise, un de ces hommes d'une incurable apathie.

(435)

罵 人 就 是 三 分 低
擰 手 就 是 全 沒 理

Ma jen tsieou che san fen ti

Jou cheou tsieou che ts'iuen mo li.

Lorsqu'on insulte quelqu'un on baisse de trois degrés
Lorsqu'on en vient aux mains on a absolument tort.

Voir Proverbes 179 et 260

(436)

罵 如 打
笑 如 刀

Ma jou ta

Siao jou tao.

Insulter quelqu'un c'est comme si on le frappait
Se moquer de quelqu'un c'est comme un coup de couteau.

(437)

蔴 桿 子 刻 人 人
不 是 正 經 材 料

Ma kan ze k'o jen jen

Pou che tchen tsin ts'ai liao.

Prendre une tige de chanvre pour y découper une poupée
Ce n'est pas la matière qu'il faut.

Ces tiges sont creuses et peu solides.

Pour dire que quelqu'un ou quelque chose ne vaut rien. Le premier vers n'est mis là que pour dorer la pilule, et le second seul compte lorsqu'on s'adresse à quelqu'un.

K'o, tailler, se dit par exemple pour tailler un crayon, un cure dent. Sculpter se dit plutôt: *k'eou* 鈤 dans la contrée.

(438)

馬 皮 蜂 兒 上 了 秤 桿
走 脫 無 路 了

Ma p'i fong eul chang liao tch'eng kan

Tseou t'ouo ou lou la.

La fourmi qui est montée sur une tige de balance
Arrivée au bout ne trouve plus de route.

Ma p'i feul, on dit plus souvent : *ma i.*

(439)

馬 瘦 毛 長 溝 子 深
窮 漢 說 話 沒 人 聽

Ma seou, mao tch'ang, keou-ze cheng

K'iong han chouo hoa, mo jen t'ing.

Un cheval maigre a les poils longs et le derrière enfoncé,
Un pauvre hère parle, personne ne l'écoute.

En Chine, plus que partout ailleurs peut-être, on s'incline devant la supériorité de l'argent.

Voir Proverbe 343

(440)

馬 瘦 毛 長 肩 溝 深
窮 漢 脖 子 沒 腦 筋

Ma seou, mao tch'ang, tou keou cheng

K'iong han pouo ze mo kiang kin.

Lorsqu'un cheval est maigre il a les poils longs et la croupe enfoncée
Un pauvre hère n'a pas de force nerveuse dans le cou.

Il ne peut tenir la tête haute ; il ne peut défendre son droit contre un homme riche et puissant.

Voir Proverbe précédent

(441)

螞 蚱 眼
乾 明 不 亮

Ma tcha yen

Kan ming pou liang.

Les yeux des sauterelles
Sont grands et brillants mais ne voient pas clair.

Pour se moquer de quelqu'un qui a beau écarquiller les yeux sans parvenir à voir quelque chose. Tu as des yeux grands comme ceux d'une sauterelle, mais comme elle tu ne vois rien. *Ma tcha*, se prononce ici : *ma tsa.*

Les chinois de nos contrées croient généralement que les yeux de la sauterelle sont ces plaques brillantes situées sur l'abdomen, et qui sont, si je ne me trompe, les membranes vibrantes de l'appareil musical de l'animal.

Le dicton s'entendrait mal des gros yeux *ternes* que l'animal porte sur la tête.

(442)

賣 上 老 婆 耍 鵪 鶉

可 以 人 而 不 如 鳥 乎

Mai chang lao p'ouo choa ngan-tch'oen

K'o i jen eul pou jou niao hou.

Lorsqu'après avoir pris femme on joue avec des cailles
Quoiqu'on soit un homme respecté on ne vaut pas encore autant que
l'oiseau.

Ces combats de cailles passionnent nos chinois et les entraînent à de gros paris

K'o i jen un homme estimé, un homme d'un certain rang, alors que *k'o i* dans d'autres régions a le sens de passable, ici dans la contrée il a le sens de bon.

(443)

買 下 西 瓜 不 吃

盡 病

Mai hia si kou pou tch'e

Tsin ping.

La pastèque achetée ne peut se manger
Elle est toute gâtée.

Manière détournée de dire : Tu n'as que des défauts, le premier membre n'est là que pour faire avaler la pilule.

(444)

買 鞋

問 脚

Mai hiai

Wen Kio.

Lorsqu'on achéte des souliers
On s'informe du pied.

Ne pas acheter de chat dans un sac, ne pas s'engager à la légère.

(445)

買 賣 好 是 財 主 的 好
住 房 的 好 是 房 東 的 好

Mai mai hao, che ts'ai tchou de hao,

Tchou fang de hao, che fang tong de hao.

Si le commerce va bien, c'est à l'avantage du bailleur de fonds,
Si les locataires sont bons, c'est à l'avantage du propriétaire.

Ts'ai-tchou, le propriétaire du capital; le grand actionnaire, qui ne s'occupe pas nécessairement d'une façon active du commerce où il a engagé ses fonds.

(446)

買 賣 興 隆 旺
賤 賣 不 放 賬

Mai mai hing long wang

Tsien mai, pou fang tchang.

Pour que le commerce s'amplifie allégrement
Il faut vendre à bon marché mais jamais à crédit.

(447)

買 賣 走 三 家
强 如 問 行 家

Mai mai tseou san kia

Ts'iang jou wen hang kia.

Pour faire du commerce, adresse toi à trois maisons
Ou ce qui vaut mieux, informe toi d'abord des prix.

Va dans trois boutiques pour comparer les prix. S'applique encore à quelqu'un qui veut entreprendre quelque chose ou donner un emploi à quelqu'un; il faut qu'il s'informe d'abord à la dérobée avant de prendre sa décision.

(448)

買 賣 有 作 千 家 萬 家
不 能 作 三 家 兩 家

Mai mai yeou tso ts'ien kia wan kia

Pou neng tso san kia liang kia.

Le commerce c'est le fait de mille et dix mille familles
Il ne peut être fait par deux, trois familles.

Une même profession est exercée par une foule de gens.   Il ne faut pas vite se croire un type exceptionnel.

Remarquez le *"San liang"* trois deux, pour dire un petit nombre indéterminé, et qui est une tournure contraire à notre manière : *deux trois familles, deux trois individus.*

(449)

瞞 人 沒 好 話

好 話 不 瞞 人

Man jen mo hao hoa

Hao hoa pou man jen.

Lorsqu'on se cache d'autrui c'est qu'on n'a rien de bon à dire
Les bonnes paroles ne doivent pas être dites en cachette.

(450)

滿 林 都 是 樹

作 柁 作 不 了 柱

Man ling tou che chou

Tso t'ouo, tso pou liao tchou.

Dans une forêt il y a tout plein d'arbres
Il y en a dont on peut faire une poutre, il y en a dont on ne peut même faire une colonne.

Tout le monde n'est pas apte à traiter de grandes affaires, *t'ouo :* poutre, se dit aussi : *leang-tan ze.*

(451)

滿 嘴 牙 打 的 肚 裡

有 嘴 沒 說

Man tsoei ya ta de tou li

Yeou tsoei mo chouo.

Lorsqu'on frappe de telle sorte que toutes les dents de la bouche rentrent dans le ventre,
Quoiqu'on ait une bouche on ne peut parler.

Parce qu'elle a été si mal arrangée et qu'elle fait mal.   Le sens est : Inutile de l'interroger, il ne dira rien.

(452)

蠻 子 韃 子 一 個 理

Man ze ta ze i ko li.

Chinois et mongols ont les mêmes principes.

Ngan li, d'après la raison, d'après la justice, encore : d'après la coutume.   Cette dernière traduction ne serait pas exacte ici.

Ta-ze, mongol, le terme *Monkou jen* est plus noble que le terme *ta-ze*, lorsque nos Chinois parlent des mongols ils diront bien souvent : *tch'eou ta ze*, 臭 les puants mongols, ce qui est vrai, mais ce qui étonne dans la bouche de nos gens, qui eux non plus ne fleurent pas la rose, et surtout *sao ta ze*, 臊 sao voulant dire : honteux, rance, à odeur forte.   C'est le même *sao* qu'on emploie pour bouc : *sao hou*, et verrat, *sao tchou*.   Dans l'idée des chinois il ne s'agit pas seulement de puanteur, de saleté physique, mais encore de saleté morale......et ils n'ont pas tort.

(453)

貓 一 冬
狗 一 夏

Mao i tong

Keou i hia.

Les chats doivent passer un hiver
Les chiens doivent passer un été.

Si les chats nouveaux-nés passent le premier hiver ils sont sauvés ; le froid en tue beaucoup.   Les jeunes chiens meurent souvent de la rage pendant l'été.

(454)

毛 鬼 神 坐 轎
不 穩 重

Mao koei chen tsouo kiao

Pou wen tchong.

Lorsqu'un diable poilu est dans un palanquin
Il ne se tient pas en équilibre.

Il se démène.

Le dicton s'applique à un homme rusé qui n'est pas franc.

Voir Proverbe 459

(455)

毛 驢 就 是 鬼
跌 下 不 是 胳 膊 就 是 腿

Mao liu tsieou-che koei

Tiè hia lai pou che ko-pouo tsieou-che t'oei.

Un âne est un vrai diable
Lorsqu'on en tombe, si l'on ne se casse un bras, on se casse une jambe.

On prétend que les chutes d'âne sont généralement plus graves que les chutes de cheval.

Voir Proverbes 317 et 318

(456)

猫 不 急 不 上 樹
兎 不 急 不 咬 人

Mao pou ki, pou chang chou

T'ou pou ki pou niao jen.

Lorsque le chat n'est pas anxieux il ne monte pas à l'arbre,
Lorsque le lièvre n'est pas affairé il ne mord pas l'homme.
Sens : La nécessité fait faire bien des choses.

(457)

貓 兒 洗 臉
今 天 有 客 人 到

Mao eul si lien

Kin t'ien yeou ts'ia jen tao.

Lorsque le chat se lave la figure
Ce jourd'hui on peut attendre un visiteur.

Voir Proverbe 959

(458)

貓 尋 貓
耗 子 尋 耗 子

Mao sing mao

Hao ze sing hao ze.

Les chats cherchent les chats
Les souris cherchent les souris.

Les gens de même genre se cherchent.   Le proverbe flamand:
Soort zoekt soort.

Voir Proverbe. 353

(459)

貓 道 裡 進
水 道 裡 出 去

Mao-tao li tsin

Choei tao li tch'ou k'iu.

**Il entre par la chattière
Et sort par la rigole.**

Il s'agit d'un génie malfaisant nommé : *Mao koei chen*, le diable
poilu, qui vient pendant la nuit dans les maisons.

Voir Proverbe 454

(460)

貓 吃 攃 布
沒 嚼

Mao tch'e tchan pou

Mo tiao.

**Lorsqu'un chat mange un torchon
Il le tourne sans pouvoir l'avaler.**

Calembour : *mo tiao*, voulant dire aussi : varier sans cesse en
paroles, dire tantôt blanc et tantôt noir.

(461)

茅 厠 架 作 了 碗 架 板
高 陞 了

Mao ts'e kia tso-la wan kia pan

Kao cheng liao.

**Lorsque d'une planche de latrines on a fait une étagère pour tasses
Elle a monté bien haut.**

Kia-pan, planche d'étagère. *Kia* espèce de cadre qui couvre une
partie de la fosse d'aisance, et sur lequel on se tient.   Ce : *kia* est
assez difficilement traduisible par un seul mot parce qu'il y a tant de
kia : échaffaudage, carcasse, charpente, support.   *Chou kia:* bibliothè-
que.   *Fang kia*, charpente d'une maison, *hiang kia* cadre etc.

Le dicton s'applique à un parvenu.

Dans ce dicton, on prononce *liao*, et non *la* comme d'habitude.

(462)

茅 甕 裡 砍 石 頭
濺 出 屎 來 了

Mao wong li k'an che t'eou

Tsien tch'ou che lai liao.

Lorsque dans une jarre à purin on lance une pierre
On en fait éclabousser les excréments.

Proverbe tout à fait populaire et calembour assez médiocre sur *tsien* : éclabousser et *tsien* 賤 vil, à bon marché. Et on veut simplement dire : Voilà un objet que tu as obtenu à vil prix.

Maowong, jarre à purin. Dans beaucoup d'endroits, une jarre enfoncée en terre constitue la latrine. On emploie les récipients dans les endroits où l'on se livre à la culture maraîchère, et où l'on cultive l'indigo et l'opium. Il en est presque partout ainsi dans les villes du nord de la Chine ; on vend le contenu aux maraîchers. On rencontre souvent des coolies, circulant dans les rues avec deux seaux pleins de cette matière odoriférante se balançant au bout d'une latte mise en équilibre sur l'épaule. Et cela me rappelle l'histoire de cet anglais qui, il y a quelques années, passant dans les rues de Péking, avait été frôlé par un de ces seaux. Très flegmatique, l'anglais arrête le vidangeur, et avec un *"please"* inimitable lui verse tout le pot aux roses sur la tête.

(463)

門 神 老 了
擋 不 住 鬼 了

Men chen lao la

Tang pou tchou koei la.

Lorsque les dieux de la porte sont vieux
Ils ne peuvent plus arrêter les âmes errantes.

Sens : Lorsque le chef de famille est vieux il ne peut plus gouverner ses fils et ses domestiques qui se rient de lui.

Men chen yè, les génies de la porte, qui sont honorés dans toute la Chine, sont les officiers *Ts'in chou pao* et *Yu-teh'e king te*, de l'empereur *T'ai-tsong* de la dynastie des *T'ang* (627 à 649 après J. C.). Ce prince étant tombé malade, des spectres vinrent durant la nuit faire le sabbat à la porte du palais. Effrayé, l'empereur demanda protection à ses deux fidèles officiers.

Soyez tranquille, dirent-ils, chaque nuit nous monterons la garde avec nos armes..... Ils le firent, et de ce moment, l'empereur dormit en paix. A la longue, ayant compassion de leurs fatigues, il fit peindre les deux braves, tout armés, sur les deux battants de la porte du palais. Cette coutume devint générale, et ces images suffisent pour repousser tous les influx néfastes. *(Voir Wieger. Textes historiques Tome III. page 1598).* D'aucuns, qui m'ont raconté cette légende, ajoutent que les deux braves officiers avaient joué eux-mêmes le rôle de spectre pour effrayer l'empereur et se rendre indispensables.

Sur certaines portes l'image des *"Men chen yè"* est remplacée par celle d'un tigre, qui lui aussi inspire la peur aux âmes errantes. Cette image est pourtant d'un usage plus restreint que la première.

(464)

門 裡 出 身
自 會 三 分

Men li tch'ou chen

Tse hoei san fen.

Lorsque dans la maison on produit quelque chose
Soi-même on en connaît trois parties.

Le métier que vos parents exercent à la maison, on en connaît toujours quelque chose ; on en aura quelques notions, parce qu'on a vu travailler les autres.

Chen, contraction pour : *Che mo.*

Voir Proverbes 80, 427, 468

(465)

米 黃 麥 黃
秀 女 下 床

Mi hoang, mai hoang

Sieou niu hia tch'oang.

Lorsque le millet est jaune, lorsque le blé est jaune
Les brodeuses descendent de leur estrade.

Tout le monde doit mettre la main à la besogne pour aider à la moisson, même les jeunes filles qui d'ordinaire passent leur temps à broder, assises sur l'estrade, ou sur le lit de bois.

Ce *"tch'oang"* ou *"leang-tch'oang"* est significatif et prouve que le dicton n'est pas originaire du nord, où l'on ne connaît pas l'estrade de bois, lit la nuit, et endroit où l'on s'installe pendant le jour, mais le *"k'ang"* estrade de pisé, sous la surface de laquelle on fait du feu en hiver.

Mai-ze : blé, se prononce ici : *mia-ze.*

(466)

糜穰火一陣

Mi jang houo i tchen.

Feu de paille ne brûle qu'un instant.

Se dit d'un individu qui se monte comme une soupe au lait, et dont les colères sont de nulle importance, parce qu'elles ne durent qu'un instant.

(467)

廟院裡篩灰
作踐神神呢

Miao yuen li chai houei

Tso tsien chen chen ni.

**Lorsqu'on tamise des cendres dans la cour d'une pagode
On fait injure aux immortels.**

Non seulement parce que la cendre envolée vient se poser sur leur statue, mais à cause du calembour : *hoei* cendres et *hoei* 穢 sale, obscène ; c'est une manière d'injurier les divinités, tout à fait conforme au génie moqueur des chinois. Par exemple, on vous demandera bénévolement s'il y a des femmes en Europe ; c'est vous dire de façon détournée, mais très compréhensible pour les auditeurs chinois, que vous êtes un bâtard. On vous demande si vous savez jouer de la flûte. Si vous répondez : non, comme c'est souvent le cas, on se trémousse d'aise rentrée. Celui qui a la bouche en bec de lièvre ne peut jouer de la flûte, et le lièvre est un des symboles de l'impudicité. Vous poser cette question ou vous dire que vous êtes un sale personnage, c'est à peu près la même chose. Enfin à certaines dates on s'entoure d'un cercle de cendres répandues par terre pour couper l'accès aux mauvais génies ; des cendres dans la cour d'une pagode, c'est dire aux divinités qu'on les tient pour des diables malfaisants.

Chai : se prononce : *sai*.

(468)

敏而好學
不恥下問

Ming eul hao hio

Pou tch'e hia wen.

**Un homme intelligent apprend bien
Il n'a pas honte de demander des explications.**

Nos demi-lettrés feraient bien d'appliquer ce principe ; jamais ils ne demandent une explication ; ils n'hésitent jamais au sujet d'un caractère, et écrivent le premier caractère venu qui a le même ton, peu importe la signification.

(469)

沒 利 的 不 辦
沒 好 的 不 吃

Mo li de pou pan

Mo hao de pou tch'e.

S'il n'y a pas profit, il ne fera pas cette chose
S'il n'y a pas de mets choisis, il ne mangera pas.

Il ne fait rien s'il n'est sûr d'avance d'en retirer un avantage pour lui-même. L'image du parfait égoïste.

Voir Proverbe 158

(470)

沒 那 個 金 鋼 鑽 兒
不 敢 攬 大 甕

Mo na ko kin koang tchoan eul

Pou kan lan ta wong.

Celui qui n'a pas de vilbrequin à pointe de diamant
N'ose entreprendre de clouer les jarres.

Avant d'entreprendre quelque chose il faut d'abord avoir les qualités requises pour cela.

Les cloueurs de jarres ont un vilbrequin à pointe de diamant avec lequel ils font des petits trous (non perforants) dans les pièces brisées d'une jarre ; ces trous pratiqués à distances calculées reçoivent un crampon qu'on y enfonce avec un petit marteau. On applique un enduit pour retenir les pointes des crampons dans les petites cavités. Le rassemblage est si bien fait et si adhérent que la jarre peut servir à contenir des liquides. Clouer des jarres est donc une traduction qui peut paraître étrange mais qui est strictement vraie.

(471)

沒 那 個 灣 灣 肚 子
敢 吃 那 個 鐮 刀 頭 子

Mo na ko wan wan tou ze

Kan tch'e na ko lien tao t'eou ze.

Si je n'avais un ventre arrondi
Est-ce que j'oserais manger le fer (recourbé) de cette faucille ?

Si je n'étais pas sûr de mon affaire, croyez vous que j'irais me mettre le doigt dans l'œil jusqu'au coude. Si je n'avais le ventre arrondi le fer recourbé me piquerait des deux côtés. Propos de vantard, très en usage parmi nos gens.

(472)

沒 念 書 是 個 瞎 子

有 樹 不 通 是 個 茇 子

解 板 不 能

到 本 兒 是 個 灶 火 餡 子

Mo nien chou che ko hia ze

Yeou chou pou t'ong che ko pa ze

Kiai pan pou neng

Tao pan eul che ko tsao houo hien ze.

Un illettré est un aveugle
Un arbre non émondé devient buisson,
On ne peut en scier des planches
Et en fin de compte c'est du combustible pour le fourneau.

Sens : Un illettré ne sert à rien, *tsao houo hien ze, hien ze* veut dire : farce, hâchis, remplissage. Du remplissage de fourneau. *T'oung chou:* émonder un arbre semble être une expression de patois : je n'ai trouvé dans aucun dictionnaire un caractère *t'oung* signifiant émonder; il y a ici jeu de mots entre *t'oung chou* émonder et *t'oung chou*, savoir les livres.

(473)

沒 親 家 娶 老 婆

沒 計 荒 拴 車 馬

Mo ts'ing kia ts'iu lao p'ouo

Mo ki hoang choan tch'e ma.

Si tu n'as pas de famille, marie-toi,
Si tu n'as pas de dettes, tiens char et cheval.

Cela occasionne de grandes dépenses non seulement pour l'achat mais pour l'entretien. Il faut être débrouillard et diligent pour en tirer du profit. Maints chinois en font l'expérience à leurs dépens.

(474)

沒 有 不 漏 風 的 墻

Mo yeou pou leou fong de ts'iang.

Il n'y a pas de mûr qui ne laisse passer le vent.

Il n'y a pas de chose si secréte qui ne finisse par transpirer.

(475)

木 不 加 分
衣 不 加 寸

Mou pou kia fen

I pou kia ts'uen.

Le bois ne peut être allongé d'un "fen"
Le vêtement ne peut être allongé d'un pouce.

Fen, la dixième partie du pouce, qui lui-même est une fraction décimale du pied. Ces menuisiers de nos contrées citent ce dicton en se rengorgeant, voulant dire par là qu'il faut plus de précision à un menuisier qu'à un tailleur. Utinam ! Ce n'est pas aux Ortos qu'on trouve ces méticuleux artisans !

(476)

母 壯 兒 肥

Mou tchoang eul fei.

Une mère forte, de gras enfants.

Une mère solide engendre de beaux enfants.

(477)

母 猪 攻 蘿 蔔 窖
莫 解 了

Mou tchou kong louo-fou Kiao

Mo Kiai liao.

Lorsqu'une truie découvre un puits à carottes
Elle ne l'ouvre pas.

(Elle le défonce). C'est une affaire finie. Elle y reviendra sans cesse, on aura beau la frapper, la voracité sera plus puissante que la crainte des coups. *Louo-fou :* Carottes, prononcé *louo-pé* ou *louopou.*

Voir Proverbe 745

(478)

母 猪 頓 開 個 蘿 蔔 窖
老 婆 頓 住 個 衙 門 道

Mou tchou kong k'ai ko louo-fou kiao

Lao p'ouo kong tchou ko ya-men tao.

Il y a des truies qui parviennent à se faufiler dans la fosse aux carottes
Il y a des femmes qui parviennent à trouver la route du tribunal.

Kong k'ai : proprement ouvrir en remuant la terre avec leur groin. *louo fou :* prononcé *louo pei.*

(479)

木 匠 的 兒 會 拉 鋸
鴨 子 兒 會 浮 水

Mou tsiang de eul hoei la kiu

Ya-ze eul hoei fou choei.

Le fils d'un charpentier sait tirer la scie
Le petit d'un canard sait nager.

Tel père tel fils. Ce que le père sait bien, le fils en a une certaine connaissance, puisqu'il l'a vu faire souvent chez lui.

Voir Proverbe 461

(480)

木 匠 的 骨 頭
泥 匠 的 肉

Mou tsiang de kou t'eou

Ni tsiang de jou.

Les os, sont du charpentier
La chair est du maçon.

Il s'agit d'une maison. La carcasse-ce qui est le plus important-est l'affaire du charpentier ; en effet nos maisons reposent sur des colonnes et les mûrs ne sont que du remplissage. On cite ce dicton pour exprimer que dans une construction le charpentier est l'artisan le plus important.

(481)

木 匠 要 發 財
偷 犁 割 棺 材

Mou tsiang yao fa ts'ai

T'eou li, ka koan-ts'ai.

Un menuisier qui veut faire fortune
Fait des charrues et fabrique des cercueils.

Ces objets sont d'un usage courant, et comme il y a des moments où l'on a absolument besoin de ces choses, on passe par les exigences de l'artisan.

Le cercueil est encore nommé pour rire : 量人的斗 *Liang jen de teou.* Le boisseau à mesurer les hommes.

(482)

饝 饝 不 熟
氣 不 遠

Mouo-mouo pou chou

K'i pou yuan.

Les gâteaux ne sont pas à point
Mais la vapeur n'est pas loin.

Les "*mouo-mouo*" sont des petits gâteaux de pâte levée, cuits ensuite à la vapeur. C'est très mangeable tant que c'est frais et chaud, mais passablement indigeste.

Le sens du proverbe est : On a donné un prétexte à une affaire, mais la vraie raison n'est pas loin à chercher.

(483)

拿 上 銀 子
不 要 露 白

Na chang in ze

Pou yao leou pé.

Lorsque tu emportes de l'argent
N'en laisse pas voir la blancheur.

Il ne faut pas tenter les voleurs.

(484)

拿 上 棍 叫 狗
不 到

Na chang koen kiao keou,
Pou tao.

Lorsqu'on prend un gourdin pour appeler un chien
Il ne vient pas.

Ce proverbe a pour but unique de dire le *"pou tao"* (rien de fait) final, le reste n'est qu'introduction. Le lecteur aura remarqué que quantité de locutions proverbiales entroduisent ainsi une expression de deux caractères, et n'affirment que ce qui est contenu dans ces caractères ou par jeu de mots, dans un groupe homophone.   Dans l'énonciation on se contente souvent de dire le premier vers, et l'interlocuteur, par manière de réponse, ajoute les deux caractères finaux.

(485)

那 一 个 牛 犢 子
還 不 挨 他 的 娘

Na i ko nieou tou ze
Hoan pou tou t'a de niang.

Y a-t-il un seul veau
Qui ne coche sa mère (en têtant).

L'expression s'emploie pour excuser quelqu'un, s'il a offensé une autre personne.   C'est dire : quoique je vous aie fait de la peine, je vous aime bien.

(486)

衲 幾 針 來 賺 一 條 線
衲 幾 件 來 賺 一 片

Na ki tchen lai, tchoan i t'iao sien
Na ki tien lai, tchoan i p'ien.

Si l'on doit coudre quelques points, on grapille un fil
Si l'on doit coudre quelques habits, on grapille un morceau.

Il y a toujours moyen de faire des petits profits sur tout. Cette mentalité est tellement naturelle qu'on se demande si nos gens se doutent qu'il y ait là une injustice.   Un menuisier s'appropriera des clous, de la colle ; un peintre subtilisera des couleurs fines, du papier ; un forgeron rognera le fer.

On connait le talent de squeezer qu'ont les fonctionnaires !

(487)

男人一言
四馬難蹤

Nan jen i yen

Se ma nan nien.

Un homme ne peut avoir qu'une parole
Quatre chevaux sont difficiles à rattraper.

Un char attelé de quatre chevaux est difficile à dépasser

Voir Proverbes 125 et 160

(488)

男 人 忌 三 光
女 人 忌 三 臺

Nan jen ki san koang

Niu jen ki san t'ai.

L'homme évite trois clartés
La femme évite trois tertres.

Ce proverbe est une formule superstitieuse.

Un bon païen évite d'uriner face au soleil, face à la lune, et face à la lampe. C'est ce qui s'appelle éviter trois clartés.

La femme évite de s'asseoir sur le *"nien t'ai"* le petit tertre en briques ou en pisés qui supporte le rouleau à décortiquer, sur le *"mouo-t'ai"* tertre qui supporte les meules, sur le *"kouo-t'ai"*, la surface du fourneau carré dans laquelle est posée la marmite. Ces trois objets, meule rouleau & fourneau ayant, chacun leur divinité particulière, une femme offense ces divinités en s'y asseyant. Pourquoi la même défense ne s'applique-t-elle pas à l'homme ? Parce que la femme est du principe femelle *"in"* et que son contact souille: par exemple : elle ne peut toucher une charrue, elle ne peut mettre le pied sur l'aire lorsqu'on n'a pas commencé à battre le grain, elle ne peut approcher d'un puits nouveau ou inachevé. Ces objets seraient gâtés et il arriverait malheur à ceux qui s'en serviraient plus tard. Est-il besoin d'ajouter qu'il y a différentes catégories chez les païens, et qu'il en est qui se préoccupent très peu de toutes les prescriptions, et chez lesquels ne subsiste que la crainte des âmes errantes.

(489)

男 人 沒 婆 姨 家 無 主
女 人 沒 男 人 身 無 主

Nan jen mo p'ouo-i, kia ou tchou

Niu jen mo nan-jen, chen ou tchou.

Un homme sans épouse n'a pas de maîtresse de maison,
Une femme sans époux n'a pas de maître de son corps.

Kia ou tchou, personne ne veille sur la maison, personne ne s'occupe du ménage, il n'y a pas de foyer. C'est une allusion aux célibataires : *Koang koen*, littéralement tiges séches, qui jouissent de peu de considération, précisément parce qu'ils n'ont pas fondé un foyer.

Chen ou tchou, peut se comprendre de deux manières. Personne ne la nourrit, personne n'a soin de son corps, ou bien : son corps n'a pas de maître; ce dernier point est vrai surtout de certains ménages où le mari quitte la maison, soit pour chercher fortune, soit pour d'autres motifs, sans laisser à la femme de quoi pourvoir à ses besoins.

(490)

男 人 不 養 活

娘 家 攔 不 住

Nan jen pou yang houo

Niang kia lan pou tchou.

Lorsqu'un homme ne veut plus nourrir sa femme
La famille de la femme ne peut pas l'empêcher.

Un mari peut répudier, vendre, donner sa femme, sans que ses beaux-parents puissent empêcher le fait. Ils pourront extorquer de l'argent, susciter des tracasseries à leur gendre, mais le fait en lui-même, il n'y peuvent rien.

(491)

男 不 和 女 鬥

鷄 不 和 狗 鬥

Nan pou houo niu teou,

Ki pou houo keou teou.

Un homme ne se bat pas avec une femme
Un coq ne se bat pas avec un chien.

Teou : frapper. Ce dicton est très juste. Chez notre population, un mari seul a le droit de battre sa femme, un autre ne peut le faire sans s'exposer à des commentaires très peu flatteurs au sujet de sa moralité: Commentaires que la femme battue suscitera par des propos orduriers et des accusations dégoûtantes, ou même par des gestes obscénes, par exemple de saisir la jambe de son agresseur, de lui déchirer les habits etc. Si elle réussit dant cette manœuvre, c'est une immense perte de face pour l'homme.

(492)

男 怕 穿 靴
女 怕 戴 帽

Nan p'a tch'oan hiue

Niu p'a tai mao.

L'homme a peur de porter des bottes
La femme a peur de porter une calotte.

Homme et femme ont peur de mourir. Le dicton fait allusion à la dernière toilette d'un mourant. Nos gens attachent cependant un autre sens à ce dystique et expliquent : L'homme meurt lorsqu'il a les jambes attaquées (1), la femme meurt lorsque la tête ne va plus. Et cela prouve que nos indigènes n'ont rien de pareil au proverbe français : Un âne périt toujours par les pattes. Ce serait peu flatteur pour l'homme, et surtout contraire à sa mentalité, car il juge que la femme est une créature inférieure.

(1) J'ai entendu appliquer ce proverbe à des malades atteints d'hydropisie : les bottes et le chapeau étaient des métaphores appliquées au gonflement des membres dans cette maladie.

(493)

鬧 個 饞 嘴
弄 個 懶 腿
吃 個 饞 嘴
坐 個 懶 腿

Nao ko tch'an t'soei

Long ko lan t'oei

Tch'e ko tch'an tsoei

Tsouo ko lan t'oei.

Faire une bouche gourmande
Se former une jambe paresseuse
Plus on mange plus on devient gourmand
Plus on s'assied plus on devient fainéant.

Se dit de quelqu'un qui élève des propres a rien parce qu'il leur passe toutes leurs fantaisies.

Long, se prononce autre part : *nong*.

Voir Proverbe 996

(494)

能 喫 鵓 鴿 兒 四 兩
不 喫 猪 肉 半 斤
能 喫 雀 兒 肚 膛
不 喫 鴿 子 四 兩

Neng tch'e p'ou-ko eul se liang

Pou tch'e tchou-jou pan kin

Neng tch'e ts'io eul tou-t'ang

Pou tch'e ko ze se leung.

Si l'on peut manger quatre onces de viande de pigeon
On ne mange pas une demi livre de viande de porc
Si l'on peut manger une poitrine de moineau
On ne mange pas quatre onces de viande de pigeon.

Cela veut simplement dire que ce qu'il y a de plus fin c'est la poitrine de moineau, et que la viande de pigeon est supérieure à la viande de porc. Je ne crois pas qu'un seul de nos indigènes applique ce dicton tel qu'il est exprimé; une demi livre de porc fera bien mieux leur affaire qu'une simple bouchée si délicate soit-elle.

(495)

愛 吃 屎 的
屁 也 享

Ngai tch'e che de

P'i yè siang.

Celui qui aime à manger des exeréments
Aime aussi les flatuosités.

Sous cette forme rabelaisienne, on veut dire que tout ce qui a trait à une passion qui vous anime a beaucoup de puissance sur le cœur de l'homme.

L'expression est peu relevée sans doute, mais elle est populaire.

(496)

餓 老 鴟 撾 驢
急 撾

Ngo lao tche tchoa liu

Ki tchoa.

Une corneille qui agrippe un âne
L'agrippe en vain.

Tu t'attaques à plus fort que toi. Tu veux faire quelque chose qui est au dessus de tes forces.

Ki, à la hâte : d'une manière inconsidérée.

(497)

餓 老 鴟 摀 屛 門
撲 大 面 兒

Ngo lao tche tchou p'in men

P'o ta mien eul.

Lorsqu'une buse agrippe une devanture de magasin
Elle se cogne à une grande surface.

Le sens est : Un voleur hardi ne s'attaque qu'à des gens riches où il y a espoir de butin, il ne travaille pas pour un pauvre résultat.

P'in men, terme consacré pour désigner les cloisons mobiles qui ferment la façade d'un magasin donnant sur la rue. On les met pendant la nuit.

P'o, terme régional, pour dire heurter violemment ; se précipiter contre ; il s'emploie beaucoup.

Ni tche ko p'o tao ze. Toi qui te heurtes au couteau, est une petite maudissure que les mères lancent souvent à leurs enfants turbulents. *Ni p'o la ko men.* Tu as enfoncé la porte. Tu es entré en coup de foudre.

(498)

你 好 吃 燒 毡 子
我 好 吃 煮 帽 子
兩 毛 性 不 佮

Ni hao tch'e chao tchan ze

Wo hao tch'e tchou mao ze

Liang mao hing pou ko.

Tu aimes à manger du feutre rôti,
J'aime à manger un bonnet bouilli,
Ces deux aspects de la laine ne sont pas les mêmes.

Manière fantaisiste de dire : Nos goûts ne s'accordent pas.
Des goûts et des beautés
Il ne faut pas disputer.
Comme disent les Wallons de Belgique.

(499)

你 媽 想 吃 鴉 兒 肉
把 你 問 在 山 背 後

Ni ma siang tch'e yeul jou

Pa ni wen tsai chan pè heou.

Est-ce que ta mère aime à manger de la viande de corneille
Qu'elle t'a mariée derrière les montagnes.

Moquerie à l'égard des gens du Heou chan, au nord des montagnes, où les corneilles abondent.

(500)

你 聽 京
不 要 見 京

Ni t'ing king

Pou yao kien king.

Si tu as entendu parler de Péking
Il ne faut pas voir Péking.

La désillusion serait trop forte. A beau mentir qui vient de loin ! On ne doit pas croire tout ce qu'on raconte au sujet d'une contrée qu'on ne connaît pas.

(501)

娘 家 養 不 老
鄰 家 的 飯 送 不 飽

Niang kia yang pou lao

Ling kia de fan song pou pao.

La famille maternelle n'entretient pas (la fille) jusque dans sa vieillesse,
On ne devient pas gros avec les aliments offerts par la belle famille.

Il ne faut pas compter sur les cadeaux de ses proches.

(502)

鳥 獸 有 不 捨 離

Niao cheou yeou pou che li.

Même les oiseaux et les bêtes ne perdent pas la fidélité mutuelle.

Li proprement ensemble : mâle et femelle, la fidélité conjugale.

(503)

拈 香 結 拜
給 婆 姨 往 下 留 害

Nien hiang, kia-pai

Ki p'ouo-i wang-hia lieou hai.

Brûler des bâtonnets d'encens, et contracter fraternité jurée,
C'est laisser les risques à sa femme.

Aller aux pagodes célébres, faire des pélerinages lointains en laissant sa femme seule au logis ; c'est le sens qu'on attache au *"nien hiang"*. *Kia-pai.* Contracter fraternité, se reconnaître frères, prêts à se soutenir en toute occasion ; ce qui se fait par une cérémonie qui différe de région en région ; parfois par l'échange du sang. Ceci est plutôt rare, de même que la clause explicite de l'usage commun de la femme. Ici le sens est surtout : avoir des amis tellement intimes qu'ils disposent de votre toit, c'est exposer son épouse à de grands dangers.

Pour l'origine de la fraternité jurée. *Voir H. Doré Recherches sur les superstitions en Chine Tome IV. p. 346 et suivantes.*

Voir Proverbe 826

(504)

碾 磨 千 家 用
爛 了 主 人 修

Nien mouo ts'ien kia yong

Lan la, tchou jen sieou.

Le rouleau à décortiquer, et le moulin, tout le monde s'en sert
Mais lorsqu'ils sont détériorés, le propriétaire seul les répare.

Il est vrai que le propriétaire prélève généralement une rétribution ; mais en principe c'est toujours et pour tout ainsi dans nos contrées. On est empressé de se servir des objets d'autrui, mais qu'ils soient détériorés et personne n'en a cure, le propriétaire n'a qu'à se débrouiller.

(505)

碾 盤 上 耍 水
沒 鬧

Nien p'an chang choa choei

Mo nao.

Si l'on s'avise de se baigner sur le plateau d'un rouleau à décortiquer
Cela ne va pas.

Nao : se faire, *nao pou tch'eng*, synonymes : *long pou tch'eng ;
pan pou tch'eng*.   Ce qui ne peut être accompli.

Sens : Vouloir prendre la lune avec les dents.   Vouloir l'impossible.

(506)

牛 頭 不 爛

多 費 的 一 點 兒 柴 炭

Nieou t'eou pou lan

Touo fei de i tien eul tch'ai t'an.

Si la tête de bœuf n'est pas tendre
On emploie un peu plus de fagots et de charbons.

Mettez la bouillir plus longtemps.

Si nous ne pouvons achever la besogne aujourd'hui, nous la
continuerons demain.   Rome n'a pas été bâtie en un seul jour.

(507)

宰 給 好 漢 拉 馬 擤 鐙

不 願 給 鬆 囊 子 出 力 長 氣

Ning kai hao han la ma, tchoei teng

Pou yuen ki song nang ze tch'ou li tch'ang k'i.

Bien volontiers à un homme valeureux on amène son cheval et
on lui tient l'étrier.

Mais pour un imbécile sans force on ne désire pas faire d'effort
ou perdre son souffle.

(508)

女 子 是 怪

不 娶 還 愛

娶 過 來 就 成 害

Niu ze che koai

Pou ts'iu han ngai

Ts'iu-kouo lai, tsieou-tch'eng hai.

La femme, c'est extraordinaire
Quand on ne l'a pas on la désire
Quand on l'a on en souffre.

On donne ce proverbe encore d'une seconde manière, surtout usitée dans le Sud.

(509)

女 人 一 把 柴
人 人 都 要 愛
娶 過 來 就 是 害

Niu jen i pa tch'ai

Jen jen tou yao ngai

Ts'iu kouo lai, tsieou che hai.

La femme est comme une poignée de brindilles
Tous les hommes l'aiment
Mais quand on l'a on en souffre.

"Cette poignée de brindilles" étonnera moins lorsqu'on sait que dans le Sud, où il n'y a pas de charbon, les brindilles servant de combustible sont une chose précieuse que tout le monde recherche. De là cette comparaison qui manque certainement de noblesse, mais qui n'étonnera pas ceux qui connaissent nos indigènes.

(510)

女 人 是 脚 後 跟 上 的 皮
退 一 層 又 一 層

Niu jen che kio heou ken chang de p'i

T'oei i ts'eng yeou i ts'eng.

La femme est comme la peau du talon,
Qu'on perde une peau il en vient une autre.

Même sens que les deux proverbes précédents. En somme simples paroles en l'air, pour jeter de la poudre aux yeux.

(511)

女 人 一 笑 萬 人 妻
男 人 一 面 痴 獃 漢

Niu-jen i siao, wan jen ts'i

Nan-jen i mien, tch'e nien han.

La femme qui rit toujours est l'épouse de tout le monde,
L'homme qui rit toujours est un imbécile.

Tch'e nien han, ou plus fort : *tch'e nien pa tseng*, un gros imbécile, se dit plus souvent en langage ordinaire : *tseng t'eou kouei*, ce qui se traduit littéralement par l'expression flamande : *een domme duivel*, un stupide diable.

(512)

女 人 如 衣 服
弟 兄 如 手 足

Niu jen jou i fou

Ti-hiong jou cheou tsou.

La femme est pareille aux habits
Les frères sont pareils aux mains et aux pieds.

Lorsqu'un habit est usé on en achète un autre ; lorsque la femme meurt on se remarie. Les mains sans les pieds ne peuvent rien faire puisqu'il faut pouvoir marcher ; les frères ne se remplacent pas.

(513)

女 人 如 泥 皮
跌 下 來 摸 一 回

Niu jen jou ni p'i

Tiè hia lai ma i hoei.

La femme est comme une couche de crépi
Si elle tombe on replafonne.

La femme si elle meurt est facile à remplacer: et la vie reprend.
On ne doit pas se laisser tromper par ces lestes propos ; c'est de l'affectation, et un chinois tient beaucoup plus à sa femme qu'il n'ose le dire.

(514)

女 人 隨 夫 貴 隨 夫 賤
好 漢 敢 娶 娼 妻

Niu jen soei fou koei soei fou tsien

Hao han kan ts'iu tch'ang ts'i.

La femme suit la prospérité ou l'adversité de son époux ;
Un mauvais sujet ne craint pas d'épouser une prostituée.
Parce qu'il est de taille à la maintenir dans la bonne voie,

(515)

女 人 頭 髮 長 見 識 短

Niu-jen t'eou-fa tch'ang kien-che toan.

La femme a les cheveux longs mais peu de perspicacité.

Cette parole, peu flatteuse pour les intéressées, se dit couramment même en leur présence, lorsqu'elles veulent défendre une idée qui n'est pas celle de leur interlocuteur.

K. Waliszewski, dans son livre sur Pierre le Grand de Russie, dit au Livre II. page 280. "L'esprit russe au dix-septième siècle est tourné à la défiance et presque à la haine de la femme. Les proverbes populaires en témoignent". L'auteur en cite quelques-uns, et le premier de tous : Les cheveux de la femme sont longs, son entendement est court. Les Russes du XVII siècle sont-ils venus chercher ce proverbe en Chine ?

(K. Waliszewski. Pierre le Grand. L'éducation, l'homme, l'œuvre d'après des documents nouveaux. Plon Nourrit. Paris 1909.)

(516)

女 死 連 根 爛
兒 死 歸 一 半

Niu se, lien ken lan

Eul se, koei i pan.

**Lorsque la fille meurt la racine même est brisée
Lorsque le fils meurt il faut donner la moitié.**

Lorsqu'une fille, déjà fiancée, meurt avant le mariage, sa famille a le droit de conserver tout ce qu'elle a déjà touché. Si c'est le fiancé qui meurt, les parents de la jeune fille ont droit à la moitié des arrhes, même si elle ne l'a pas touchée. Théorie que cela. En pratique on ne donne pas cette moitié, et c'est pour parer à tout événement que la famille de la fille tâche de se faire octroyer non seulement la moitié mais la presque totalité des arrhes. Si le décés du fiancé devait se produire, il est évident que les parents du jeune homme ne parviennent pas non plus à se faire rembourser.

(517)

女 子 是 一 點 兒 賠 錢 貨

Niu ze che i tien eul p'ei ts'ien houo.

Une fille c'est une marchandise qu'on vend à perte.

Ce *i tien eul :* un peu ; une petite quantité, a quelque chose de méprisant. C'est le ton ordinaire quand un chinois parle d'une femme ou d'une fille.

(518)

烏 鷄 血

黑 狗 毛

黑 驢 蹄 子

Ou ki hiue

He keou mao

He liu t'i ze.

Le sang d'une poule noire
Les poils d'un chien noir
Les sabôts d'un âne noir.

Ces derniers râpés en poudre ; Ces trois ingrédients mélangés constituent un talisman précieux, dont les âmes errantes ont une peur atroce. On en asperge les personnes ou les maisons hantées. Les crises d'hystèrie, d'épilepsie et chez les enfants les convulsions sont toujours attribuées aux mauvais esprits. Une nouvelle maison est assez souvent réputée hantée lorsque les craquements des matériaux humides sont violents et répétés.

(519)

無 理 的 不 做

反 味 的 不 吃

Ou li de pou tso

Fan wei de pou tch'e.

On ne peut faire des actions défendues
Comme on ne peut manger le fumet des aliments.

Ou li de : des choses contraires au droit, à la raison.

(520)

五 明 頭 下 雪

明 白 了

Ou ming t'eou hia hiue

Ming pè la.

Lorsqu'il neige quand il fait obscur,
Au matin, tout est blanc.

Lorsque quelqu'un vous met en garde contre quelque chose ; alors seulement vous voyez clair. Vous ne pouvez connaître les affaires de quelqu'un que lorsqu'un autre vous en parle. *Ou ming-t'eou :* sans clarté, la nuit.

(521)

五 大 郎 放 起 火
緊 鬆 一 股

Ou ta lang fang k'i houo

Kin song i kou.

Lorsque Ou ta lang se fâchait
Ce n'était qu'un feu de paille.

Littéralement : après une bouffée il passait du sèrré au lâche, de la colère à la douceur.

Fang k'i houo : se mettre en feu ; se mettre en colère.

Ou-ta-lang est un personnage légendaire, auquel on fait endosser beaucoup de bourdes. Espèce de Jocrisse chinois ; un sosie du "*Tyl uylenspiegel*" cher aux flamands, avec la verve savoureuse en moins. Nos gens qui le citent souvent, ne connaissent que son nom. Il parait que, vivant sous la dynastie des Song, il était d'une taille exigue et gagnait sa vie en vendant des gâteaux. Sa femme, qui était légère, se débarrassa du bonhomme en l'assassinant. Mais elle avait compté sans le frère puîné, Ou eul lang, employé du tribunal, qui fit rendre vie pour vie à la meurtrière.

(522)

五 大 郎 的 烟 袋 杆 子
不 長 不 短

Ou ta lang de yen tai kan ze

Pou tch'ang pou toan.

Le tuyau de pipe de Ou ta lang
N'est ni long ni court.

Même sens que le proverbe 524 une affaire qu'on ne sait comment traiter.

(523)

五 大 郎 的 脚 指 頭
一 个 不 如 一 个

Ou ta lang de kio tche t'eou

I ko pou jou i ko.

Parmi les orteils de Ou ta lang
L'un ne vaut pas plus que l'autre.

Se dit pour un groupe d'individus dont l'un n'est pas plus recommandable que l'autre.

(524)

五 大 郎 的 羓 羓
不 起 堆
一 不 壜

Ou ta lang de pa pa

Pou k'i toei

I pou t'an.

Les excréments de Ou ta lang
Ne forment pas conglomérat
C'est une vraie mare.

 Façon humoristiquement sale de dire : c'est une affaire embrouillée qu'on ne sait par quel bout prendre, ce que nos gens appellent : *Hou hou che ts'ing*, une purée.
 Pou t'an : prononcé : *pe t'an*, (le *pe* très court).

(525)

無 針 不 引 線
無 水 不 行 船

Ou tchen pou in sien

Ou choei pou hing tch'oan.

S'il n'y a pas d'aiguille on ne peut faire passer un fil
Sans eau on ne peut faire avancer un bateau.
Ad impossibile nemo tenetur.

(526)

勿 貪 意 外 之 財
勿 飲 過 量 之 酒

Ou t'an i wai tche ts'ai

Ou in kouo liang tche tsieou.

Ne désirez pas le bien d'autrui
Ne buvez jamais outre mesure.
Ne dépassez jamais ce que vous pouvez supporter d'alcool.

(527)

無 酒 不 成 席

Ou tsieou pou tch'eng si.

Sans vin il n'y a pas de banquet possible.

Ce dicton lapidaire sera certainement approuvé par tous les européens.   Comme le vin est inconnu ici, *Ou tsieou* doit se traduire : sans eau de vie.

(528)

烏 鴉 唵 屎
不 抬 頭

Ou ya ngan che

Pou t'ai t'eou.

Le corbeau qui s'est abattu sur des excréments
Ne relève pas la tête.

Se dit d'un grossier personnage qui ne songe qu'à s'empiffrer à table, sans songer au décorum ni à ses voisins.   S'emploie pour injurier un goinfre malappris.

(529)

五 月 二 十 五
玉 帝 扯 紙 分 開 雨 簿

Ou yue, eul che ou

Yu-ti tch'e tche fen k'ai yu pou.

Au 25 de la cinquième lunaison
Yu-ti déchire son papier, parce qu'il a divisé son registre des pluies.

C'est au 25 de la 5ᵉ lune, que Yu hoang chang ti, le roi des dieux, divise la provision annuelle de pluie aux Long-wang des cinq points cardinaux (Sud. Nord. Est. Ouest. Centre).   Ces cinq Long-wang commandent à une armée de petits Long-wang dont chacun est préposé à un village déterminé.   Lorsque Long-wang claque du fouet, l'éclair jaillit (on attribue cependant généralement l'éclair à Chan tien niang niang, la déesse de l'éclair) lorsqu'il frappe du tambour le tonnerre gronde ; pour faire pleuvoir il appelle un collègue, lui remet un crible, et verse l'eau par le crible.   C'est à cause de cela que la pluie arrive en gouttes et en stries.

En vertu de ce dicton, les païens n'implorent pas la pluie avant le 25 de la cinquième lune, ce serait inutile puisque la répartition n'a pas encore été faite.   Notons que le besoin pressant de pluie ne se fait pas sentir avant cette époque.

(530)

五 月 端 五
六 月 六
一 天 冷 凍
不 用 受

Ou yue toan ou

Lieou yue lieou

I t'ien leng tong,

Pou yong cheou.

Depuis le cinq de la cinquième lune
Jusqu'au six de la sixième
Un seul jour de froid ou de gelée
Ne se présente plus,

Pou yong cheou, on ne doit plus subir.

(531)

八 仙 過 海
各 顯 其 能

Pa hien kouo hai

Ko hien k'i neng,

Lorsque les huit immortels traversent la mer
Chacun montre sa propre habileté.

Lorsqu'on fait quelque chose, chacun le fait avec les moyens dont il dispose ; d'après ses aptitudes.

Les huit immortels sont très populaires parmi nos païens. Cepassage de la mer est souvent évoqué. Cependant la légende régionale est à peu près muette au sujet de ces saints personnages. Wieger dans ses Textes philosophiques p. 479 s'étonne de même que des héros aussi connus et aussi souvent représentés n'aient pas donné lieu à des légendes intéressantes.

Voir à ce sujet : *H. Doré. Recherches sur les superstitions en Chine Tome IX Article VII. page 493 et suivantes.*

Voir aussi Proverbe 690

(532)

八角茴香
六角羊
神仙吃上
痕斷腸

Pa kio hoei siang

Lieou kio yang

Chen sien tch'e chang

Che toan tch'ang.

La badiane à huit cornes
Le mouton à six cornes
Si les esprits et les génies en mangent
Leurs entrailles se déchirent.

A fortiori les humains doivent s'en abstenir. *Hoei siang*, ou plutôt *ta hoei siang*, badiane, qui donne un fruit nommé anis étoilé; le *siao hoei siang* est l'anis ordinaire qui se cultive dans nos contrées.

(533)

博文廣見
不如親手作一便

Pa wen koang kien

Pou jou ts'ing cheou tso i pien.

Un savant qui a tout vu
Ne vaut pas quelqu'un qui a fait une chose de ses mains.
Rien de tel que l'expérience personnelle.

(534)

八月初一下一陣
旱在來年五月盡

Pa yue tch'ou i hia i tchen

Han tsai lai-nien ou yue tsin.

S'il pleut un moment au premier de la 8e lune
La sécheresse durera jusqu'à la fin de la 5e lune de l'an prochain.

(535)

怕人知道的事
不要作

P'a jen tche tao de che

Pou yao tso.

Ce que tu crains que les hommes sachent
Ne le fais pas.

Ne fais jamais ce que tu ne voudrais pas que les autres sachent. Ce dont tu pourrais rougir si on l'apprenait.

(536)

搬家三年窮

Pan kia, san nien k'iong.

Un déménagement, c'est la pauvreté pour trois ans.

Par bris de meubles, et d'ustensiles, par les frais d'installation etc, un déménagement est toujours coûteux.

(537)

半夜叫城門
瞎撞釘子

Pan yè kiao tch'eng men

Hia p'eng ting ze

Crier à minuit à la porte de la ville
C'est être comme un aveugle qui se cogne contre les clous.

Les portes des villes sont couvertes de clous à grosse tête. Cogner contre les clous, c'est cogner contre la porte, et vainement, car on ne l'ébranlera pas. Il en est de même pour celui qui veut se faire ouvrir la porte de la salle à minuit, il a beau crier, le portier ne bougera pas.

Cette expression s'emploie dans le sens suivant: Tu feras une démarche inutile, il est sûr qu'un tel ne t'aidera pas.

(538)

半夜打燈籠
尋鬼呢

Pan yè ta teng long

Sing koei ni.

A minuit avec ta lanterne
Cherches-tu le diable?

Se dit par plaisanterie à un individu qui ne sait jamais où il a déposé ses affaires, et les cherche partout; *teng long:* prononcé toujours ici : *teng lou.*

(539)

判 官 頭 上 抹 糨 子
糊 鬼 了

P'an-koan t'eou-chang mouo kiang ze
Hou koei la.

P'an koan, enduisant les têtes de colle de farine
Colle les âmes errantes.

Jeu de mots sur : *Hou koei la :* coller des âmes errantes, des diables, et : 糊 鬼 了 stupides diables.

S'applique dans le sens : Tu es un imbécile; ta manière de faire est ridicule.

P'an-koan est le satellite de *yen wang* le dieu des enfers.

(540)

旁 黑 的 總 要 染 黑

Pang he de, tsong yao jun he.

Si tu avoisines du noir, tu seras certainement noirci.
Dis moi qui tu hantes et je te dirai qui tu es.

(541)

傍 大 樹
草 不 沾 霜

Pang ta chou
Ts'ao pou tchan choang.

Auprès d'un grand arbre
L'herbe n'est pas couverte de givre.

Celui qui sert un grand homme, jouit par ricochet de beaucoup de choses. On ne se fait pas faute de graisser la patte à ceux-là pour qu'ils rendent leur maître favorable à telle ou telle personne.

(542)

棒 槌 挑 牙
搉 口

Pang tch'oei t'iao ya

Ngao k'eou.

Se curer les dents avec un battoir de lessive
Fatigue la bouche.

S'adresse à un butor qui ne dit jamais mot. Tu as raison de
ne pas parler, car cela fatigue la bouche.

(543)

傍 腔 的
上 不 了 台

Pang ts'iang de

Chang pou liao t'ai.

Celui qui est trop près du pied du mûr
Ne peut monter sur l'estrade.

Il ne peut prendre son élan.
Celui qui est trop intéressé à quelque chose ne peut donner un
conseil judicieux.

(544)

螃 蟹 吃 豆 腐
吃 不 了 也 刨 爛 了

P'ang hiai tch'e teou-fou

Tch'e pou liao yè p'ao lan la.

Lorsqu'un crabe mange du fromage de fèves
Même ce qu'il ne peut manger est réduit en bouillie.

Ce fromage de fève est très peu consistant : le crabe qui agite
là dedans ses pattes et ses pinces le triture et le réduit en bouillie.
Sens : Se dit d'un imbécile qui a gâté ses affaires en se déme-
nant sottement.

(545)

旁 觀 人 清
當 局 人 迷

P'ang koan jen ts'ing

Tang kiu jen mi.

Les spectateurs voient clair
Les intéressés sont aveugles.

Nemo judex in propria causa.
Voir proverbe suivant

(546)

傍 觀 者 明
在 事 者 昏

P'ang koan tche ming

Tsai che tchouo hoen.

Ce sont les autres qui voient clair,
L'intéressé seul voit trouble.

Nemo judex in propria causa.
Ceux qui ne sont pas intéressés dans une affaire la jugent
beaucoup mieux que celui qui y est impliqué.

(547)

飽 飯 閒 事
饑 餓 自 然

Pao fan hien che

Ki ngo tse jan.

Quand on est repu on fait des choses provoquantes
Quand on a faim on est (forcément) endurant.

Celui qui a de l'argent peut prendre des allures conquérantes ;
celui qui n'a pas le sou doit subir toutes les avanies.

(548)

抱 住 香 爐 打 嚏 噴
臉 上 灰

Pao tchou hiang lou ta t'i p'en

Lien chang hoei.

Lorsqu'on porte un brûle parfums et qu'on éternue
La figure se couvre de cendres.

Inutile de t'en prendre à autrui, tu es toi-même cause de tes
miséres.

Les brûle parfums ou cassolettes à bâtons odoriférants sont
toujours plus ou moins remplis de fines cendres.

(549)

抱 住 幹 杖 吹 笙
一 竅 不 通

Pao tchou kan tchang tch'oei cheng

I k'iao pou t'ong.

Que tu prennes un rouleau à pâte pour jouer de la "cheng"
Même en y forant un trou tu n'y parviendras pas.

Sens : Tu n'y entends rien ; tu n'es qu'un imbécile. Ce *"K'iao"* s'emploie dans le fameux aphorisme médical : L'homme a sept trous : 人 有 七 竅 *Jen yeou ts'i k'iao.* D'aucuns traduisent les sept trous du visage : les yeux, les oreilles, les narines et la bouche. D'autres expliquent que le cœur a sept trous : quatre de ces trous y amènent le bon sang, les trois autres expulsent le sang vicié.

La *"cheng"* est peut-être l'instrument le plus perfectionné de la musique chinoise. Il se compose d'une callebasse séchée et vidée qui sert de magasin à air et d'une embouchure en tuyau recourbé. Une série de douze ou de vingt-quatre tuyaux à anche libre sont disposés sur la calebasse qui est, elle même, percée de trous sur la surface. Ces trous sont ouverts ou bouchés par les doigts de l'instrumentiste.

J. Dyer Bale dans ses Things Chinese écrit : L'introduction de la cheng en Europe conduisit à l'invention de l'accordéon et de l'harmonium. Kratzenstein, un facteur d'orgues de St Pétersbourg, qui était devenu possesseur d'une cheng, conçut l'idée d'appliquer le principe aux registres d'orgue. H. Riemann dans son "Dictionnaire de musique" parle lui aussi d'un facteur d'orgues de St Pétersbourg, qu'il appelle Kirsnik, et qui en 1780 aurait inventé les jeux d'orgue à anches libres.

(550)

保 人 墊 不 了 錢
劊 子 手 頂 不 了 命

Pao jen tsiè pou liao ts'ien

Koei-ze-cheou ting pou liao ming.

Un garant ne prête pas d'argent
Le bourreau ne rend pas la vie (à sa victime).

Un garant se contente de vous amener votre débiteur, que celul-ci soit solvable ou non, peu lui importe. Il est bien entendu que ce fameux *"pao jen"* ne payera jamais rien de sa poche. C'est une des plus vastes fumisteries de nos contrées ; tout le monde sait à quoi s'en tenir au sujet des garants et il n'y a pas de transaction sans eux.

Voir Proverbe 121

(551)

背 上 媳 婦 遊 五 台

奴 也 失 了

名 聲 也 壞 了

Pè chang si-fou yeou Ou t'ai

Nou yè che la

Ming-cheng yè hoai la.

Lorsqu'en se promenant sur le mont Ou t'ai on porte sa brû sur le dos,
On perd son esclave (sa brû)
Et on gâte sa réputation.

Sens : Il vaut mieux ne pas toucher à cette affaire ; on n'a rien de bon à en attendre.

Ou-t'ai. Montagne fameuse du Chan-si où les pélerins chinois et mongols abondent. Parmi ces pélerins, tous n'y vont pas uniquement par motif de dévotion ; il y a des voleurs, et même les ravisseurs de jeunes femmes ne manquent pas.

Le dicton peut également s'entendre d'un époux qui porte sa jeune femme *(si-fou)*, et cette explication donnée par d'aucuns me semble plus plausible que la première. Un jeune mari portant sa femme, ou même lui donnant le bras, sont de ces choses dont on n'a aucune idée ici.

(552)

白 銀 買 動 黑 人 的 心

Pé in mai tong hé jen de sin.

Avec de l'argent blanc on peut acheter la conscience des méchants.

Antithèse entre *pé in*, argent blanc et *he jen*, homme noir, homme mauvais.

(553)

白 日 穿 黑 夜 盖

天 陰 下 雨 毛 朝 外

Pé je tch'oan, ho yè kai

T'ien in, hia yu, mao tch'ao wai.

On s'en revêt pendant le jour, la nuit on s'en couvre ;
Si le ciel est couvert et qu'il pleuve, on tourne les poils à l'extérieur.

Il s'agit d'une grande pelisse, que nos gens portent poil en dedans, et sans revêtement d'étoffe. Sous la pluie, ce cuir tanné d'une façon rudimentaire, se durcit et se fend.

(554)

背 鍋 子 趴 山
前 短

Pé kouo ze pa chan

Ts'ien toan.

**Lorsqu'un bossu monte une montagne
Il est court par devant.**

Calembourg. *Ts'ien toan*, par devant court, se prononce comme 錢短 *ts'ien toan*, les sapèques font défaut. Je n'ai plus d'argent. Un importun vient-il vous demander un secours, on lui répond par ce dicton, et il comprend que c'est fini.

(555)

白 蘿 蔔 扎 刀 子
不 出 血 的 東 西

Pe louo fou tcha tao ze

Pou tch'ou hiue de tong-si.

**On a beau larder de coups de couteau une carotte blanche
C'est une chose dont le sang ne coule pas.**

Se dit d'un homme qui est dûr à la détente, qui ne se laisse pas vite intimider.

Pe louo-fou : prononçé *louo-pé* ou *louo-pou*, carotte blanche, ne se cultive pas beaucoup au T'oumet et est très répandue à Ning t'iao liang ; la forme et le goût rappellent le raifort, mais la pelûre est d'un blanc laiteux.

(556)

壁 虱 窜 的 蕎 麥 皮
大 衣 裳 不 離 身

Pi che tch'oan de ts'iao-mai p'i

Ta i-chang pou li chen.

**Comme les punaises entrent dans la balle de sarrazin
Il ne quitte jamais ses beaux habits.**

C'est une punaise introduite dans de la balle ; un pauvreteux qui veut faire le grand monsieur.

Une punaise entrée dans la balle de sarrazin, on veut dire, une punaise qui est entrée dans un oreiller ; celui-ci étant bourré de balle de sarrazin. *Pi che*, punaise se prononce *piè sa*.

Comparer au Proverbe 417

(557)

筆 管 裡 邊 睡 覺
細 人 人

Pi koan li pien choei kiao

Si jen jen.

Pouvoir dormir dans le tube d'un pinceau
C'est être un bonhomme bien fluet

細 糊 *Si hou*, fluet, délicat, soigné, ciselé, se dit par exemple d'instruments très précis, d'instruments européens : compas, canifs etc. plus soignés que les instruments similaires chinois.

(558)

鼻 子 底 下 長 的 一 個 嘴

Pi ze ti hia tchang de i ko tsoei.

On a une bouche sous le nez.

pour s'en servir, naturellement, soit pour demander des renseignements, soit pour défendre ses droits.

(559)

屁 股 生 豆 芽
扎 住 窮 根 子

P'i kou cheng teou ya

Tsa tchou k'iong ken ze.

Lorsqu'on fait germer des pois sur son derrière
Ils perceront de pauvres racines.

Sens. Il est pauvre comme Job.

(560)

皮 子 去 了 毛
神 鬼 沒 摸 撈

P'i-ze k'iu la mao

Chen koei mo mà-lao.

Lorsqu'on a râclé tous les poils d'une peau
Esprits et diables même ne peuvent plus l'identifier.

Lorsqu'il n'y a ni traces ni preuves comment peut-on instruire une affaire ?

(561)

邊 客 請 韃 子
韃 子 吃 韃 子

Pien k'o ts'ing Ta-ze

Ta-ze tch'e Ta-ze.

Lorsqu'un courtier invite un mongol
Le mongol mange du mongol.

Lorsqu'un commerçant chinois invite un mongol à dîner, en fin de compte c'est encore le mongol qui paye le repas.

Pien-k'o est le nom de ces courtiers qui parcourent les territoires des mongols Ortos pour faire des affaires. Les échanges consistent en grains, selles, toile, soie, bottes de cuir, corail, pipes, contre des bestiaux, des peaux, du beurre, de la laine. Les mongols sont toujours roulés. Au point de vue des mœurs les *"pien k'o"* jouissent d'une réputation abominable, justement méritée.

Le mot *"Pien-k'o"* semble spécial à la région de Ning-t'iao-leang, Il est vrai que les mongols nomades n'existant plus au nord-est du Fleuve Jaune, ce genre de marchands ne s'y trouve pas. L'appellation dériverait de *"pien ts'iang"* grande muraille de Chine; et voudrait dire : les courtiers de la terre des herbes au delà de la grande muraille.

(562)

兵 不 離 營
馬 不 離 棧
夥 計 不 離 掌 櫃 的 院

Ping pou li ing

Ma pou li tchan

Houo-ki pou li tchang-kouei de yuan.

Les soldats ne quittent par leur caserne
Les chevaux ne dépassent pas l'étape (coutumière)
Les ouvriers ne quittent pas la cour de leur patron.

On ne change pas les choses établies. L'habitude devient une seconde nature. Tout est régi par ses lois. *Tchan*, étape, se prononce ici : *tsan.*

(563)

兵 不 斬 不 齊
話 不 說 不 知
理 不 辨 不 明

Ping pou tchan pou k'i

Hoa pou chouo pou tche

Li pou pien, pou ming.

Des soldats qu'on ne décapite pas ne sont pas rangés
Des paroles inexprimées ne sont pas connues
Des raisons non discutées ne sont pas claires.

Il faut une forte discipline, même l'application de la peine de mort, pour tenir les soldats en ordre. C'est absolument vrai pour les soldats chinois.

(564)

冰 凍 三 尺
非 一 日 之 寒

Ping tong san tch'e

Fei i jen tche han.

La glace se géle à trois pieds
Sans qu'il y ait un jour de grand froid.

Il ne fant pas de jour de froidure extraordinaire pour que la glace obtienne trois pieds d'épaisseur; elle y arrive peu à peu, *jen tche :* prononçé ici *jen tse.*

(565)

病 從 口 中 入
禍 從 口 中 出

Ping ts'ong k'eou tchong jou

Hoa ts'ong k'eou tchong tch'ou.

Les maladies entrent par la bouche
Les malheurs sortent par la bouche.

Trop manger provoque des maladies
Trop parler crée des misères.

(566)

病 有 四 百 四 症
藥 有 八 百 八 方

Ping yeou se pé se tchen

Yo yeou pa pé pa fang.

Il y a quatre cent quarante maladies caractérisées
Il y a huit cent quatre vingt formules de remèdes.

Cela fait deux formules par maladie ! Nos empiriques, malgré
leur ignorance crasse, ont une très haute idée de leur valeur médicale.

(567)

貧 居 鬧 市
沒 人 問

P'in kiu nao che

Mo jen wen.

Un pauvre habitant un marché fréquenté
Personne n'en a cure.

On n'a que du dédain pour les pauvres gens.
Voir Proverbe 85

(568)

朋 友 一 千 不 多
冤 家 一 個 就 彀

P'ong yeou, i ts'ien pou touo

Yuen-kia i ko tsieou keou.

Mille amis ce n'est pas trop
Un seul ennemi, c'est bien suffisant.

(569)

不 上 一 當
不 長 一 智

Pou chang i tang

Pou tchang i tche.

Si l'on n'est pas dupe
On n'acquiert pas la sagesse.

On apprend à ses dépens.

(570)

不 分 貴 賤
喫 倒 州 縣

Pou fen koei tsien

Tch'e tao tcheou sien.

Il ne fait aucune différence entre cher et bon marché
Qu'il occupe une préfecture ou une sous préfecture, il mange tout
ce qu'il a.

Tous ses émoluments.   Quelle que soit la somme qu'il possède, il la dépensera allégrement.

(571)

不 怕 一 世 沒 爹 娘
但 怕 一 日 沒 君 王

Pou p'a i che mo tiè niang

Tan p'a i je mo kiun wang.

On ne doit pas craindre de n'avoir ni père ni mère pendant toute sa vie
Il faut seulement craindre de n'avoir pas de pouvoir souverain
(ne serait-ce que) pendant un seul jour.

Car alors c'est la révolution qui améne le pillage et les excés
de tout genre.
I che : proprement : une génération ; trente ans.   Ici, l'expression est prise dans un sens plus large : pendant toute la vie.

(572)

不 怕 銅 嘴 鉄 舌 頭
單 怕 本 縣 作 對 頭

Pou p'a t'ong tsoei t'iè che-teou

Tan p'a pen hien tso tsoei-t'eou.

On ne craint ni une bouche de cuivre ni une langue de fer
On craint seulement que le sous-préfet arrange notre affaire.

Avoir affaire à un adversaire qui est fort en bouche c'est ennu-
yeux, mais ce n'est rien en comparaison des ennuis qu'on éprouve lorsqu'un mandarin s'occupe de vos affaires ; on sort de là lamentablement
plûmé.

(573)

不 怕 三 打 罵

單 怕 一 不 理

Pou p'a san ta ma

Tan p'a i pou li.

On ne craint pas d'être battu ou maudit trois fois
On craint seulement l'indifférence.

Ce qu'il y a de pis lorsqu'on fait une remarque, ce n'est pas d'exciter la colère.   C'est de se heurter à une parfaite indifférence.

(574)

不 怕 仇 人

單 怕 仇 官

Pou p'a tch'eou jen

Tan p'a tch'eou koan.

On ne craint pas un ennemi
On craint seulement un mandarin vénal.

Que vous ayiez un ennemi, vous pourrez vous faire rendre raison par voie judiciaire ; mais ce moyen vous échappe si le mandarin est vénal.

(575)

不 走 高 山

不 現 平 地

Pou tseou kao chan

Pou hien p'ing ti.

Lorsqu'on ne monte pas sur une haute montagne
La plaine n'est pas apparente.

Nos gens veulent dire par là : Lorsqu'on n'a jamais gravi de hautes montagues on ne soupçonne pas combien il est commode de marcher en plaine.

(576)

脖 子 抹 猪 血
假 充 挨 刀 賊

Pouo ze ma tchou hiue

Kia tch'ong nai tao tsé.

Lorsqu'on s'est frotté du sang de porc autour du cou
On a l'air d'un voleur qui a reçu des coups de couteau.

Kia-tch'ong, représenter faussement, prétendre être. *Kia tch'ong koan jen*, un fonctionnaire imposteur. Se dit beaucoup et se rencontre souvent. Des filous mettent un uniforme de soldat et opèrent du chantage.

(577)

脖 子 底 下 割 引 朣
活 要 命

Pouo-ze ti-hia ko in-sou

Houo yao ming.

Lorsque sous le cou on coupe la gorge d'un bœuf
Vivant on veut sa vie.

On exige sa vie ; on veut sa mort.
Cet homme est déjà assez misèrable sans qu'une nouvelle calamité vienne fondre sur lui. Laisse-le donc tranquille ; il est déjà assez malheureux comme cela.

(578)

婆 姨 嫌 漢 一 張 紙
漢 嫌 婆 姨 一 嫌 到 底

P'ouo-i hien han, i tchang tche

Han hien p'ouo-i, i hien tao ti.

Une femme qui a de l'aversion pour son mari, ce n'est qu'une feuille
de papier,
Un mari qui a de l'aversion pour sa femme, l'abhorre jusqu'au fond.

Ce n'est qu'une feuille de papier, cela n'a pas d'importance ; soit que le mari puisse lui imposer de force sa volonté ; soit qu'il arrange les choses en faisant quelques avances ; soit qu'il cherche des consolations autre part. Mais si c'est l'époux qui abhorre sa femme, cela peut aller jusqu'aux extrêmes, il peut la répudier, la vendre, ou même la donner à un autre. *Tche*, papier, se prononce ici *tze*.

(579)

婆 姨 保 臣 相
天 天 黑 了 來 告 狀
不 聽 個 罷
還 有 榜 模 樣

P'ouo-i pao tch'en-siang

T'ien-t'ien he la lai kao-tchoang

Pou t'ing ko ba

Han yeou pang mou yang.

Une femme qui veut jouer au ministre d'état
Tous les jours au soir vient faire ses doléances,
Ne l'écoute pas
Et tout s'arrangera.

Les femmes d'un certain âge qui veulent jouer au ministre d'état ne sont pas rares, dans nos contrées, elles savent mener leurs belles-filles à la baguette, et parfois même leur mari. Dans le second cas, la baguette est métaphorique, mais non pas dans le premier.

(580)

婆 姨 打 架 糊 扭 掐
男 人 打 架 揪 頭 髮

P'ouo-i ta-kia, hou nieou k'ia

Nan-jen ta-kia, tsieou t'eou-fa.

Les femmes qui se battent, stupidement serrent et pincent,
Les hommes qui se battent se prennent aux cheveux.

K'ia : pincer entre le pouce et l'index
Nieou : pincer entre le bout du pouce et l'index replié
Tsieou t'eou fa : se saisissent par la tresse.

P'ouo-i : femme mariée, en puissance de mari. Au T'oumet, on dit lao-p'ouo, ce qui ferait rire à Ning-t'iao-leang. Car *lao-pouo* ne se dit là que pour une vieille femme. *Lao-pan :* une vieille, qui s'emploie assez couramment au T'oumet, a quelque chose d'injurieux dans le district Sud des Ortos.

(581)

三十沒兒半世空
四十沒兒絕了根

San che mo eul: pan che k'ong

Seu che mo eul: tsiue la ken.

Ne pas avoir de fils à 30 ans : c'est une demi existence vide
Ne pas avoir de fils à 40 ans : la racine est brisée.

La souche s'éteint et ne produira plus.

C'est un des plus grands malheurs qui puissent arriver à un Chinois ; ils placent l'age critique de la femme à 40 ans.

(582)

三十年富光棍
一個女人娶的淨打淨

San che nien fou koang koen

I ko niu jen ts'iu de tsin ta tsin.

Pendant trente ans on a été célibataire aisé
On prend femme, et on est rincé à fond.

Parce qu'on a du payer bien cher pour avoir son épouse, pour solder les frais de la noce ; enfin parce qu'on n'est plus seul, et qu'il faut nourrir sa femme et ses enfants.

(583)

三十年河東
三十年河西

San che nien ho tong

San che nien ko si.

Pendant trente ans le fleuve va vers l'Est
Pendant trente ans le fleuve va vers l'Ouest.

Il s'agit du Fleuve Jaune qui se déplace continuellement.

(584)

三日無糧
聚不住病
一冬不吃

就 是 年 饉

San je ou liang

Kiu pou tchou ping

I toung pou tch'e

Tsieou che nien kin.

Restez trois jours sans manger
Et vous n'échapperez pas à la maladie;
Lorsqu'on ne mange pas pendant tout l'hiver
C'est une année de disette.

Une version plus employée est la suivante :

三 日 無 糧
聚 不 住 兵
一 頓 不 吃
就 是 年 饉

San je ou liang

Kiu pou tchou ping

I toen pou tch'e

Tsieou che nien kin.

Si l'on retient leur solde pendant trois jours
On ne peut retenir les soldats en Corps;
S'ils doivent se priver d'un seul repas
Ils crient à l'année de famine.

Surtout en ces derniers temps les exigences de la soldatesque sont inouïes ; pour un rien celle-ci se rèvolte et fait cause commune avec les brigands. La gent militaire est actuellement toute puissante en Chine et elle se conduit comme en pàys conquis, rançonnant les habitants, pillant les voyageurs, et répondant aux justes réclamations par des sévices ou même par le meurtre. Triste engeance.

(585)

三 人 共 一 心
黃 土 變 成 金

San jen kong i sin

Hoang t'ou pien tch'eng kin.

Lorsque trois hommes ont le même but
L'argile se change en or.

L'union fait la force.

Au temps jadis il y avait trois marchands qui s'associèrent. Grâce à leur entente ils firent rapidement fortune. Le premier se nommait *Tcheou*; le second *Ko*; et le troisième *Ou.*

Tcheou ko ou san wei. Les trois personnages *Tcheou Ko Ou.* Les boutiquiers les honorent comme dispensateurs de la réchesse.

On dit aussi :

三 人 並 一 心

San jen ping i sin.

(586)

三 寬 四 窄
五 短 一 長

San k'oan, seu tche

Ou toan, i tch'ang.

Trois larges, quatre étroits
Cinq courts, un long.

Il s'agit des qualités que doit avoir un bon bœuf.
Trois doigts de large à la naissance de la queue.
Quatre étroits : l'échancrure entre les orteils des quatre pattes doit être étroite.
Cinq courts les quatre pattes et l'encolure.
Un long, le corps.
Toutes ces qualités réunies constituent le bœuf de labour parfait,
Tche, étroit, se prononce *tsa*.

(587)

三 家 恃 靠
倒 了 鍋 灶

San kia che k'ao

Tao la kouo tsao.

Lorsque trois familles s'appuient l'une sur l'autre
Le fourneau tombe en ruines.

Lorsque chacun compte sur autrui pour faire la besogne, rien ne se fait, tout va à la dérive.

Voir Proverbes 740 et 603

(588)

三 九 四 九
陽 個 拷 拷 溫 手

San kieou, se kieou

Yang ko lao lao wen cheou.

A la troisième et à la quatrième neuvaine (de l'hiver)
On s'abrite les mains, (même) dans un endroit au soleil.

On s'abrite les mains, (même) dans un endroit au soleil. *Ko lao lao*, expression populaire très employée *(pé tzeul)*. L'hiver est divisé en neuvaines, la troisième et la quatrième sont les plus froides.

(589)

三 個 人 能 滅 一 个 人
一 個 人 滅 不 了 三 个 人

San ko jen neng miè i ko jen

I ko jen miè pou liao san ko jen.

Trois hommes peuvent annihiler un seul homme
Un seul homme ne peut annihiler trois hommes.

Lorsque trois hommes donnent le même témoignage contre un seul individu, c'en est fait de lui, tandis qu'un seul témoignage ne peut nuire à trois hommes.

(590)

三 個 老 漢
頂 如 一 員 官

San ko lao han

Ting jou i yuan koan.

Trois vieillards
Valent un mandarin.

Pour arranger une affaire adressez vous aux vieillards du village. *Yuen*, est le spécificatif pour les dignitaires.

(591)

三 兩 銀 子 一 隻 虎
五 兩 銀 子 一 條 龍

有 福 之 人 擒 龍 握 虎
無 福 之 人 龍 虎 傷 人

San liang in ze, i tche hou

Ou liang in ze, i t'iao long

Yeou fou tche jen, k'ing long wa hou

Ou fou tche jen, long hou chang jen.

Vous volez trois onces d'argent: c'est un tigre;

Vous volez cinq onces d'argent: c'est un dragon;

Ceux qui ont une bonne étoile, tuent le dragon, étouffent le tigre;

Ceux qui n'ont pas une bonne étoile sont blessés par le dragon et le tigre.

Comme ce dicton s'applique uniquement aux voleurs on sous entend les premiers mots: celui qui vole...

Le sens est: Si vous n'êtes pas un chançard, les vols que vous commettez se retourneront contre vous, avec d'autant plus de conséquences fâcheuses qu'ils auront été plus importants.

(592)

三 朋 四 友
無 親 無 故

San p'ong se yeou

Ou ts'ing ou kou.

Nous sommes trois quatre grands amis
Et nous ne nous aimons pas encore comme si nous étions parents.

Les liens du sang sont plus forts que ceux de l'amitié. *San p'eng se yeou.* Inversion pour dire: *San se p'eng yeou,* trois quatre amis.

(593)

三 歲 定 八 十

San soei ting pa che.

Trois ans équivalent à quatre-vingt.

Synonyme indifféremment employé:

三 歲 看 老

San soei k'an lao.

A trois ans on voit (ce que sera) la vieillese.

On peut déjà voir en germe chez l'enfant les qualités et les défauts qu'il aura plus tard.

Voir Proverbe 848

(594)

三 天 沒 大 小

San t'ien, mo ta siao.

Pendant trois jours, il n'y a ni grand ni petit.

Il s'agit du jour du mariage et des deux jours qui suivent. On se permet alors les farces les plus grossières avec les nouveaux conjoints Le soir, on s'amuse à leur poser des questions incongrues ou obscénes, on leur fait faire toute espèce de choses, on bombarde les nouveaux époux avec des chardons, des noix, des jujubes. C'est ce qu'on appelle : *nao-fang*, et *choa-siao*, et on s'aperçoit trop bien que le décorum des Chinois païens est une mince couche de vernis qui revouvre des turpitudes.

(595)

三 天 不 開 市
開 市 頂 三 天

San t'ien pou k'ai che

K'ai che ting san t'ien.

Lorsqu'on n'a pas ouvert le marché pendant trois jours
Lorsque le marché se rouvre il doit compenser les trois jours
de stagnation.

Il faut qu'on rattrape les chômages forcés.

(596)

三 月 四 月 不 抹 房
五 月 六 月 罵 龍 王

San yue, se yue, pou ma fang

Ou yue, lieou yue, ma Long-wang.

Si à la troisième ou à la quatrième lune on n'a pas crépi sa maison
A la cinquième et à la sixième lune on mandit Long-wang.

Long-wang est le dispensateur de la pluie. Si l'on n'a renouvelé la couche d'argile du toit, il pleuvra chez vous pendant la saison des pluies.

(597)

死 人 不 怕 天 火 燒
死 猪 不 怕 滾 水 澆

Se jen pou p'a t'ien-houo chao

Se tchou pou p'a kong choei kiao.

Un mort n'a pas peur d'être brûlé par la foudre
Un porc mort ne craint pas d'être râclé à l'eau boulllante.

Kiao : asperger d'eau bouillante avant d'être râclé.
Sens du dicton : Un homme d'un grand âge ne s'émeut plus
d'une foule de choses, il en a vu bien d'autres.

(598)

死 人 不 張 口
一 天 打 一 斗

Se jen pou tchang k'eou

I t'ien te i teou.

Quoiqu'un défunt ne mange pas
Il lui faut tous les jours un boisseau.

Allusion aux funérailles pour lesquelles nos gens dépensent
parfois des sommes considérables.

(599)

死 狗 當 街 臥
手 拿 半 頭 磚
雖 然 他 不 咬
君 子 防 不 然

Se keou tang kiai wo

Cheou na pan t'eou tchoan

Soei-jan t'a pou niao

Kiun-ze fang pou jan.

Si un misérable chien est couché au milieu de la rue
Prends en main un morceau de brique
Quoiqu'il ne morde pas,
Un sage évite les risques.

Prévoir c'est régner.   Le proverbe flamand : *De voorzienigheid is de moeder van de porceleinkas*, (la prudence est la mère de l'armoire à porcelaine) *Se-keou :* un chien mort.   Terme de mépris ; beaucoup employé : p. e. *Se jenu*, un homme mort, un propre à rien ; ou plus fort : *se koei*, un diable mort.

(600)

四 川 沒 川
山 東 沒 山

Se tch'oan mo tch'oan

Chan-tong mo chan.

**Au Se-tch'oan il n'y a pas de plaines
Au Chan-tong il n'y a pas de montagnes.**

Jeu de mots sur : *Se tch'oan :* les quatre plaines, et qui se traduit en réalité par : les quatre rivières, (le *Ya-long-kiang*, le *Min-kiang*, le *Tch'ong kiang*, et le *Kia lin kiang*).   *Tch'oan*, veut dire : rivière de montagne ; et par extension : ravin dans lequel court cette rivière ; c'est dans ce sens qu'on l'emploie au *Ts'ien chan (contrée au Sud-Est de la boucle du Fleuve Jaune)*, au T'oumet, on y donne un sens encore plus large et on traduit : plaine.   C'est ainsi qu'on dit toujours : *T'oumet tch'oan*, la plaine du T'oumet.   C'est, avec ce sens, que le jeu de mots s'explique.   *Chan-tong*, veut proprement dire : à l'Est des montagnes ; et le calembour ne s'explique guère.

(601)

媳 婦 到 門 前
還 得 花 個 大 牛 錢

Si-fou tao men ts'ien

Han tè hoa ko ta nieou ts'ien.

**Alors que la brû est déjà au seuil de votre porte
Il faut encore dépenser la valeur d'un grand bœuf.**

On a déjà dû donner les arrhes, c'est à dire le prix d'achat de la femme, plus les cadeaux d'usage au moment des fiançailles : au moment du mariage il y a encore les frais du cortège, des musiciens, du repas de noces, une grosse dépense.

Mariages et funérailles sont deux choses qui coûtent cher en Chine.

(602)

媳 婦 偷 的 吃 是 肚 裡 飢
狗 偷 的 吃 是 放 的 低

Si-fou t'eou de tch'e, che tou li ki
Keou t'eou de tch'e, che fang de ti.

Lorsqu'une brû mange en cachette, c'est qu'elle a faim ;
Lorsqu'un chien mange à la dérobée, c'est qu'on a placé le mets trop bas.

Il n'arrive que trop souvent que de malheureuses belles-filles sont obligées de voler de la nourriture, parce que les beaux-parents avec lesquels elles habitent leur rognent trop la portion congrue.

(603)

媳 婦 子 多
不 洗 鍋

Si fou ze touo
Pou si kouo.

Lorsqu'il y a beaucoup de belles-filles
La marmite n'est pas récurée.
Parce que l'une croit que l'autre va le faire.
Voir Proverbes 587 et 740

(604)

西 虹 當 日 雨

Si kiang tan je yu,

S'il y a un arc en ciel à l'ouest, aujourd'hui même il y aura de la pluie.
L'Arc en ciel du matin.

(605)

西 北 風 下 雨
倒 南 風 晴
葬 良 心 發 財
行 好 的 窮

Si pe fong hia yu

Tao nan fong ts'ing

Tsang liang sin fa ts'ai

Hing hao de k'iong.

Si la pluie est venue avec du vent Nord Ouest
S'il tourne au sud il fait clair,
Une conscience ensevelie s'enrichit
Celui qui cherche le bien est pauvre.

(606)

戲子鬍髭假的

Si ze hou ts'ai kia de.

La barbe du comédien est postiche.

Pour dire à quelqu'un : ce que tu racontes est faux.

(607)

戲子挨刀不怕

Si ze nai tao pou p'a.

Le comédien ne craint pas de recevoir des coups d'épée.

Se dit pour rassurer quelqu'un : N'aie pas peur, c'est pour rire.
C'est comme un comédien qui reçoit des coups de sabre, il n'en a pas
peur parce que ce n'est qu'un simulacre.

(608)

想金盼銀
一輩子受窮

Siang kin p'an in

I pei-ze cheou k'iong.

Songer à l'or, espérer l'argent
Et subir la pauvreté pendant toute la vie.

C'est le cas du plus grand nombre de nos indigènes. Le but
de leur vie c'est de devenir riche, ils en parlent, ils en rêvent... et ne
sortent jamais de leur marasme.

Siang kin : penser à l'or, n'est qu'une manière de parler. Je
crois qu'ils sont extrêmement rares les chinois de nos contrées qui
aient vu ce précieux métal. Bien plus, bon nombre d'entre eux n'a
jamais vu un lingot d'argent de 50 Taëls. J'ai eu de ces gens, arrivés
par hasard à ma chambre au moment où je pesais un de ces *yuen-pao*

(lingot de 50 Taëls).   Quelle flamme dans leurs yeux ; admis à palper et à soupeser ce *yuen-pao*, ils le faisaient avec toutes les marques d'une contemplation respectueuse.   Je serais tenté de dire que cela faisait époque dans leur vie.

(609)

小 時 沒 老 子
到 大 壞 小 子

Siao che mo lao ze

Tao ta hoai siao ze.

Lorsqu'on n'a pas eu de père au temps de son enfance
Lorsqu'on a pris de l'âge on devient un mauvais sujet.

(610)

小 時 沒 娘
到 大 話 長

Siao che mo ni ng

Tao ta hoa tch'ang.

Lorsqu'on n'a pas eu de mère au temps de son enfance
Lorsqu'on a pris de l'âge on parle á tort et à travers.

(611)

小 時 沒 人 管
到 大 狗 舐 碗

Siao che mo jen koan

Tao ta keou t'ien wan.

Lorsqu'on n'a eu personne qui s'occupait de vous au temps de votre enfance
Lorsqu'on a pris de l'âge les chiens léchent les bols.

On est sale et sans ordre, on ne lave même pas sa vaisselle.

Ce proverbe et les deux précédents se disent parfois d'une traite.

(612)

小 暑 大 暑
灌 死 老 鼠

Siao chou, ta chou

Koan se lao chou.

De la petite à la grande chaleur
Les rats sont noyés.

Tellement il pleut ; la pluie remplit leurs terriers.   Du 7 Juillet au 7 Août.

(613)

小 兒 犯 法
罪 有 家 責

Siao eul fan fa

Tsoei yeou kia tsa.

Lorsqu'un des petits fils à commis une faute
Cette faute retombe sur toute la famille.

Cette loi de la solidarité entre membres d'une famille est très puissante, et il arrive souvent qu'un frère paie pour un autre qui a commis un acte répréhensible.

(614)

學 下 的 不 精
磨 下 的 不 亮
滿 天 的 星 宿
遮 不 住 半 個 月 亮

Siao hia de pou tsin

Mouo hia de pou liang

Man t'ien de sing sieou

Tche pou tchou pan ko yue liang.

Ce qu'il a appris ne pénètre pas,
Ce qui a été poli ne brille pas,
Un firmament plein d'étoiles
N'atteint pas la clarté d'une demi lune.

Tout ce qui brille n'est pas or.

(615)

學 三 年 畫 匠

不 會 畫 馬 蹄 子

學 三 年 木 匠

一 鋸 兩 個 馬 蹄 子

Siao san nien hoa tsiang

Pou hoei hoa ma t'i ze

Siao san nien mou tsiang

I kiu liang ko ma t'i ze.

Après trois ans d'apprentissage pour être peintre
On ne sait même pas peindre les sabots d'un cheval;
Après trois ans d'apprentissage pour être charpentier
Qu'il scie et il fait deux sabots de cheval.

Il ne sait pas scier, et la planche va en s'élargissant comme les sabots d'un cheval.

(616)

小 地 方 的 狗

大 地 方 的 娃 娃

Siao ti fang de keou

Ta ti fang de wa wa.

Ees chiens des petits endroits
Les enfants des grands endroits.

sont insupportables et même dangereux.

(617)

小 雀 兒 飛 到 大 豆 地

空 量 了 一 翅

Siao t'sio eul fei tao ta teou ti

K'ong liang la i tche.

Un petit passereau volant dans un champ de grosses fèves
A inutilement déployé ses ailes.

Parce qu'il ne peut avaler une pitance aussi grosse.

Se dit de quelqu'un qui a fait une démarche inutile, ou qui a entrepris quelque chose qui est au dessus de ses forces.

(618)

小 要 穩 重
老 要 顚 狂

Siao yao wen tsong

Lao yao tien k'oung.

Quand on est jeune on doit être pondéré
Quand on est vieux on doit être guilleret.

Tien k'oang, affable, aimer à rire.
Il ne faut pas qu'un vieillard soit morose.

(619)

寫 在 紙 上
說 不 在 紙 下

Siè tsai tche chang

Chouo pou tsai tche hia.

Une fois que c'est écrit sur le papier
Il est inutile de parler en dehors de ce qui est sur le papier.

Il faut se tenir aux termes d'un contrat écrit.
Voir Proverbe 131.

(620)

斜 眼 人 顚 角 牛
力 得 香 赢 不 回 頭

Siè yen jen, tien kio nieou

Li te siang-ing pou hoei t'eou.

Un homme à yeux louches, un bœuf à cornes irrégulières
A moins de trouver leur pareil ne tournent pas la tête.

Ils ne s'accordent pas avec ceux qui sont régulièrement bâtis,
ils ne sont bien qu'avec leurs pareils.

Le sens est: Défiez-vous d'un louche et d'un bœuf mal encor-
né. On doit prendre garde à ceux qui ont un défaut corporel, ils
manquent de franchise et sont dangereux. Cette idée est absolument
générale chez tous nos indigènes. Est-elle basée sur l'expérience ?
Voir Proverbe 344

(621)

先 告 詳
後 沒 嚷

Sien kao siang

Heou mo jang.

Lorsqu'on a bien déterminé tous les détails
Il n'y a plus de disputes plus tard.
Belle théorie ! Que ce serait bon si on la mettait en pratique !
Voir proverbes 348, 153 et 626

(622)

先 看 四 個 蹄
後 買 一 張 皮
草 口 摸 一 把
要 個 嘴 頭 齊
兔 鼻 梁 子
耳 週 尖
長 的 一 對 黃 鼠 眼

Sien k'an seu ko t'i

Heou mai i tchang p'i

Ts'ao k'eou ma i pa

Yao ko tsoei t'eou k'i

T'ou pi liang ze

Eul tchou tien

Tchong de i toei hoang chou yen.

On regarde d'abord les quatre pattes
Puis on achète la robe
On frotte sous la gorge
Il faut des lèvres qui s'adaptent l'une sur l'autre
Un chanfrein de lièvre
Les oreilles droites et effilées
Et une paire d'yeux comme ceux du rat jaune.

Chanfrein de lièvre. Comme le front du lièvre, très large,
marque de force. Yeux de rat jaune, très grands, marque que la bête

n'est pas ombrageuse, le contraire est nommé : *che yen*, yeux de serpent, très petits.

Ce proverbe donne les caractéristiques d'un bon cheval.

先看四個踼
後看一張皮
瘸子拐子當面看
鼻子撓嗓保三天
草口摸一把
再把價錢提

Sien k'an se ko t'i

Heou k'an i tchang p'i

K'iue ze, koai ze tang mien k'an

Pi-ze nao-sang pao san t'ien

Ts'ao-k'eou ma i pa

Tsai pa kia ts'ien t'i.

On regarde d'abord les quatre pattes
On regarde ensuite la peau,
S'il est bancal ou boîteux on voit cela tout de suite ;
La morve est garantie pendant trois jours
On frotte sous la gorge (gosier)
Alors seulement on convient du prix.

Il s'agit de l'achat d'un cheval. Les pattes : fines, de bonne courbure, surtout pas un *"Kou-t'i"* ayant les pattes blanches au dessus du boulet (voir Proverbe suivant). Il faut exiger trois jours de garantie pour s'assurer que le cheval n'est pas morveux, de plus palpez le sous le gosier, s'il a de la morve il y aura là une grosseur ou tumeur. Après ces précantions, convenez du prix.

Voilà le code de l'acheteur. Est-il besoin de dire que les maquignons ont des trucs tout comme leurs collègues d'Europe.

(623)

先嫁由爺娘
後嫁由主人

Sien kia yeou yè niang

Heou kia yeou tchou jen.

Pour le premier mariage c'est l'affaire des parents,
Pour le second mariage c'est sa propre affaire.

Il s'agit d'une femme, ce qui est signifié clairement par le caractère *Kia ;* s'il était question d'un homme on dirait 娶 *ts'iu* prendre femme. Une veuve décide elle-même si elle vent se remarier. Bien souvent cependant ses premiers beaux-parents l'y forcent en lui rendant la vie insupportable.

(624)

線 臉 孤 蹄

龜 子 忘 八 都 不 騎

Sien lien, kou t'i

Koei-ze, wang-pa, tou pou k'i.

Un cheval à tache blanche sur le front, un cheval à une patte blanche
Un mari trompé on le père d'une courtisane ne les montent même pas.

Ces deux vices sont rédhibitoires. *Sien-lien* est une tache blanche ne descendant pas jusqu'aux naseaux. *Kou-t'i*, cheval à robe foncée et qui aurait une patte blanche entre le genou et le boulet. C'est ce qu'il y a de moins convenable, les *"San-ing-t'i"* trois pattes blanches constituent également un vice, les *"Seu-ing-t'i"* quatre pattes blanches sont admissibles. Puique les gens de rien ne veulent pas monter ces chevaux, a fortiori les gentlemen. Et voilà comment certains européens, qui ne connaissent pas cette distinction ridicule, excitent les moqueries de nos chinois en montant un *"Kou t'i"*. Je reçus il y a trois ans une gravure coloriée, portrait de notre roi Albert I de Belgique en costume de général et montant son cheval de bataille. J'ai dû renoncer à l'exposer ; le roi montait un *"Kou-t'i"* et c'est la première chose que mes gens faisaient remarquer.

Wang-pa : proprement : tortue, s'emploie toujours ici pour désigner un homme qui prostitue sa fille.

Koei-ze : mari trompé ; ou encore mari entretenu par sa femme dont il tolère et encourage même le vil métier. Se dit encore : *tchoa weul ni-t'eou. Kai-leul,* tous ces termes constituent des mandissùres que les gens se lancent souvent.

(625)

先 想 自 己

再 說 別 人

Sien siang tse-ki

Tsai chouo piè jen.

Songez d'abord à vous même
Avant de parler des autres,

(626)

先 小 人
後 君 子

Sien siao jen

Heou kiun ze.

D'abord le petit homme
Ensuite le gentilhomme (diront leur avis).

Mais quoiqu'ils ne soient pas de même dignité, il faut qu'ils s'accordent ou rien n'est fait. Que vous ayez affaire à un paysan ou à un gentleman, il faut toujours tomber d'accord avec lui avant de conclure.

Voir Proverbe 621

(627)

先 責 其 裡
後 責 其 外

Sien tsa k'i li

Heou tsa k'i wai.

On soigne d'abord pour soi
Et puis pour les autres.

Voir Proverbe 625.

(628)

先 搭 墻 後 立 架
不 是 掏 墻 就 是 塡 圪 喇

Sien ts'a ts'iang, heou li kia

Pou che t'ao ts'iang, tsieou-che t'ien ko-la.

Si on élève d'abord les mûrs. puis qu'on dresse la charpente
Il faut ou bien faire des trous dans le mûr ou boucher des vides.

Dans les constructions chinoises les mûrs ne soutiennent rien ; on élève d'abord la charpente qui repose sur des colonnes. Cela s'appelle "*li-kia*", ce n'est qu'alors qu'on bâtit les mûrs.
Chaque chose doit venir en son temps.

(629)

仙 道 神 大
送 死 娃 子 呢

Sien-tao-chen ta

Song se wa ze ni.

Sien tao chen est grand
Mais il apporte des enfants morts.

Tu es grand, mais aussi bête que grand.
Ce dieu se trouve dans la pagode de Nai-nai (la déesse qui donne des enfants) c'est un des serviteurs de la déesse, et on le représente portant des enfants dans une besace.

(630)

先 搵 羊 後 蹂 麯
蹂 完 麯 就 討 吃

Sien tsao yang heou ts'ai k'iu

Ts'ai wan k'iu tsieou t'ao tch'e.

D'abord ils peignent et rasent les moutons puis foulent la levûre
Lorsque la levûre est foulée ils vont mendier.

Ce dicton s'énonce encore de la manière suivante :

先 搵 羊 後 蹂 麯
蹂 完 麯 就 趴 塲

Sien tsao yang heou ts'ai k'iu

Ts'ai wan k'iu tsieou p'a tch'ang.

D'abord ils rasent les moutons puis foulent la levûre
Lorsque la levûre est foulée ils retournent à leur vice.

Besognes qui sont faites par une certaine catégorie de mendiants cheminaux nommés : *pien kan*, 鞭 桿 tige de fouet ; tige séche. On les rencontre partout, l'air famélique et mauvais, portant une besace et un long bâton emmanché d'un fer de lance. Ils ont un chef et un lieu de réunion dans un bouge de quelque grand village. Ces "*Pienkan*" sont dangereux, ils vivent non soulement de mendicité appuyée de menaces, mais aussi de vol. Il est à peu près inutéle de porter plainte contre un "*pien kan*" cela n'aurait pas de suites ; le seul moyen c'est d'aller chez le chef et de racheter à moitié prix ce que la bande leura volé. Il est dangereux de faire le méchant avec l'un d'entre eux, celui-ci cherchera ses compagnons et se lirrera au pillage et à l'incendie. Raser les moutons, fouler la levùre sont des besognes attribuées aux mendiants, et pour lesquelles on ne trouvera pas un seul honnête homme. On s'adresse donc au chef de la bande, qui à date fixée envoie autant de *"pien-kan"* qu'il faut. Les conditions de payement et de nouriture ayant été fixées d'avance, on n'a rien à craindre, l'autorité du chef suffit pour que les gens se conduisent bien. Lorsque ces besogues sont finies ils reprennent leur vie de mendiants, *p'a-tch'ang*, terme régional, pour dire mauvais, vicieux.

(631)

新 計 荒 年 年 長 盛
舊 計 荒 萬 萬 不 動

Sin ki hoang nien nien tchang chen

Kieou ki hoang wei wei pou tong.

Les nouvelles dettes augmentent tous les ans
Les anciennes dettes on n'y touche jamais.

Ce dicton est d'application constante. Vivre au jour le jour, tâcher d'emprunter de tous côtés, ne jamais rien rendre, voilà le probléme que beaucoup de nos gens résolvent.

(632)

心 寬 不 怕 舍 窄

Sin k'oan pou p'a che tcha.

Cœur large ne craint pas cabane étroite.

Tcha : prononçé ici tsa.

C'est l'accueil et non la maison qu'il faut considérer lorsqu'on va chez quelqu'un.

(633)

心 裡 頭 的 意 是 酒 躂 出 來
直 薺 裡 頭 的 兎 是 狗 躂 出 來

Sin li t'eou de i, che tsieou nien tch'ou lai

Tse-ki li t'eou de t'ou, che keou nien tch'ou lai.

Les pensées du cœur sont dévoilées par l'alcool
Les lièvres cachés dans les herbes sont levés par les chiens.

Tche-ki ; tchou-ki; sji-ki, diverses prononciations pour nommer uue haute graminée, nommée par Prjevalsky: *Herbe deresoun*, du mongol: *tereso, lasiagrootis splendens*.

(634)

新 媳 婦 扎 刀
摸 不 上 鍋 灶

Sin si-fou, tsa-tao

Mao pou chang kouo tsao.

Une nouvelle brû ne peut trouver
Ni le couperet, ni la marmite ni le fourneau.

Ce dicton est d'expression bizarre et constitue une inversion, apparemment pour la rime. Il faudrait dire : *Sin si-fou, mao pou chang tsa-tao, kouo, tsao.*

Une nouvelle brû ne connait la place d'aucune chose, non seulement parce que la maison de ses beaux-parents ne lui est pas encere familière, mais, dans l'idée des chinois, parce qu'elle est très bornée. Il faut qu'elle soit formée par la belle-mère, et celle-ci s'en charge à grand renfort de gros mots et parfois de sévices. Et je veux bien qu'il y ait beaucoup de belles-mères qui abusent de leur autorité, n'empêche que cette autorité est toujours nécessaire. On désirerait plus de deigté et plus de délicatesse.

(635)

星 宿 跟 上 月 亮 走
沾 光 不 淺

Sin sieou ken chang yue liang tseou

Tchan koang pou ts'ien.

Les étoiles vont de concert avec la lune
Elles en retirent beaucoup de rayons.

Manière de dire : je t'ai rendu de fiers services, tu peux me brûler une belle chandelle. C'est le second membre seul qui importe dans ce dicton.

Pou ts'ien : pas peu profond.

(636)

袖 手 問 賊 賊 不 招
拿 棍 叫 狗 狗 不 來

Sieou cheou wen tsè, tsè pou tchao

Na koen kiao keou, keou pou lai.

Si les bras croisés on interroge un voleur le voleur n'avoue pas;
Si l'on prend un bâton pour appeler un chien, le chien ne vient pas.

Il y a manière pour tout, et si on ne l'emploie pas on ne réussira pas. Pour faire avouer un voleur il faut le mettre à la question. La méthode ordinairement employée, est de le suspendre par les pouces et de le laisser gigoter jusqu'à ce qu'il entre en aveu. Pour de vieux routiers, cette méthode est insuffisante, ils se sont trop entrainés à la souffrance pour que cela leur délie la langue.

(637)

修 橋 補 路
行 路 有 益

Sieou k'iao, pou lou

Hing lou yeou i.

Elever un pont et réparer une route
C'est se rendre utile aux voyageurs.

Ce sont là des œuvres pies chez les païens.

(638)

休 個 休 婆 子
要 個 灰 騾 子

Sieou ko sieou p'ouo ze

Yao ko hoei louo ze.

Si l'on répudie sa femme
Il faut rendre un mulet.

Si les beaux parents sont à redouter; car alors ils font du chantage, et font un tas de difficultés à leur beau-fils. C'est surtout vrai si celui-ci a vendu sa femme; une bonne partie du prix de vente devra être payé aux parents de l'épouse. Il arrive parfois (rarement) qu'un mari qui veut se débarrasser tout simplement de sa compagne la donne au premier venu qui se prosterne devant lui. C'est extrêmement outrageaut pour la femme, mais les beaux-parents ont plus ou moins les mains liées puisque leur gendre n'a rien touché. Je connais plusieurs cas de donation de ce genre.

Il faut rendre un mulet. C'est à dire, cela vous coûte le prix d'un mulet. On peut traduire encore : cela vous coûte au moins un mauvais mulet, mais alors *hoei*, mauvais, s'écrit 毀 quelques uns donnent cette interprétation.

(639)

秀 才 沒 頂 子
平 生

Sieou-ts'ai mo ting ze

P'ing cheng.

Un bachelier sans globule
Est un homme ordinaire.

Puisqu'il n'a aucun titre ; le globule étant la marque de son.....
petit grade. Aux Ortos, un *sieou ts'ai* véritable est un personnage,
parce qu'il est un oiseau rare.

(640)

秀 才 不 出 門
便 知 天 下 文

Sieou-ts'ai pou tch'ou men

Pien tche t'ien hia wen.

Un lettré sans sortir de chez lui
Peut se renseigner au sujet du monde entier.

Puisqu'il sait lire et écrire.

(641)

秀 才 跌 在 茅 坑
臭 的 難 聞

Sieou-ts'ai tiè tsai mao k'eng

Tch'eou de nan wen.

Un bachelier étant tombé dans une fosse à purin
Pue que c'est mauvais à sentir.

Pour caractériser un pédant, ou en langage familier : un puant.
Un de ces individus qui emploient des formules rares et ampoulées
pour faire montre de science et épater le public.

(642)

休 七 處
賣 八 處
娘 家 門 上

就 是 好 時 候

Sieou ts'i tch'ou

Mai pa tch'ou

Niang-kia men chang

Tsieou che hao che-heou.

Une femme qui a été répudiée sept fois
Et rendue huit fois
A sa famille maternelle
Apporte le bon temps.

Voir le proverbe 638 ; puisque la famille maternelle a une partie du prix de vente ; une fille répudiée sept fois est pour elle une source de bénéfices.   Le cas donné par le proverbe ne se présente pas, c'est une expression forte pour dire qu'une femme répudiée rapporte de l'argent à sa famille..... elle lui rapporte aussi une perte de face, ce dont le proverbe ne parle pas.

(643)

虛 的 實 得 走
瘸 的 走 不 得

Siu-de che pou te

K'iue de tseou pou te.

Le faux ne peut être vrai
De même que le bancal ne peut marcher.

(644)

算 卦 不 留 情
留 情 不 算 卦

Soan koa pou lieou ts'ing

Lieou ts'ing pou soan koa.

Lorsqu'on prédit en consultant les diagrammes, on ne peut faire
attention à l'amitié,
Si l'on veut être aimable il ne faut pas consulter les diagrammes.

Si vous consultez sérieusement les diagrammes ils annonceront soit le bonheur soit le malheux, et à moins de mentir, vous devrez peut-être affliger ou blesser celui qui vous demande de faire cette consultation.

Le recours à la divination est constant chez le peuple ; et les "*Soan koa de*" nombreux.

Voir à ce sujet *Wieger Textes Philosophiques.*

(645)

算 女 變 是 男
萬 樣 鬼 來 纏
算 男 變 是 女
三 六 九 歲 死

Soan niu pien che nan

Wan yang koei lai tch'an;

Soan nan, pien che niu

San, lieou, kieou san se.

Si l'on a calculé que c'est une fille et qu'elle est changée en garçon
Des diables de dix mille formes viendront l'entourer de liens
Si l'on a calculé que c'est un garçon et qu'il est changé en fille
A trois ans six ans ou neuf ans l'enfant mourra.

Nos gens sont persuadés qu'ils peuvent calculer le sexe d'un enfant avant qu'il soit né. Ils se servent du chiffre soixante comme base de leur calcul, retranchent de soixante l'âge actuel de la future mère, et le chiffre du mois pendant lequel elle fut enceinte, on ajoute dix neuf au produit de la soustraction et l'enfant à naître sera masculin ou féminin selon que le chiffre final est pair ou impair. Supposons que la mère ait 25 ans, et qu'elle ait conçu à la septième lune, nous retranchons donc trente deux de soixante cela nous donne vingt huit, auxquels nous ajoutons plus dix neuf; et nous avons le chiffre impair quarante sept. Ce sera un garçon.

Ce calcul est nécessairement exact, on ne peut pas se tromper, et si l'événement se trompe, c'est que les mauvais génies ont changé entretemps le sexe de l'enfant, et cet enfant ne peut pas vivre. Est-il besoin d'ajouter que cette sincère conviction cause bien des infanticides..... puisque l'enfant ne peut pas vivre, autant s'en débarrasser tout de suite.

(646)

孫 悟 空 小
大 鬧 天 宮

Suen ou k'ong siao

Ta nao t'ien kong.

Quoique Suen ou K'ong soit petit
Il peut mettre sens dessus dessous la région céleste.

Pour caractériser un homme dangereux, un brouillon. *Suen ou k'ong*, encore nommé *Suen heou ze*, le roi des singes. Au sommet du mont Hoa kouo chan se forma un œuf qui fécondé par le souffle des vents donna naissance à un singe de pierre. Le nouveau né fit un salut vers les quatre points de l'horizon et devint par ses exploits roi des singes. Il se mit alors en quête d'un procédé pour parvenir à l'immortalité. Il trouva la formidable tige de fer plantée jadis par *Yu wang* 禹王 au fond des océans pour régler le niveau des eaux. Armé de cette tige il commit une foule de cas pendables et fut cité devant *Yu-hoang (le roi des dieux)* qui pour l'occuper, le chargea de nourrir les chevaux du ciel. Furieux de cette dignité illusoire, le roi des singes renverse le siège du tribunal, saisit son bâton, brise la porte du ciel, et chevauchant un nuage descend sur la montagne *Hoa kouo*: 花果山. C'est à cela qu'on fait allusion quand on dit: *Suen heou ze ta nao t'ien kong.*

Voir: *Recherches sur les superstitions en Chine, par H. Doré. Tome VIII, p. 342, et suivantes* où l'histoire de Suen ou k'ong est donnée au long et au large.

J'ajoute, pour ces détails comme pour bien d'autres qu'on trouve dans l'explication des proverbes, que parmi nos paysans il n'y en a pas un sur cent qui les connaisse. Ils citent le dicton sans trop savoir le sens exact, et s'en tiennent au sens appliqué.

(647)

打 發 娃 娃 蹋 娘
尋 的 丟 人

Ta fa wa wa toan niang

Sin de kieou jen.

Lorsqu'on envoie un enfant chercher sa mère
Délibérément on perd la face.

Il s'agit d'un enfant qu'on envoie pour chercher sa mère lorsque celle-ci a été invitée à dîner. On ne peut faire autrement que de servir à dîner à l'enfant; mais l'arrivée intempestive du petit pique assiette est sévèrement jugée et imputée aux parents qui perdent la face.

(648)

大 福 由 天
小 福 由 人

Ta fou yeou t'ien

Siao fou yeou jen.

Le grand bonheur est originaire du ciel
Les petites joies nous viennent des hommes.

Sans doute c'est le ciel qui décréte le bonheur ou le malheur des humains, mais, par son énergie et son ingèniosité, l'homme peut se procurer de petites joies.

(649)

大旱不過二十五

Ta han pou kouo eul che ou.

La grande sécheresse ne passe pas le vingt-cinq.

En été il faut qu'il pleuve à cette date ou avant, (25 de la lune) s'il n'est pas encore tombé d'eau ce jour là, c'est désastreux, et un signe qu'il ne faut pas espèrer de pluie pendant toute la lune suivante.

(650)

打人打個死
救人救個活

Ta jen, ta ko se

Kieou jen, kieou ko houo.

**Si tu frappes quelqu'un frappe le à mort
Si tu sauves quelqu'un, sauve le vivant.**

Age quod agis.   Fais bien ce que tu fais
Voir Proverbe 2

(651)

大人做大事
大筆寫大字

Ta jen tso ta che

Tu pi siè ta tse.

**Un grand homme peut arranger de grandes affaires
Un grand pinceau peut écrire de grandes lettres.**

Le proverbe flamand : *Schoemaker blijft bij wen leest.* Savetier tiens toi près de ta forme.   Chacun son métier. *Autre explication :* Un homme doué de grands talents peut faire de grandes choses.

(652)

打高墻喂好狗
頂不住四路爲朋友

Ta kao ts'iang, wei hao keou

Ting pou tchou se lou wei p'ong yeou.

Elever un haut mûr et nourrir un bon chien
Ne vaut pas de se faire des amis partout.

Soyez en bons termes avec tout le monde vous ne devrez pas songer à vous défendre.

(653)

打 架 憑 傷 斷
打 死 頂 命 案

Ta kia p'ing chang toan

Ta se ting ming ngan.

Lorsqu'on se bat, l'affaire est réglée d'après les blessures
Lorsqu'on tue, la sentence est: vie pour vie.

Si les blessures sont graves l'amende est très forte, si elles sont légères, on s'en tire souvent en payant les honoraires d'un garde malade et le prix des médicaments. Celui qui a reçu les horions exagère évidemment la gravité de son cas pour pouvoir exiger davantage, et s'il est ensanglanté, se gardera bien de faire disparaître cette piéce à conviction, dut il conserver pendant huit jours son masque de sang coagulé. Il faut tirer profit de tout !

(654)

打 了 不 罰
罰 了 不 打

Ta liao pou fa

Fa liao pou ta.

Lorsqu'on frappe on ne peut punir
Lorsqu'on punit on ne peut frapper.

Fa, est ici punir pour de l'argent. Condanmer à une amende. On condamne à la bastonnade ou à l'amende et non aux deux.

Remarquez que dans ce proverbe nos gens prononcent 了 *"leao"* et non *"la"*, comme ils le font ordinairement; ils jugent qu'avec la prononciation *"leao"* c'est plus euphonique.

(655)

大 年 討 吃
一 年 討 吃

Ta nien t'ao tch'e

I nien t'ao tch'e.

Celui qui mendie au jour de l'an
Mendiera toute l'année.

Car il faut être arrivé au dernier degré de misère pour tendre la main en ce premier de l'année.

(656)

春
眼
睁
睁
十
天
風
風
白
身

罷
把
白
睁
四
後
白
沾

打
窮
睁
還
有
背
風
不

春 風 耗 破 琉 璃 瓦
你 把 窮 老 子 殺 了 罷

Ta pa tch'oen

K'iong han pa yen tcheng

Tcheng pé tcheng

Hoan yeou se che t'ien

Pé heou fong

Fong pé fong

Pou tchan chen

Tch'oen fong hao p'ouo lieou li wa

Ni pa k'iong lao ze cha la wa.

Au printemps
Le pauvreteux ouvre les yeux,
Il continue à les tenir ouverts
Pendant les quarante jours
Qu'il vente derrière le dos,
Les rafales se succèdent
Mais ne font pas mal au corps,
Ce vent de printemps fracasse les tuiles vernies,
Prends le père pauvreteux et tue le!

C'est plutôt une conversation en bouts rimés, mais qu'on cite beaucoup; entre un pauvre et un riche. Le pauvre dit : Au printemps le pauvre, assoupi par le froid, commence à ouvrir les yeux. Le riche répond : Et il les tient ouverts pendant les quarante jours de grand vent qui suivent. Le pauvre reprend : Ce vent ne fait pas mal au corps car d'un jour à l'autre il fait plus chaud. Oui réplique le riche, mais ce vent casse mes tuiles. Beau malheur conclut le pauvre ; est-ce que tu préfères qu'il continue à faire froid, alors aussi bien tue moi tout de suite.

Ce dernier vers constitue une maudissure : tue ton vieux père, dit le pauvre, il se déclare le père du riche, qui est donc un bâtard. Ce mode d'injures est très employé.

Non seulement cette longue tartine se débite souvent, mais on cite à part les deux premier vers ; et le *Tch'oen fong hao p'ouo licou li wa. Tcheng yen*, ouvrir les yeux, se prononce ici : *tseng yen*.

(657)

大 伯 子 娶 小 嬸 子
窮 將 就

Ta pi ze ts'iu siao cheng ze
K'iong tsiang kieou.

Un frère aîné qui épouse la veuve de son frère puîné
S'autorise par la misère.

Un frère puîné qui épouse la veuve de son aîné fait une action réputée abominable.

L'expression : *K'iong tsiang kieou*, s'emploie beaucoup, pour dire : A la rigueur cela peut passer.

(658)

打 死 人 的 償 命
借 債 的 還 債

Ta se jen de tch'ang ming
Tsiè tchai de hoan tchai.

Celui qui a tué quelqu'un paye de sa vie
Celui qui a des dettes doit rendre sa dette.

Celui qui a emprunté doit rendre.
On dit aussi : *Tsiè tchai de hoan ts'ien* 錢, rend de l'argent.

(659)

耕　子　小　大
種　子　小　二
礃　碌　拉　牛　幫　子　小　三
用　雜　尋　頭　外　漢　老

Ta siao ze kin

Eul siao ze tchong

San siao ze pang nieou la lou-tong,

Lao-han wai-t'eou hing tsa-yong.

L'aîné laboure

Le second sème

Le troisième aide le bœuf à traîner les rouleaux

Le vieux sort pour voir à quoi il peut se rendre utile.

Ce dicton s'applique à une famille qui s'entend bien, où tout le monde met la main à la pâte pour le bien général.

Lou-tong, petites roues de pierre attachées à un essieu. Ces roues servent à tasser la semence dans les sillons creusés par la machine à semer. Un bœuf tire la semeuse qui gratte le sol par deux fers auxquels aboutit une tige en bois creux par laquelle la semence s'écoule. Le semeur donne un mouvement de va et vieut pour que la semence se divise par les deux branches. Il a une corde autour des reins et traîne derrière lui les *"lou-tong"* les roues en pierre qui suivent plus ou moins les ornières creusées par la machine à semer.

Rapprocher ce dicton du proverbe 171

(660)

打 單 不 打 雙

Ta tan pou ta choang.

On fracasse aux jours impairs, non aux jours pairs.

Il s'agit de la cérémonie qui s'appelle : Aller à la rencontre du printemps. Le printemps est simulé par un mannequin de carton, nommé *"Ngao weul"* (*d'après Wieger : Yaoma*) qui conduit un bœuf. Le lendemain, si c'est une date impaire les satellites vont démolir l'image à coups de foucts et de gourdins. Si la date est paire, on attend au surlendemain.

Pour cette cérémonie, *Voir Wieger. Rudiments. Tome IV p. 665 et suivantes. Dans l'édition de 1905. voir page 373 et suivantes.*

(661)

大 堂 口 戴 門 扇

連 枷 也 夯 出 來 了

Ta t'ang k'eou tai men chan

Lien kia yè k'ang tch'ou lai la.

Que devant la porte du tribunal on porte une grande porte
On une cangue portée sur les épaules, cela se ressemble.

Il s'agit de la grande cangue qui enserre le cou à quatre hommes. Les explications données sont plutôt confuses; voici celle qui me parait la moins fantaisiste: Il se pourrait bien que si un visiteur entrait au tribunal portant une porte, le mandarin jugerait qu'il veut se moquer de lui, et lui enlèverait sa porte pour la remplacer par une cangue véritable.

(662)

打 住 鱉

亮 網 三 天

Ta tchou piè

Liang wang san t'ien.

Lorsqu'on a pris une tortue
On laisse rafraichir le filet pendant trois jours.

Il s'agit des pêcheurs du Fleuve Jaune qui n'osent prendre les tortues qu'on y trouve en abondance, S'ils en ont pris une par mégarde en amenant leur filet, ils la relâchent aussitôt, lui font la prostration, brûlent pétards et papier monnaie, puis s'abstiennent de pêcher pendant trois jours. La tortue est une incarnation du *Ho chen yè*, le génie du fleuve.

On dit aussi: *Chai san t'ien:* 曬 on laisse sécher au soleil pendant trois jours.

(663)

打 短 兒 賺 滿 錢

陽 曝 落

就 頂 一 天

Ta toan eul tseng man ts'ien

Yang-p'ouo louo

Tsieou ting i t'ien.

Les journaliers gagnent des sapèques pleines
Lorsque le soleil se couche
La journée de travail est finie.

Nan ts'ien, par opposition à *"Ti p'i eul ts'ien"* sapèques locales. Lorsqu'on dit sapèques pleines, 1000 sapèques font réellement 1000 sapèques; lorsqu'il s'agit de sapéques locales, il faut d'abord s'informer; car ici 1000 sapèques peuvent en valoir seulement 900, autre part 800. etc. Ce sont alors des chiffres conventionnels. Lorsqu'on loue des journaliers il s'agit toujours de sapèques pleines.

Voir Proverbe 693

(664)

他 人 懷 寶 劍
我 有 筆 如 刀

T'a jen hoai pao kien
Wo yeou pi jou tao.

S'il porte lui un sabre à la ceinture
J'ai moi un pinceau qui vaut son sabre.

Un lettré vaut plus qu'un militaire.

Se dit aussi pour faire la comparaison entre un homme violent et un homme habile en affaires. Pour nos gens : la force des poings, le courage, la force corporelle, le mépris du danger, le sang froid devant le péril, tout cela est : *ou de:* 武 militaire, martial, et n'excite pas la même admiration que la roublardise, la faconde, l'intrigue, la pusillanimité abritée sous des dehors dignes, qui sont *wen de:* 文 littéraires, civils. Et voyez, ce *wen :* signifie aussi : élégant, distingué. Il n'y a donc aucune honte à avouer qu'on a peur, à s'enfuir devant le danger, et celui qui par héroïsme se fait tuer plutôt que de reculer est bien près d'être considéré comme un imbécile.

(665)

大 清 好 比 一 條 龍
梅 旦 兒 好 比 北 京 城

Ta ts'ing hao pi i t'iao long
Mai tai eul hao pi Pé king tch'eng.

Les monts "Ta ts'ing" ressemblent à un dragon
Maiteul ressemble à la ville de Péking.

Dicton régional du T'oumet. Les monts *"Ta ts'ing"* s'allongent en ligne un peu sinueuse comme un grand serpent et délimitent la plaine au Nord ; ils se dressent subitement, sans déclivité apparente préalable, et à quelque distance semblent une falaise rocheuse se dressant comme un gigantesque mûr.

Mait eul, du mongol *Mai tai*, est le nom du plus pittoresque village de la contrée. Situé au pied de la montagne à l'orée du ravin qui laisse couler de l'eau en tout temps, il abrite ses fermes dans un fouillis d'arbres et en été étale des champs morcelés par des ruisselets. L'eau, la verdure, les moissons luxuriantes, les fruits abondants, les perspectives pittoresques, enfin sa grande lamaserie mongole, font de Maiteul un endroit unique. Cette lamaserie dédiée à *Metreya*, *(en mongol Maitai)* semble avoir été primitivement le palais d'une reine mongole; et remonte assez haut. Elle est entourée du rempart qui tombe en ruines. Tout indique l'importance primitive de ce temple et du couvent bouddhique qui l'entoure. Actuellement sa déchéance est profonde et s'accentue d'année en année. Il n'y a certainement pas plus de vingt moines dans l'enceinte de la lamaserie.

(666)

大甕安耳子
殘罐

Ta wong ngan eul ze

Leng koan.

Lorsqu'on adapte des oreilles à une grande jurre
Cela fait une grande terrine.

Jeu de mots : *Leng koan :* grande terrine, et 睖官 *leng koan*, un imbécile. C'est à peu près le sens de : bète comme un pot.

(667)

韃子的忌多
漢人的屁多

Ta-ze de ki touo

Han-jen de p'i touo.

Le mongol a beaucoup de défenses superstitieuses
Le chinois a beaucoup de flatussités.

On ne le leur fait pas dire !

(668)

韃 子 見 面

個 丁 個 單 耍 偏

Ta-ze kien mien

Ko-ting ko-tan choa pien.

Les mongols quand ils se rencontrent
S'amusent aux échanges.

Ko-ting ko-tan. Simple onomatopée pour le rythme. L'échange auquel on fait allusion c'est celui de la tabatière *"Koug'our"* qui constitue le salut ordinaire des mongols, pendant qu'ils se demandent: *Amor saïn ? Peje sain baïno ?* La paix est-elle bonne ? Ta santé est-elle bonne ?

On pourrait peut-être écrire 餅 *p'ing* bouteille en langage parlé *"p'ieul"* et alors *picn* serait une corruption de *p'ing*, bouteille, dont on a laissé tomber l'aspiration.

Ces tabatières mongoles sont de petites fioles de jade, de cornaline, de porcelaine, de cristal ou de verre. Il y en a qui ont une grande valeur, et constituent un objet de luxe.

(669)

韃 子 見 不 得 酒

駱 駝 見 不 得 柳

漢 人 見 不 得 地

Ta-ze kien pou te tsieou

Louo-t'ouo kien pou te lieou

Han-jen kien pou te ti.

Le mongol ne peut voir de l'eau de vie
Le chameau ne peut voir du saule
Le chinois ne peut voir des terres.

(sans en boire)
(sans y mordre)
(sans les ensemencer).

(670)

戴 上 枷 跳 井

眞 是 絕 頭 鬼

Tai chang kia t'iao tsing

Tchen che kiue t'eou koei.

Lorsque portant la cangue on saute dans un puits
En vérité on est un diable à cou étiré.

Proprement: à tête étirée.   La caugue ne pouvant pénétrer par l'orifice du puits, le corps reste suspendu dans le vide.
Pour se moquer des gens à long col.

(671)

帶 子 隨 娘 吃 飯
買 子 分 家 一 半

Tai tse soei niang tch'e fan

Mai tse fen kia i pan.

Le fils qu'on a subi suit sa mère pour manger
Le fils qu'on a acheté partage la moitié des biens.

Ce *"tai tse"* est difficile à traduire par un seul vocable, il ne s'agit pas d'un fils adoptif qu'on nomme *"mai tse"* le fils acheté, ou encore *"tai se de"* celui qui est adopté définitivement.   Le *"tai tse"*, est proprement un adopté temporairement *"tai houo de"* et l'enfant qu'une femme remariée avait d'un premier lit.   Lors du second mariage, le nouvel époux s'engage, pour un temps déterminé ou non, à nourrir l'enfant de sa femme.   Cet enfant conserve le nom de son vrai père.   On n'écrit généralement pas de contrat, et pareille adoption n'entraîne aucune obligation pour l'enfant.   Celui-ci peut opter pour sa famille propre ou pour celle de son beau-père, et prend neuf fois sur dix la plus riche.   Il n'y a presque jamais d'affection entre ce *"tai tse"* et le mari de sa mère; aussi dès qu'il y voit avantage, l'enfant quitte son second père avec un sans-gêne et un égoïsme qui nous déroutent.   Le *"mai tse"* est réellement un fils adoptif; il a toutes les charges mais aussi tous les priviléges d'un enfant véritable.   Il s'eu faut cependant que cette situation soit toujours exempte de froissements et de difficultés.   Et c'est surtout à ce sujet que nos gens disent:

Un fils, il faut l'engendrer soi-même
Le millet à épis il faut le semer soi-même.

Voir Proverbes N° 70

(672)

抬 轎 子 的 也 哼 哼 哼
坐 轎 子 的 也 哼 哼 哼

T'ai kiao ze de yè heng heng heng

Tsouo kiao ze de yè heng heng heng.

30

Ceux qui portent le palanquin disent heng heng heng,
Ceux qui sont assis dans le palanquin disent heng heng heng.

Les porteurs de palanquin soupirent; celui qui y est assis soupire également. On rencontre des misères et des fatigues dans toutes les positions et dans tous les métiers.

(673)

單 馬 不 上 陣
孤 樹 不 成 村

Tan ma pou chang tchen

Kou chou pou tch'eng ts'ai.

Un cheval unique n'est pas réquisitionné pour aller à la guerre
Un arbre isolé ne fera jamais de bois de menuiserie.

On ne réquisitionne pas le cheval de quelqu'un qui n'en possède qu'un seul..... Belle théorie, mais dont nos soldats n'ont cure. Un arbre isolé ne fera jamais de belles planches parce que les enfants et les animaux le gâtent tous les ans et empêchent son développement.

(674)

貪 多
嚼 不 爛

T'an touo

Kiao pou lan.

Lorqu'on est trop avide
On ne mâche pas menu.

Un gourmand avale sans mâcher.
Qui trop embrasse mal étreint.

(675)

當 舖 門 口 脫 褲 子
人 能 變 財

Tang p'ou men k'eou t'ouo k'ou ze

Jen neng pien ts'ai.

Qu'on ait été obligé d'enlever sa culotte à la porte d'un mont de piété
On peut toujours récupérer la richesse.

Plaie d'argent n'est pas mortelle, et tant qu'il y a vie il y a espoir. Eussiez-vous dû mettre tout votre avoir au clou, courage, la fortune peut revenir.

(676)

當 大 的 不 正
當 小 的 不 聽

Tang ta de pou tchen

Tang siao de pou t'ing.

Si les supérieurs ne valent rien
Les inférieurs n'obéissent pas.

La soumission des administrés dépend de l'intégrité des administrateurs.

(677)

當 天 一 道 裂
日 月 難 過

Tang t'ien i tao liè

Je yue nan kouo.

Lorsque dans le ciel il y a une déchirure
Le soleil et la lune la traversent difficilement.

Liè une déchirure, une fente; ici : une panne de nuages. Jeu de mots : *Je yue nan kouo*, on passe difficilement les jours et les mois, on n'a pas de quoi vivre.

Le dicton s'applique aux gens pauvres.

(678)

刀 出 鞘 弓 上 絃
長 的 槍 短 的 棍

Tao tch'ou ts'iao, kong chang hien

Tch'ang de ts'iang, toan de koen.

Un fourreau de sabre, une corde d'arc
Une longue lance, un court bâton.

Manière pittoresque de décrire le fourniment, périmé, du soldat chinois.

Ce court bâton est le fouet, la cravache.

(679)

套 耗 子 用 油 撚 子
套 雀 兒 撒 兩 顆 粮

T'ao hao ze yong yeou nien-ze

T'ao ts'iao eul sa liang k'ouo liang.

Pour prendre des souris on se sert d'une mèche huileuse
Pour prendre des oiseaux on répand deux grains de céréale.

C'est le mot de St François de Sales : On prend plus de mouches avec un peu de sucre qu'avec un tonneau de vinaigre.

Les indigènes du T'oumet disent indifféremment *hao-ze* soit pour le rat soit pour la souris.

(680)

桃 飽 杏 傷 人
李 子 樹 下 埋 死 人

T'ao pao, hing chang jen

Li-ze chou hia mai se jen.

Les pêches à satiété, les abricots font du tort,
Sous chaque prûnier on a enterré un cadavre.

Mangez des pêches tant qu'il vous plaît ; soyez modéré avec les abricots, quant aux prûnes elles sont si nocives et en même temps si agréables au goût qu'elles ont causé la mort d'une foule de monde.

(681)

討 吃 子 上 戲 台
高 陞 了

T'ao tch'e ze chang si t'ai

Kao cheng liao.

Un mendiant qui monte sur une scène de théâtre
Est monté bien haut.

Car il y joue des rôles de monarques et de grands personnages, et se pavane avec de beaux habits.
S'applique à un parvenu.

(682)

討 吃 子 搬 家
灰 拾 翻

T'ao tch'e ze pan kia

Hoei che fan.

Un mendiant qui déménage
Remue de la poussière.

Jeu de mots sur *Hoei:* cendres, poussière, et *Hoei* 穢 mauvais,
obscène.   Il s'agite de façon misèrable.

(683)

討 吃 子 丢 了 棍
受 了 狗 的 氣 了

T'ao tch'e ze tieou liao koen

Cheou la keou de k'i la.

Un mendiant qui a perdu son bâton
Ressent la colère des chiens,

S'applique aux hommes débonnaires qui se laissent ennuyer
par tout le monde.   Dans notre pays de Mongolie il n'est pas bon de
ne pouvoir montrer les dents de temps en temps.   Il est curieux de
voir la rage des chiens coutre les mendiants ; est-ce la vue du long bâton dont ceux-ci se défendent qui les exaspère ? Gare au loqueteux qui
ose s'aventurer dans une cour sans être muni de sa longue perche défensive, les gros molosses lui feront certainement un mauvais parti.

(684)

討 吃 子 坐 化
在 五 道 廟
神 位 得 了
窮 像 不 倒

T'ao tch'e ze tsouo hoa

Tsai ou tao miao

Chen wei te liao

K'iong hiang pou tao.

Lorsqu'un mendiant médite
Dans la pagode des cinq points cardinaux
Il obtient la personnalité d'un esprit
Mais son apparence de mendiant n'est pas changée.

Tsouo hoa : être assis et changer. Contemplation bouddhique pendant laquelle toute nourriture et tout mouvement sont interdits. Assis à la tailleur, les jambes croisées, le cou de pied reposant sur la cuisse opposée, la plante du pied tournée en haut. Dans cette position on s'applique à régler systématiquement sa respiration, et on fixe la pensée de son âme. Comme celle-ci est difficile à saisir on fixe les yeux sur le cœur ou le nombril.

Les *"Ou tao miao"* se trouvent à l'entrée de presque tous les villages. Nos gens prétendent que les *"Ou tao"* les génies des cinq routes sont des subalternes de *"Tch'eng-hoang"* et leur attribuent à peu près les mêmes besognes qu'aux *"t'ou-ti" (Voir Proverbe 718).* Les *"T'ou ti"* dans nos contrées n'ont pas de pagode spéciale mais une niche dans le mûr qui obstrue la vue de la grand porte des pagodes ou des maisons particulières. D'après Confucius, les *"Ou tao"* ou *"Ou ti"* seraient les esprits des cinq éléments *(Wieger. Textes philosophiques p. 150.)* Les *"chen"* des cinq points cardinaux sont: *Ts'ing ti t'ou kong* (bleu ou vert) pour l'Est. *Pé ti t'ou kong* (blanc) pour l'Ouest. *Tch'e ti t'ou kong* (rouge) pour le Sud. *He ti t'ou kong* (noir) pour le Nord. *Hoang ti t'ou kong* (jaune) pour le centre.

Le sens du proverbe est impie et moqueur : la méditation tant vantée ne sert absolument à rien. Qu'un pauvreteux la fasse, il reste le même.

Le sens dérivé : tu as beau briguer telle chose, tu resteras toujours gros Jean comme devant.

(685)

討 吃 子 要 不 窮
耗 子 盜 不 窮

T'ao tch'e ze ya pou k'iong

Hao ze tao pou k'iong.

On ne devient pas pauvre par les exigences des mendiants
On ne devient pas pauvre par les déprédations des rats.

Superstition. Les rats sont une émanation du *"T'ou chen"* le dieu du terroir. Le grain qu'ils emmagasinent (*tao* bouleverser, creuser) dans leurs terriers, ils le rendent en favorisant les moissons. Il y a beaucoup de païens qui n'osent tuer les rats, ils se contentent de les faire exorciser par un bonze ; ceci également par crainte de s'aliéner le *"T'ou chen yè"*.

(686)

茶 壺 裏 兒 煮 扁 食

肚 肚 裏 兒 有 了

嘴 嘴 裏 兒 倒 不 出 來

Tch'a hou li heul tchou pien che

Tou tou li heul yeou la

Tsoei tsoei li heul tao pou tch'ou loi.

Lorsque dans une théière on cuit des "pienche"

Ils sont en vérité dans la panse de la théière

Mais on ne peut les faire sortir par le conduit.

Pien-che nommés autre part *pao ze* sont des boulettes de viande ou de légumes hachés entourées d'une mince couche de pâte, elles peuvent être contenues dans une théière, mais sont trop grosses pour passer par le bec.   Se dit d'un homme qui n'est pas dépourvu de connaissances mais qui ne sait pas les exprimer parce qu'il n'a pas la parole facile, *heul* écrit ici *li eul*, prononciation locale.

(687)

茶 無 葉 不 如 水

人 無 錢 不 如 鬼

Tch'a mo ya, pou jou choei

Jen mo ts'ien pou jou koei.

Du thé sans feuilles (suffisantes) ne vaut pas de l'eau,

Un homme sans argent ne vaut pas le diable.

Dans le Sud, à Ning-t'iao-leang on change un peu le proverbe et on dit :

Tch'a mo yen 鹽 *pou jou choei*

Jen mo ts'ien pou jou koei,

Le thè sans sel ne vaut pas de l'eau,

Le breuvage qu'on prépare n'est pas une infusion mais une décoction ; à l'imitation des mongols les chinois du Sud jettent une bonne poignée de sel dans la marmite.   Les mongols y ajoutent encore du lait et du beurre.   Ce thè salé, et beurré, n'a que de très lointaines accointances avec l'infusion de thé en feuilles.

(688)

插 措 班 兒 人 家
難 過

Tch'a ts'ou pan eul jen kia

Nan kouo.

Grouper convenablement une foule
C'est difficile.

Il est difficile de mettre ensemble ceux qui se conviennent; *pan eul* prononcé *peul* de : *pan ze* : groupe.

(689)

掌 櫃 的 三 年
狗 還 要 嫌

Tchang koei de san nien

Keou hoan yao sien.

Lorsqu'on est maître depuis trois ans
Le chien même vous méprise.

Qu'on soit au pouvoir pendant trois ans, on a tout le monde contre soi.

(690)

張 果 老 的 爛 皮 襖
砍 了 有 一 些 可 惜
穿 上 就 是 虱 子 咬

Tchang ko lao de lan p'i-ngao

K'an la, yeou i si k'o si

Tch'oan-chang, tsieou che che ze niao.

La vieille pelisse de Tchang ko lao
Est encore trop gentille pour être mise au rebut
Mais quand on la porte on est mordu par les poux.

Il s'agit d'un objet sans utilité ou encombrant mais qui est encore trop bon pour qu'on s'en défasse.

Che-ze, pou, prononcé *sa-ze.*

Tchang ko lao, ou *Tchang kouo lao,* est un des huit immortels les *Pa sien* 八 仙. On le représente sur un âne, quelquefois même il le monte à rebours le dos tourné vers la tête de l'animal. Il pouvait plier son âne comme une feuille de papier et le mettre dans une boite lorsqu'il n'en avait plus besoin.   Voulait-il s'en servir, il l'aspergeait d'un peu d'eau, et l'âne reprenait sa forme primitive.   *Tchang ko lao* vivait sur une montagne de la préfecture de *P'ing-yang-fou* au *Chan-si*, il mourut sous l'empereur *T'ien pao*, (742-746).

Ces huit immortels ont été des personnages obscurs ou inventés à plaisir.   Comme le dit *Wieger : Textes philosophiques p. 479 :* Les huit immortels sont connus de tous et si souvent représentés qu'on s'attendrait à des légendes précises et jolies.   Il n'en est rien.

Voir Proverbe 531

(791)

長　木　匠

短　鐵　匠

毛　毛　匠

不　彀　將　絕　上

Tch'ang mou tsiang,

Toan t'iè tsiang

Mao mao tsiang

Pou keou, tsiang kiue chang.

Le charpentier doit donner de l'excédent (à ses mortaises)
Le forgeron doit prendre son fer plus court (puisqu'il se dilate)
Le fabricant de pelisses
S'il n'a pas assez, parvient cependant à la surface voulue.

Il allonge et étire avec persistance ; ceci bien entendu au détriment de la solidité.

Une autre explication des deux premiers vers est celle ci : un menuisier doit prendre son bois trop long, parce qu'il est facile d'enlever l'excédent : le forgeron prend ses fers trop courts parce qu'il peut les allonger en forgeant.

(692)

唱　戲　絕　世

Tch'ang si, kiue che.

La comédie écarte le monde matériel.

La comédie nous fait oublier les réalités et les misères de la vie. La comédie nous enlève pour un moment aux tristesses de la vie et nous fait vivre dans l'idéal.   C'est donc aux yeux des païens chinois une excellente chose pour instruire le peuple et corriger les vices. Faut-il ajouter qu'en fait les comédies tant recherchées obtiennent précisément un résultat contraire.

Voir le Proverbe 333 qui dit exactement le contraire.

(693)

長 做 一 天
短 做 半 天
日 落 頂 一 天

Tch'ang tso i t'ien

Toan tso pan t'ien

Je louo ting i t'ien.

Pour un long ouvrage on travaille un jour
Pour un court ouvrage un demi jour
Quand le soleil se couche la journée de travail est finie.

On ne compte jamais que par journées ou demi-journées. Dans un pays où l'horloge manque on ne travaille naturellement pas à l'heure.

Je louo, se prononce *lao*.

Voir Proverbe 663

(694)

招 下 好 鄰 家
又 喫 酒 了 又 戴 花
招 下 歹 鄰 家
又 挨 板 子 又 撓 枷

Tchao-hia hao ling kia

Yeou tch'e tsieou la, yeou tai hoa

Tchao-hia tai ling kia

Yeou nai pan-ze, yeou nao kia.

Lorsqu'on héberge de bons locataires
On peut boire du vin et porter des fleurs,
Lorsqu'on héberge de mauvais locataires
On doit subir des coups de latte et porter la cangue.

Tai hoa, porter des fleurs, se réjouir.

De mauvais locataires vous occasionnent des difficultés, et, comme vous êtes responsable, vous suscitent des misères avec la justice.

(695)

招 客 有 主
繫 馬 有 樁
在 家 靠 爺 娘
出 門 靠 主 人

Tchao k'o yeou tchou

Hi ma yeou tchoang

Tsai kia k'ao yè niang

Tch'ou men k'ao tchou-jen.

Il faut un hôte pour recevoir des invités
Il faut un poteau pour lier un cheval
A la maison on se repose sur ses parents,
A l'étranger on se repose sur le patron.

On dépend toujours de quelqu'un.
Yè-niang, proprement : les grands parents.

(696)

招 女 婿 耍 把 戲
三 天 兩 天 唱 一 台 戲

Tchao niu-siu choa pa si

San t'ien, liang t'ien tch'ang i t'ai si.

Le "tchao niu-siu" c'est comme pour les comédiens
Tous les deux trois jours on joue une comédie.

Il y a sans cesse du grabuge. Le *"tchao niu siu"* c'est ce que fit Jacob chez Laban pour recevoir Rachel. *"Servivit ergo Jacob pro Rachel septem annis"*. Le futur gendre travaille pour ses beaux parents jusqu'au moment du mariage. Après la noce il continue à habiter chez eux et remplace le fils..... sans en avoir tous les droits. Neuf fois sur dix il y a des misères; et c'est à cela que le dicton fait allusion.

Au *"tchao niu siu"* est opposé le *"t'ong yang"* c'est la fiancée qui dès son bas âge habite chez les parents de son futur époux. Ce système ne vaut rien non plus.

(697)

拆 下 東 墻
壘 西 墻

Tch'a hia tong ts'iang

Luei si ts'iang.

On a abattu le mûr de l'est
Pour élever le mûr de l'ouest.

On creuse un trou pour en remplir un autre.

(698)

知 人 知 面 不 知 心

Tche jen tche mien pou tche sin.

Lorsqu'on connait quelqu'un, on connait son visage
on ne connait pas son cœur.

(699)

只 管 世 上 受 榮 華
那 管 死 後 變 驢 馬

Tche koan che chang cheou yong hoa

Na koan sen-heou pien liu ma.

Si tu ne cherches sur terre que la splendeur
Après ta mort tu seras changé en âne ou cheval.

Tu auras une mauvaise métempsycose.   La croyance populaire
dit que les mauvais sujets seront transformés en âne, l'animal de bât
qui souffre le plus.

(700)

喫 誰 的 飯
勞 誰 的 駕

Tch'e choei de fan

Lao choei de kia.

On remercie
Celui dont on mange le dîner.

On donne raison à celui qui vous reçoit.   L'expression chinoise est absolument identique au proverbe flamand :

Wiens brood men eet

Wiens woord men spreekt. litt ; on dit les paroles de celui dont
on mange le pain.

Voir Proverbe 703

(701)

喫 飯 要 喫 米
說 話 要 說 理

Tch'e fan yao tch'e mi

Chouo hoa yao chouo li.

Quand on prend sa nourriture on mange du millet
Quand on parle il faut parler raison.

Mi est traduit par mil ou millet dans nos contrées; c'est la base de l'alimentation. Dans d'autres régions on traduira par riz : Le riz est ici un plat de luxe qu'on peut se payer trés rarement ; on l'appelle d'ailleurs *ta mi*, ou bien *pé-mi*, ou encore *tao-mi*, mais jamais simplement *mi*.

(702)

喫 一 口 嗑 一 口
放 下 筷 子 齦 骨 頭

Tch'e i k'eou, ho i k'eou

Fang hia koai ze k'oen kou t'eou.

On mange une bouchée, on boit une gorgée
On dépose ses bâtonnets et on ronge les os.

Ce dicton tout à fait familier est superlativement peuple. C'est le complément de tout bon dîner ; le moment de la parfaite jouissance. Personne de ceux qui les connaissent ne contestera que nos gens soient épicuriens, à leur mode, sans raffinements..... à notre avis.

(703)

喫 了 人 的 嘴 短
該 下 人 的 理 短

Tch'e la jen de tsoei toan

Kia hia jen de li toan.

Devant celui qui vous donne à manger on a la bouche courte
Devant celui à qui on doit de l'argent, on a la discussion courte.

On se sent lié par celui qui vous invite, il faut parler comme lui. On n'a pas beaucoup de raisons à alléguer à celui auquel vous devez de l'argent, vous pouvez avoir mille fois raison contre lui, il vous tient et peut vous mettre le couteau sur la gorge en exigeant votre dette.

La tactique d'inviter quelqu'un pour gagner son appui est très fort employée.

Voir Proverbe 700

(704)

尺 八 爐 台

二 尺 的 炕

骼 扭 放 在 窻 台 上

Tch'e pa de lou-t'ai

Eul tch'e de k'ang

Ko-nieou fang tsai tchoang t'ai chang.

Lorsque le fourneau a un pied huit pouces de haut

Le k'ang aura deux pieds de haut,

C'est tout juste pour mettre le coude sur le rebord de la fenêtre.

Toutes les maisons chinoises étant construites sur un modéle stéréotypé, il n'y a jamais d'imprévu dans une bâtisse. Ceci est la formule type pour qu'on soit bien à l'aise sur le surface de pisés *"k'ang"* qui sert de lit pendant la nuit et de sopha pendant le jour.

(705)

尺 八 紙 糊 的 個 驢 頭

好 大 臉 面

Tch'e pa tche hou de ko liu-t'eou

Hao ta lien mien.

Une tête d'âne pour la couverture de laquelle il faut un papier d'un pied huit pouces carrés,

C'est réellement une très grande face.

Le sens est : Tu en as une bonne tête ! Toi avec ta grosse tête d'âne ; toi qui te crois quelqu'un et qui n'es qu'un imbécile. Par exemple : Tu crois pouvoir réussir auprès d'un tel, alors que moi qui lui suis bien plus connu et qui jouis de sa considération, je n'ai pu y arriver. Hé bien, tu as de la prétention !

(706)

吃 不 肥

餓 不 瘦

Tch'e pou fei

Ngo pou seou.

Je ne deviendrai pas gras de manger
Ni maigre d'avoir faim.

Je n'ai ni la richesse ni la pauvreté, ce n'est pas brillant, c'est très ordinaire. Les choses vont clopin-clopant mais enfin elles vont. *"L'aurea mediocritas"* du poéte latin.

(707)

車 沉 不 算 沉
路 沉 沉 死 人

Tch'e tch'eng pou soan tch'eng

Lou tch'eng, tch'eng se jen.

Qu'un char soit fort chargé cela ne fait rien
Que la route soit difficile, c'est tuant pour les gens.

Un char fort chargé, si la route est bonne, ce n'est pas là une affaire; mais une mauvaise route c'est tuant non seulement pour les animaux mais encore pour les hommes.

(708)

車 沉 不 差 一 背
船 沉 不 差 一 車

Tch'e tch'eng pou tch'a i pé

Tch'oan tch'eng pou tch'a i tch'e.

Lorsqu'un char est lourdement chargé on peut y ajouter encore
une charge d'homme
Lorsqu'un bateau est lourdement chargé on peut y ajouter encore
une charge de char.

Parum pro nihilo reputatur.
I pé, une charge, ce qu'on porte sur le dos.

(709)

赤 㞒 子 雀 兒 遊 瓦 桶
抖 翎 抖 翅

Tch'e tou ze ts'io eul yeou wa t'ong

Tcou ling teou tche.

Un tout jeune moineau se promenant dans un creux de tuile
Agite ses ailes agite son duvet.

Pour se moquer d'un imbécile qui fait l'affairé ; qui s'agite sottement.

Tch'e tou ze : proprement : au derrière nu, *"tch'e"* veut dire couleur de chair, nu.   Un jeune moineau au derrière sans plumes.

(710)

喫 棗 兒 不 虛 親

Tch'e tsao eul pou hiu ts'in.

Lorsqu'on a mangé des jujubes la parenté n'est pas mensongère.

Il s'agit d'une cérémonie des fiançailles ; tous les assistants mangent une jujube, c'est dire qu'ils donnent leur consentement au projet matrimonial et qu'ils n'y feront pas opposition plus tard.

(711)

尺 七 二 尺 七
坐 下 正 好 吃

Tch'e ts'i, eul tch'e ts'i

Tsouo hia tchen hao tch'e.

Un pied sept pouces, deux pieds sept pouces
C'est juste pour qu'étant assis on mange commodément.
Mesures stéréotypées de la hauteur de la chaise et de la table.

(712)

吃 完 飯 釀 一 釀
渾 身 肉 長 一 長

Tch'e wan fan niang i niang

Hoen chen jou tchang i tchang.

Lorsqu'on peut faire la sieste après les repas
Les chairs du corps croissent.

On vante les bienfaits de la sieste, du repos après les repas ; l'embonpoint est une qualité très appréciée par les chinois. *Niang i niang :* veut proprement dire : se mettre en fermentation.

(713)

吃 不 窮
嗑 不 窮
盤 算 不 到
一 輩 子 窮

Tch'e pou k'iong

Ho pou k'iong

P'an soan pou tao

I pei-ze k'iong.

On ne devient pas pauvre de manger
On ne devient pas pauvre de boire
C'est l'irréflexion
Qui cause la pauvreté pour toute la vie.

(714)

眞 金 不 怕 火 煉
燒 魱 頭 不 怕 草 楦

Tchen kin pou p'a houo lien

Chao-pa t'eou pou p'a ts'ao hiuen.

L'or pur ne craint pas d'être fondu au feu,
Un beau père impudique ne craint pas de manger de l'herbe.

Chao pa t'eou, est le terme consacré pour désigner un homme qui se méconduit avec la femme de son fils. Il ne craint pas de manger de l'herbe parce qu'il est non un homme, mais un animal.

(715)

知 恩 不 報
反 爲 仇

Tche ngen pou pao,

Fan wei tch'eou.

Lorsqu'on n'est pas reconnaissant pour un bienfait
Cela se change en haine.

Il y a des gens qui non seulement n'ont aucune reconnais, sance pour les bienfaits, mais qui haïssent leur bienfaiteur à cause de ses bienfaits même.

(716)

眞 債 吃 不 完

缺 債 吃 了 還

Tchen tchai tch'e pou wan

K'iue tchai tch'e la hoan.

Je ne puis faire face aux dépenses nécessaires

Et je m'engagerais encore à faire des dépenses superflues ?

Ce dicton est tout à fait régional du T'oumet. *Hoan*, interrogatif, se prononce *han*. Il est surtout employé par les femmes à la fin des phrases. Elles diront par exemple :

Ni lai la han. Tu es venu, ou bien

Ni lai la tao. Tu es venu, et cette manière de parler n'est guére employée par les hommes.

Cette manière de parler ressemble un peu au "et autrement" attribué par Daudet aux Taraseonnais.

(717)

珍 珠 沒 眼 兒

瞎 寶 貝

Tchen tchou mo yen eul

Hia pao péi.

Une perle sans trou

Est un joyau aveugle.

Se dit d'un objet précieux ou utile dont quelqu'un ignore l'emploi, et qui reste, de ce fait, négligé.

Tchen tchou, perles de jade, qu'on perfore d'un trou pour pouvoir les enfiler, et en faire un collier ou un bracelet.

Sans ce trou on ne peut l'employer, c'est un joyau sans utilité, aveugle parce qu'il n'a pas de trou : *yen* voulant dire œil ou petit trou perforant.

城 壕 裡 的 蓆 片 子

殮 梃 了

Tch'eng hao li de si pien ze

Liao t'ing la.

Les nattes qui sont jetées dans les fossés de la ville

Sont tout à fait du rebut.

Se dit d'un homme qui est corrompu jusqu'aux moèlles, ou d'un objet qui n'est plus bon à rien.

Nos chinois usent leurs objets jusqu'à la dernière limite du possible.

(718)

城 隍 廟 上 伸 拳 頭
捉 鬼 呢

Tch'eng hoang miao chang chen k'iuen-t'eou
Tchao koei ni.

Si dans la pagode de Tch'eng hoang tu étends le poing
Tu saisiras un diable.

L'être suprême *Yu hoang*, sait par lui-même tout ce qui se passe ici bas, mais en régle générale, il ne fait rien avant d'avoir été informé par voie administrative. Il agit de même par ses subordonnés. Exactement comme jadis l'empereur de Chine. Son ministre est: "*Koan ti*", qui a sous lui des mandarins : grouverneurs, préfets et sous préfets, appelés "*tch'eng hoang*", gènies des villes, des "*t'ou ti*", maires de village, et dans chaque famille le "*tsao-ma*", gènie du foyer. Nos gens se représentent les temples du "*tch'eng hoang*" comme le tribunal d'un mandarin, bondé de satellites et d'employés. C'est pour cela que le proverbe dit en riant : Il suffit d'étendre la main pour saisir quelque âme défunte, au service du "*Tch'eng hoany*".

Voir Proverbe 684

(719)

城 隍 廟 失 火 了
燒 的 鬼 抽 筋

Tch'eeng hoang miao che houo la
Chao de koei tch'eou kin.

Lorsqu'on s'incinère dans la pagode de Tch'eng,
Les diables ont des crampes de nerfs sous les brûlures.

Parce que le corps s'agite convulsivement sous l'action des flammes. Un individu qui se livre à des gestes désordonnés. *Tch'eng hoang*.

Voir Proverbes 684 et 718

(720)

城 墙 底 下 煨 火
炙 磚 呢

Tch'eng ts'iang ti hia wei houo
Tche tchoan ni.

Si on fait du fen en dessous des remparts de la ville
On a des briques.

Nous avons ici un calembour : *Choang koan koan hoa.* Le jeu de mots est sur *tche tchoan* 炙 磚 ce sont des briques et : 直 鑽 *tche tchoan*, certain, certainement, et toute la phrase revient à dire : c'est certain.

Le "*ni*" est là pour l'euphonie, c'est une simple cheville nommée "*Hoa pa ze*" par nos chinois.

(721)

城王坐了一便天下
也沒支事

Tch'eng-wang tsouo la i pien t'ien-hia
Yè mo tche-che.

Tch'eng-wang fut une fois empereur
Et cela n'a servi à rien.

Tu veux que je fasse telle chose ? Tu me dis de faire telle démarche ; c'est bien inutile. *Tch'eng wang* fut empereur et cela n'a servi à rien. Je crois voir dans ce proverbe un jeu de mots sur le nom de cet empereur : 成 achever, parfaire.

Tch'eng wang, empereur 1115 à 1079 avant Jésus-Christ, fils de *Ou-wang* neveu de *Tcheou-kong*, (dynastie des Tcheou) Voir l'histoire de cet empereur dans *Wieger : Textes historiques Tome I page 113 et suivantes.*

Mo tche-che, tche se pronononce *tse.*

(722)

粗 狗 不 喫 糠
細 狗 不 躘 兎 子

Tch'eou keou, pou tch'e k'ang
Si keou, pou toan t'ou ze.

On ne peut l'appeler molosse, car il ne mange pas de balle
On ne peut l'appeler lévrier, car il ne poursuit pas les lièvres.

Il n'est ni chair ni poisson. Se dit d'un homme indéchiffrable, sur lequel on ne peut faire état.

Dans nos contrées on connaît le grand chien ordinaire, le lévrier, qui ne rappelle pas nos lévriers européens, et le roquet.

(723)

醜 陋 不 由 人
兒 女 不 由 人

Tch'eou leou pou yeou jen

Eul niu pou yeou jen.

Etre laid et hideux cela ne dépend pas de soi
Avoir des enfants cela ne dépend pas de soi.

(724)

莊 戶 是 人 家 的 好
兒 子 是 自 己 的 好

Tchoang hou che jen kia de hao

Eul ze che tse-ki de hao.

La moisson des autres est toujours la meilleure
Nos enfants à nous sont toujours les meilleurs.

Les paysans se plaignent toujours de leur propre moisson, mais il n'y en a pas un seul qui veuille entendre dire du mal de sa progéniture.

"Mes petits sont mignons   Beaux, bien faits, et jolis sur tous leurs compagnons.   Comme dans la fable de *"l'Aigle et le Hibou"*.

Voir Proverbe 269

(725)

莊 戶 老 造 謠 言

Tchoang hou lao tsao yao yen.

Les paysans émettent des faux bruits.

Se plaisent aux racontars, aux nouvelles inexactes ou fausses. Ce dicton est d'une vérité absolue.   C'est incroyable les racontars qui circulent dans nos campagnes, on ne peut jamais ajouter foi à des nouvelles, même lorsqu'elles viennent de tèmoins oculaires.   Dans ce dernier cas il faut faire encore la part de l'exagération, et du véritable prurit que nos gens ressentent de pouvoir raconter du nouveau.

(726)

莊 戶 老 兒 進 了 城
忙 的 利 害

Tchoang hou lao eul tsin liao tch'eng

Mang de li-hai.

Un paysan lorsqu'il entre en ville
Est très affairé.

Il est agité et mal à l'aise parce que dépaysé et perdu au milieu du brouhaha.

Tchoang hou leul, pour *Tchoang hou jen,* avec une teinte de moquerie.

(727)

莊 稼 是 早 起
買 賣 是 算 計

Tchoang kia che tsao k'i

Mai mai che soun ki.

L'agriculture est une question de se lever tôt
Le commerce est une question de calcul.

Les laboureurs se lèvent très tôt; par contre, et l'opposition est judicieuse, les marchands se lèvent tard, parce qu'ils se couchent bien tard aussi. En effet, lorsque la journée de vente est terminée, et elle se termine à une heure assez avancée, on fait le compte de toutes les opérations de la journée.

(728)

川 怕 白 露
山 怕 處 暑
買 賣 怕 標 前 標 後
犯 人 怕 多 前 多 後

Tch'oan p'a pè lou

Chan p'a tch'ou chou

Mai-mai p'a piao ts'ien piao heou

Fan jen p'a tong ts'ien tong heou.

La plaine craint la rosée blanche (8 Septembre)
La montagne craint la fin de la chaleur (23 Août)
Le marchand craint le temps de l'échéance trimestrielle
Le criminel craint l'époque aux environs du début de l'hiver.

Aux environs du 8 Septembre on craint la gelée ; ce n'est que sur les montagnes qu'on craint celle du *"tch'ou chou"* mais celle-ci est bien souvent un indice de celle là.

Piao, échéance des quatre saisons

Le début de l'hiver était dans le temps, l'époque des exécutions capitales.

(729)

穿不上在身上
喫不上在臉上

Tch'oan pou chang tsai chen chang

Tch'e pou chang tsai lien chang.

Lorsqu'on n'a rien pour s'habiller cela se voit sur le corps,
Lorsqu'on n'a rien á se mettre sous la dent, cela se voit sur la figure.

(730)

穿緞子嫌滑了
穿紬子嫌澁了
狐狼皮是壓勻的
氄毛一般齊
眞是羔子皮

Tch'oan toan ze hien houo la

Tch'oan tch'eou ze hien cha la

Hou lang p'i che ya-yun de

Jong mao i pan k'i

Tchen che kao ze p'i.

S'il porte de la soie il trouve qu'elle est trop brillante
S'il porte de la crêpe il la trouve rugueuse
Les peaux de renard et de loup ont les poils régulièrement plantés.
Mais où le duvet et les poils sont également développés
En vérité c'est à la peau d'agneau.

Ce dicton constitue une gradation. Rien de comparable à la peau d'agneau. Actuellement en pratique, les peaux de renard sont les plus réputées et coûtent le plus cher.

(731)

錐尖子遇上棗骨子
尖對尖

Tchoei tsien ze yu-chang tsao kou ze

Tsien toei tsien.

La pointe d'un poinçon rencontrant un noyau de jujube
Une pointe rencontre l'autre.

Deux individus qui s'entêtent l'un contre l'autre sans vouloir céder d'un pas.

Les noyaux de jujube sont très pointus aux deux bouts, *Tche ko jen tsien de li-hai.* Cet homme est très pointilleux.

(732)

春分河自亂

Tch'oen fen ho tse loan.

Au milieu du printemps le fleuve scellé remue.

Tch'oen fen, l'équinoxe du printemps. 20 mars, le fleuve se couvre d'eau ; la débâcle s'annonce.

(733)

春風不颳地不開
秋風不颳籽不來

Tch'oen fong pou koa, ti pou k'ai

K'ieou fong pou koa tse pou lai.

S'il ne vente au printemps, la terre ne dégéle pas,
S'il ne vente en automne, les grains ne se forment pas bien.

(734)

春旱熟
秋旱丟

Tch'oen han chou

Ts'ieou han tieou.

Printemps sec, on peut récolter
Automne sec, c'est la perte de la moisson.

Que la sécheresse soit extréme et durable au printemps c'est désagréable mais ce n'est pas désespéré, on peut semer des céréales : par exemple le petit millet et le sarrazin qui mûrissent en moins de temps. Mais que l'autorune soit sec, la moisson meurt sur pied.

(735)

春 寒 日 日 消
冬 暖 日 日 凍

Tch'oen han je je siao

Tong noan je je tong.

Il peut faire froid au printemps, il dégèle cependant tous les jours
Il peut faire chand en hiver, il gèle cependant tous les jours.
Car ce froid et cette chaleur ne sont que relatifs.

(736)

春 買 骨 頭
秋 買 膘

Tch'oen mai kou t'eou

Ts'ieou mai piao.

Au printemps on achète des os
A l'automne on achète de l'embonpoint.

Il s'agit de bœufs. Au printemps on les achéte bien râblés, sans faire trop attention s'ils sont gras ou maigres, car ils sont destinés aux labours et non à la boucherie. En automne, on achéte des bœufs pour les tuer et alors il importe non qu'ils soient forts mais qu'ils soient gras.

(737)

春 凍 圪 梁
秋 凍 窪

Tch'oen tong ko liang

K'ieou tong wa.

Au printemps les coteaux gèlent
En automne les dépressions de terrain gèlent.

Les moissous qui sont sur les coteaux gèlent au printemps, celles qui sont dans les dépressions gèlent en automne.

(738)

春 雨 貴 如 油
瘦 馬 不 瘦 牛

33

Tch'oen yu koei jou yeou

Seou ma pou seou nieou.

La pluie du printemps est précieuse comme de la graisse;
Les chevaux maigrissent mais les bœufs ne maigrissent pas.

Les chevaux travaillent surtout en hiver, charrois de tous geu-res, ou bien, comme dans le sud de notre Mongolie sud-ouest, on les laisse vaguer à l'abandon dans des paturâges apauvris por les rafales et les gelées ils sont maigres et exténués au printemps et souffrent beaucoup de la pluie.   Les bœufs sont nourris en hiver pour être en état de commencer les labours, ils ne souffrent donc guère de la pluie de printemps.

Voir Proverbe 831

(739)

種 上 蕎 麥 上 豌 豆

灰 的 沒 稜 角

Tchong chang ts'iao mai chang wan teou

Hoei de mo leng kia.

On séme du sarrazin, ce sont des pois qui lèvent
C'est gâté il n'y a ni côtes ni rebords.

Les pois sont ronds, le sarrazin est triangulaire ; avoir semé du sarrazin et recueillir des graines rondes, c'est la récolte manquée.

Sens : L'événement ne répond pas aux prévisions ; c'est une déception.

(740)

衆 人 的 老 子

沒 人 哭

Tchong jen de lao ze

Mo jen k'ou.

Le père de tout le monde
N'est pleuré par personne.

Chacun se reposant sur l'autre pour accomplir ce devoir.   Le dicton est employé dans le sens suivant: S'il y a beaucoup d'individus, pour faire une même besogne, l'un comptant sur l'autre, personne ne bouge et l'ouvrage ne se fait pas.

Voir proverbes 587 et 603

(741)

鍾 鼓 不 用 重 鎚
明 人 不 用 細 提

Tchong, kou, pou yong tchong tch'oei

Ming jen pou yong si t'i.

Il ne faut pas frapper lourdement les cloches et les tambours
Il ne faut pas entrer dans de nombreux détails avec
un homme intelligent.

Cloches et tambours résonnent au moindre choc, de même un
homme intelligent saisit à la moindre allusion.

(742)

鐘 不 打 不 响
話 不 說 不 知

Tchong pou ta pou siang

Hoa pou chouo pou tche.

Une cloche qu'on ne frappe pas ne résonne pas
Une parole qu'on ne dit pas reste inconnue.

(743)

忠 臣 不 扶 二 主
烈 女 不 嫁 二 夫

Tch'ong tch'eng pou fou eul tchou

Liè niu pou kia eul fou.

Un ministre loyal ne sert pas deux maîtres
Une femme chaste n'a pas deux époux.

(744)

猪 的 骨 頭 羊 的 髓
黎 明 覺 正 好 睡

Tchou de kou-t'eou, yang de soei

Li ming kiao, tchen hao choei.

Les os de porc, la moëlle de mouton
A proximité de l'aurore c'est alors qu'il fait bon dormir.

Voilà trois choses particulièrement goûtées par nos indigènes.

(745)

猪 記 喫
不 記 打

Tchou ki tch'e

Pou ki ta.

Le porc se souvient de la nourriture
Mais ne se souvient pas des coups.

S'il a trouvé une pitance dans un endroit, on peut le rosser d'importance, l'appât d'une nourriture probable sera plus fort que la peur des coups, et il reviendra sans cesse.

Voir Proverbe 478

(746)

猪 狗 不 離 窩

Tchou keou pou li wo.

Porcs et chiens ne quittent pas leur niche.

Manière, assez peu distinguée, de dire : A chacun sa demeure est chère.

(747)

猪 五 羊 六
貓 三 狗 四

Tchou, ou ; yang, lieou

Mao, san ; keou, se.

La truie porte cinq mois ; la brebis six mois
La chatte porte trois mois ; la chienne quatre mois.

Dystique souvent employé, et curieux parce que nos gens comptent double : un mois de jours et un mois de nuits.

En effet la truie ne porte que deux mois et demi ; la brebis trois mois ; la chatte un mois et demi, et la chienne soixante jours.

Cette manière de s'exprimer est plutôt étonnante.

(748)

猪 八 戒 倒 搭 一 耙

Tchou pa kiai tao ta i p'a.

Tchou pa kiai râtisse dans une autre direction.

Sens : Attention, avec cet homme on ne sait jamais à quoi il faut s'attendre, il est plus malin qu'il n'en a l'air. *Tchou pa kiai*, le bonze porc, étant sur la route de la métempsycose, se trompa d'espèce et entra dans le ventre d'une truie. Il naquit mi homme mi porc ; et alla habiter le mont Fou ling 福 陵 山 où armé d'un râteau de fer, il se mit à dévaliser les voyageurs et même à les manger.

Voir pour plus de détails : *Recherches sur les superstitions en Chine par H. Doré. Tome VIII. p. 352 et seq.*

(749)

猪 羊 一 把 菜

Tchou yang i pa ts'ai.

Porcs et moutons ne sont qu'une poignée d'aliments.
On ne les élève que pour s'en nourrir.

(750)

厨 房 有 剩 飯
路 上 有 饑 人

Tch'ou fang yeou cheng fan
Lou chang yeou ki jen.

Dans les cuisines il y a des reliefs de repas
Sur les routes il y a des gens qui ont faim.
Il y a des riches et des pauvres.

(751)

出 門 時 時 難

Tch'ou men che che nan.

Voyager est fatiguant en toutes saisons.
Le proverbe flamand : *Oost west tHuis best !*
Voir Proverbe 196, 297, 752

(752)

出 門 三 輩 小

Tch'ou men san pé siao.

En voyage on rétrograde de trois générations.

On n'est plus ni un aïenl, ni un oncle qui peut parler clair et net, on devient un petit bonhomme qui doit être poli, obséquieux même envers tout le monde, leur donner des appellations distinguées, et se traiter soi-même avec une humilité, aussi profonde que feinte.
Voir Proverbe 327

(753)

出 門 犯 紅 煞
終 久 不 回 家

Tch'ou men fan hong cha

Tchong kieou pou hoei kia.

Si l'on offense les jours néfastes en se mettant en voyage
Certainement que l'on ne rentrera plus chez soi.

得 病 犯 紅 煞
兒 女 掛 死 蔴

Te ping fan hong cha

Eul niu koa se ma.

Si l'on offense les jours néfastes en étant malade
Vos enfants porteront le chanvre du deuil.

娶 嫁 犯 紅 煞
夫 死 嫁 變 家

Ts'iu kia fan hong cha

Fou se, kia pien kia

Si l'on offsense les jours néfastes en se mariant
Le mari mourra. sa femme changera de famille (se remariera).

蓋 房 犯 紅 煞
百 日 火 燒 家

Kai fang fan hong cha

Pé je houo chao kia.

Si l'on offense les jours néfastes en construisant une maison
Dans les cent jours elle sera brûlée.

Le "*Hong cha*" est l'influx des jours néfastes ; il se divise en grands jours néfastes et petits jours néfaste.s On ne fait guère attention à ces derniers.

(754)

初 九 沒 雨 看 十 三
十 三 沒 雨 一 冬 旱
十 三 有 雨 凍 冰 山

Tch'ou kiou mo yu, k'an che-san,

Che san mo yu, i tong han

Che san yeou yu, tong ping chan.

Si le neuf est sans pluie, attends le treize,

Si le treize est sans pluie il fera sec tout l'hiver,

S'il y a de la pluie le treize, il gélera des montagnes de glace.

C'est à dire il y aura des tas de neige congelée.
Ce dicton s'applique à la neuvième lune.

(755)

初 五 十 四 二 十 三
太 上 老 君 不 出 庵

Tch'ou ou, che se, eul che san

T'ai chang Lao kiun pou tch'ou ngan.

Le cinq, le quatorze et le vingt trois (de la première lune)
T'ai-chang Lao kiun ne sort pas de chez lui.

Superstition. Les païens, à moins d'y être absolument obligés, ne commencent pas un voyage ce jour là ; et a fortiori ne se marient pas.

T'ai chang Lao kiun, pour nos gens, c'est *Lao ze*, le fondateur du taoïsme. Quoiqu'ils l'entendent de cette manière, il n'est pas sûr que ce soit là le sens absolument certain. *Lao kiun*, vieux seigneur est un titre rituel générique, et ce titre est concédé à *Lao-ze* en tant qu'avatar. *T'ai chang*, veut dire : suprême, c'est un terme qui équivaut au mot *"altissimus"* des liturgies chrétiennes.

Voir Wieger. Taoïsme. Tome I. Introduction.

Lao-ze, de son nom *"Li eul"* 李 子 *Li* poire, parce qu'il naquit sous un poirier; 耳 *eul*, oreille, parce qu'il les avait énormes, signe d'intelligence. Il naquit d'une vierge et en sortit par le flanc. *Lao-ze*, ne serait pas ce *"Lao tan"* avec lequel Confucius aurait eu une ou plusieurs entrevues (6e à 5e siécle avant J. C) et aurait été bibliothècaire à *Lao-yang.* Les critiques conviennent presque généralement que l'ancien philosophe, auteur du *"Tao tei king"* est le grand archiviste des Tcheou (8e ou 7e siécle avant J. C.) et qui est appelé *Pai-yang fou* dans l'histoire.

Voir encore : *Wieger Textes philosophiques. p. 118.*
Textes historiques p. 131.

(756)

搕 鼻 騾 子
賣 的 个 驢 價 錢

Tch'ou pi louo ze

Mai de ko liu kia ts'ien.

Un mulet morveux
Ne se vend qu'au même prix qu'un âne.

Il y a mulet et mulet.   Inutile de croire tout ce qu'on raconte, il faut juger des actes et non des paroles.

Se dit de quelqu'un qui est très fort en bouche mais en somme peu dangereux, ce que nous appelons en flamand : *Een leeuw van ver! Un lion..... à distance.*

(757)

捉 姦 的 沒 好 人
好 人 不 捉 姦

Tchouo kien de mo hao jen

Hao jen pou tchouo kien.

Ceux qui surprennent des adultères ne sont pas de braves gens
Les braves gens ne surprennent pas les adultères.

Il ne s'agit évidemment pas de ceux qui obéissent à des ordres donnés par le mandarin ou les supérieurs, mais ceux qui le font de leur initiative privée.   C'est toujours par jalousie; parce que eux aussi convoitent la femme.   Et voilà pourquoi lorsque pareille affaire est dévolue au tribunal, l'adultère surpris reçoit 500 coups de bambou, et celui qui l'a surpris reçoit un traitement identique.

Voir Proverbe 55

(758)

捉 賊 捉 回 他 二 舅 舅
好 眼 窩

Tchouo tsè, tchouo hoei t'a eul kieou kieou

Hao yen wo.

Vouloir prendre un voleur et ramener son second oncle
Voilà ce qui s'appelle avoir du coup d'œil.

Kieou-kieou : oncle maternel.

(759)

捉 賊 容 易
放 賊 難

Tchouo tsè yong i

Fang tsè nan.

**Il est facile de prendre un voleur
Il est difficile de le relâcher.**

Si vous ne pouvez prouver péremptoirement que celui que vous avez pris est coupable, l'affaire peut se retourner contre vous. L'inculpé vous poursuivra du chef de calomnie. C'est pour cela qu'on est si prudent et qu'on ne se hasarde qu'avec les preuves en mains. Par contre on en prend très à l'aise si celui qu'on prend a déjà été antérieurement condamné pour vol. Qui a volé volera ; qui a bu boira. Même si l'on s'est trompé, l'inculpé ne pourra pas faire du chantage, parce qu'il a les mains liées par sa prémière condamnation.

(760)

捉 賊 要 贓
捉 姦 要 雙
和 尙 的 帽 子
道 士 的 鞋

Tchouo tsè yao tsang

Tchouo kien yao choang

Houo-chang de mao ze

Tao-che de hiè.

**Lorsqu'on prend un voleur il faut une preuve certaine
Lorsqu'on prend un adultère il faut saisir les deux complices ;
Le bonnet du bonze
Le soulier du prêtre taoïste.**

Les deux derniers vers expliquent le *"tsang"* la preuve. Les bonzes ont un bonnet spécial, les prêtres taoïstes des souliers, qu'on ne peut confondre avec le bonnet ou les souliers d'un autre. Une preuve concluante contre une femme adultére c'est de déchirer un lambeau de sa tunique ; ce lambeau est comparé avec le vêtement d'où il provient.

Quoique la loi ne le dise pas, on n'est pas ou presque pas puni lorsqu'on tue les deux complices pris en flagrant délit.

34

(761)

得 食 貓 歡 如 虎
鳳 凰 落 架 不 如 鷄

Te che mao hoan jou hou

Fong hoang louo-kia pou jou ki.

Un chat qui a fait du butin est aussi joyeux qu'un tigre ;
Un phénix qui est descendu par terre ne vaut pas un coq.

La fortune peut élever un homme au dessus d'un savant. Le
malheur peut ravaler un grand homme au dessous d'un individu vulgaire.

(762)

得 病 思 命
得 命 思 財

Te ping, se ming

Te ming, se ts'ai.

Lorsqu'on devient malade on pense à sa vie
Lorsqu'on revient à la vie, on pense à l'argent.

Lorsque le péril est passé on se fait tirer l'oreille pour payer le
médecin, et on prétend ne pas avoir d'argent.

Se dit encore d'un homme qui a fait une promesse lorsque la
nécessité l'étreignait, et qui, le danger passé, ne la tient pas.

(763)

得 病 容 易
去 病 難

Te ping yong i

K'iu ping nan.

Il est facile d'attraper une maladie
Il est difficile de s'en débarrasser.

(764)

豆 腐 跌 在 灰 坑 上

Teou-fou tiè tsai hoei tsoei chang.

Le fromage de fèves est tombé sur un tas de cendres.

Il est irrémédiablement gâté : rien ne sert de souffler dessus, les cendres adhèrent. On ne peut l'essuyer, car il manque de consistance. Cette expression s'emploie pour exprimer une affaire sans remède.

(765)

豆 芽 菜 跌 了 瓣 子
少 勾 沒 頭

Teou ya ts'ai tiè la pan ze

Chao keou, mo t'eou.

Lorsque des jets de fève sont tombés en segments
Le fil n'y est plus, ni la tête non plus.

Se dit de quelqu'un qui raconte un tas d'histoires sans fondement.

Nos gens font germer des féves de soya dans de l'eau, pour manger ces jets de fève soit frits dans la graisse soit bouillis et servis froids avec du vinaigre. On ne peut les laisser germer indéfiniment, la fève au bout d'un certain temps se scindant en deux parties, (t'eou, la tête du jet de fève). Le jet qui sort de la fève est filiforme au point de suture ; lorsque la fève se désagrége, ce fil casse. (*Keou* : le fil) et voilà pourquoi on dit : la tête n'y est plus, ni le fil non plus.

(766)

頭 上 穿 套 褲
臉 上 下 不 來

T'eou chang tch'oan t'ao k'ou

Lien chang hia pou lai.

Lorsqu'on porte une jambière sur la tête
Elle ne peut descendre sur la figure.

Se dit d'une affaire qui vous fera perdre la face. Les jambières peuvent bien laisser passer le bas de la jambe, mais pas la tête qui est trop grosse.

(767)

頭 一 個 老 婆 第 二 個 娘

T'eou i ko lao p'ouo ti eul ko niang.

Une première épouse et une seconde mère.

On en prend à l'aise avec elles.   Ce second membre du dicton est sous-entendu.

Tel qui était brutal avec sa première épouse, respectera davantage sa seconde femme, parce qu'il sait ce qu'il lui en a coûté pour se remarier.   On n'a pas d'égards pour une marâtre.   Celle-ci en règle très générale ne les mérite guére, car c'est presque toujours elle qui prend l'offensive envers les enfants du premier lit.

Voir Proverbe 971.

(768)

偷 瓜 沒 罪
逮 住 就 切 碎

T'eou koa mo tsoei

Tai-tchou, tsieou ts'ia soei.

Il n'y a pas grande faute á voler des melons,
Mais si l'on est pris on est coupé menu.

Il s'agit des vols de pastèques.   Nos gens les volent sans l'ombre de vergogne, c'est une tentation à laquelle ils ne résistent jamais; aussi que de difficultés, que de batailles à l'époque des melons d'eau.

On est coupé menu, c'est à dire on reçoit une correction formidable.

(769)

頭 九 二 九
凍 爛 碌 軸
三 九 四 九
哈 喇 門 叫 狗
五 九 六 九
陽 圪 拷 拷 溫 手
七 九 八 九
沿 河 看 柳
九 九 又 一 九
犁 牛 徧 地 走

T'eou kieou, eul kieou

Tong lan lieou tchou

San kieou, se kieou

He la men kiao keou

Ou kieou, lieou kieou

Yang ko lao lao wen cheou

Ts'i kieou, pa kieou

Yen ho k'an lieou

Kieou kieou yeou i kieou

Li nieou pien ti tseou.

A la première et à la seconde neuvaines
Les rouleaux de l'aire éclatent sous la gelée ;
A la troisième et à la quatrième neuvaines
C'est par une fente de la porte qu'on appelle le chien ;
A la cinquième et à la sixième neuvaines
On peut se chauffer les mains dans un coin ensoleillé ;
A la septième et à la huitième neuvaines
On voit (bourgeonner) le saule sur le bord des rivières ;
Si l'on ajoute encore une neuvaine à la neuvaine
Les charrues et les bœufs s'en vont partout dans les champs.

Il s'agit de l'hiver, divisé en neuf pèriodes de neuf jours. C'est la troisième neuvaine qui est la plus terrible; ces neuvaines sont comptées à partir du solstice d'hiver. Comparer avec ce que donne Wieger dans son Tome I des Rudiments page 246.

(770)

偷 西 瓜 抱 便 壺

死 大 笨 賊

T'eou si koa pao pien hou

Se ta pen tsé.

Voler des pastèques et prendre un pot de nuit
C'est être un grand nigaud de voleur.

Sens : Un imbécile qui est incapable de faire convenablement quelque chose.

Je n'ai pu traduire littéralement le mot : "*se*" mort. C'est une sorte de superlatif. *Se:* s'emploie énormément, et toujours dans le sens de mauvais, incoercible, incorrigible, un propre à rien.

Tche ko se koei. ce vaurien, ce propre à rien.

Ni tche ko se tong-si. Toi, espèce de chose morte; d'être flasque sans énergie. Dans le dicton ; le *"se"* mort donne un mordant particulier à *"ta pen tsé"* un grand butor de voleur, et se traduirait un superlativement grand butor.

(771)

頭 大 耳 朶 長
在 山 我 爲 王
吃 了 個 老 虎
捎 了 個 狼

T'eou ta, eul touo tch'ang

Tsai chan wo wei wang

Ich'e la ko lao hou

Chao la ko lang.

Avec ma grande tête et mes longues oreilles
Je suis roi de la montagne
J'ai mangé le tigre
Et en passant aussi le loup.

Il s'agit d'un âne et l'ironie est grossiére. Cela s'applique à un bravache qui se vante de ses hauts faits, auxquels personne ne croit, et qui est incapable de se tirer d'affaire dans les plus petites choses.

(772)

頭 枕 茅 板 睡 覺
離 屎 不 遠 了

T'eou tchen mao-pan choei kiao

Li se pou yuen liao.

Lorsqu'on appuie la tête sur les planches des latrines
On n'est pas loin de mourir (du fumier).

Mao pan, ou : mao kia, planches qui sont posées sur les fosses à purin, et sur lesquelles on s'accroupit.

Jeu de mots entre 屎 et 死 :   On n'est pas loin du fumier 屎 On n'est pas loin de la mort 死.

On emploie ce jeu de mots simplement pour dire que quelqu'un n'en a plus pour longtemps..... celà nous semble d'un goût plutôt.... douteux.

(773)

偷 吃 猫 性 不 改
割 了 鼻 子 朶 還 要 來

T'eou tch'e mao sin pou kai

Ka la pi-ze touo han yao lai.

Un chat qui vole de la viande ne se corrige pas ;
Qu'on lui coupe le nez les oreilles reviendront encore.

Han : encore, prononciation régionale pour *Hoan.*

Ce proverbe s'applique à des gens incorrigibles : par exemple à des fumeurs d'opium qui malgré toutes les promesses recommencent toujours.

(774)

弟 兄 分 門
是 兩 家

Ti-hiong fen men

Che liang kia.

Lorsque les frères ont séparé leurs portes
Ils constituent deux familles.

Lorsque les frères ne cohabitent plus, leurs intérêts ne sont plus les mêmes.

Voir Proverbes 775 et 884

(775)

弟 兄 要 另
妹 子 要 聘

Ti-hiong yao ling

Mei-ze yao p'in.

Les frères doivent séparer leurs intérêts
Les sœurs doivent être mariées.

Le "ling kia" la division de la famille, pour causes de difficultés, n'est que trop fréquent. C'est bien souvent la faute des diverses belles-filles qui se jalousent et qui excitent leurs époux. C'est bien souvent aussi la discorde entre frères, chacun d'eux tâchant de tirer à lui la couverture. La belle famille patriarcale dont les chinois s'honorent n'est trop souvent qu'un mythe.

(776)

地 種 三 年
如 母 親

Ti tchong san nien

Jou mou-ts'in.

Lorsqu'on ensemence des terres pendant trois ans
Elles vous sont aussi chères que votre mère.

La version n'a, je crois, rien d'exagéré ; un chinois tient à ses terres comme à la prunelle de ses yeux. Si l'on parle de trois ans, c'est qu'en régle ordinaire le propriétaire loue ses terres pour ce laps de temps. Ce n'est qu'en cas de conflit grave qu'on peut briser ce contrat. Cette régle de trois ans est surtout sévère lorsqu'il s'agit de terres non encore défrichées.

Voir Proverbe suivant.

(777)

地 種 三 年
親 如 母

Ti tchong san nien

Ts'ing jou mou.

Des terres qu'on cultive depuis trois ans
Vous sont aussi chères que votre mère.

Cette version quelque peu différente de celle du proverbe précédent est surtout en usage au T'oumet.

(778)

地 有 沙 鹹 薄 地
人 有 力 量 不 同

Ti yeou cha kien pouo ti

Jen yeou li liang pou t'ong.

Parmi les terres il y en a de sablonneuses, de salpétreuses st d'épuisées
Parmi les hommes il y en a dont la force n'est pas la même.

Les hommes n'ont pas tous les mêmes forces.

(779)

跳 蚤 多 糜 子 熟 呀

T'iao-tsao touo, mi-ze chou ya.

Quand il y a beaucoup de puces, le millet mûrira.

C'est qu'il fait humide; l'humidité chande étant favorable aux puces.

(780)

膠 泥 捏 鈴 鐺
不 响

Tiao ni niè ling tang

Pou hiang.

Si tu façonnes une sonnette en argile
Elle ne résonne pas.

Jeu de mots sur : *pou hiang,* ne pas résonner, et **不享** *pou hiang :* Cela ne sert à rien, Sens : Cette mesure est inefficace.

(781)

吊 死 鬼 上 炕
惡 極 了

Tiao se koei chang k'ang

Ngo ki liao.

Lorsqu'un pendu monte sur le k'ang
On est fou de terreur.

Pour caractériser un homme atrabilaire et agressif qui cherche noise sous tous les prétextes.

(782)

吊 死 鬼 打 架
死 命 瞎 碰

Tiao se koei ta kia

Se ming hia p'eng.

Lorsque deux pendus se battent
Leurs cadavres se cognent à l'aveuglette.

Pour se moquer de quelqu'un qui fonce tête baissée, se bat stupidement, sans faire attention aux horions qu'il reçoit.

(783)

借錢還錢
將殼本

T'iè ts'ien hoan ts'ien

Tsiang keou pen.

Lorsqu'on emprunte et qu'on rend juste la somme empruntée
Cela fait tout juste le capital.

C'est à dire : il n'y a aucun profit pour celui qui a prêté, non seulement il n'y a pas profit, mais il y a perte, tout capital devant produire.

(784)

點火不拿艾綟子
香好

Tien houo pou na ngai yao ze

Hiang hao.

Pour allumer sa pipe on n'emploie pas la corde d'absinthe
Les bâtonnets d'encens sont meilleurs.

Jeu de mots sur : *Hiang hao*, bâtonnets d'encens bons ; et *Hiang hao* : 相好 être amis, bien s'entendre.
Sens : Nous nous entendons bien.

Nos paysans font une corde d'absinthe ou d'armoise séchée, à laquelle on met le feu, et qui se consume lentement. On y allume sa pipe. On se sert aussi de bâtonnets d'encens, ou plutôt d'écorce d'orme, réduite en pâte, puis étirée et séchée. C'est ce qu'on fait brûler devant les idoles.

(785)

鐵和鋼一樣
茬茬不一樣

T'iè houo kang i yang

Tch'a tch'a pou i yang.

Le fer ressemble beaucoup á l'acier
Mais les fourches qu'on fait ne sont pas les mêmes.

Ne vous fiez pas aux apparences.

Voir Proverbe 386

(786)

鉄 杆 磨 秀 針
工 到 自 然 成

T'iè kan mouo hieou tchen

Kong tao tche-jan tch'eng.

On peut limer une barre de fer jusqu'à en faire une aiguille
Si l'on va jusqu'au bout, en effet cela marche.

Pourvu qu'on y mette le temps, on peut faire une aiguille d'une barre de fer.

Patience et longueur de temps. Voilà ce qu'il faut pour mener une œuvre à son complet achévement.

(787)

鉄 匠 木 匠 壺 瓶 匠
比 在 一 處 將 一 樣

T'iè tsiang, mou tsiang, hou p'ing tsiang

Pi tsai i tch'ou, tsiang i yang.

Un forgeron, un charpentier, un colleur de bouteilles
Se rencontrant en un même endroit sont sur le même pied.

Tous les artisans ne forment qu'une même classe.

(788)

鐵 匠 木 匠
做 半 年
但 等 畫 匠
來 賺 錢

T'iè tsiang, mou tsiang

Tso pan nien

Tan teng hoa tsiang

Lai tcheng ts'ien.

Forgeron et charpentier
Ont beau travailler pendant une demi année
C'est sulement le peintre
Qui arrive pour gagner de l'argent.

Parce que comparativement à ses journées de travail il gagne le plus et qu'il grapille davantage; *tcheng*, gagner, se prononce ici *tseng*.

(789)

天上三環套
地下人頭拋

T'ien chang san hoan t'ao

Ti-hia, jen t'eou p'ao.

Lorsqu'il y a trois cercles autour du soleil
Sur la terre tout le monde s'enfuit.

Cela indique de grands malheurs.

(790)

天上無雲不下雨
地下無媒不成親

T'ien chang ou yun pou hia yu

Ti-hia ou mei pou tch'eng ts'in.

Sans nuages au ciel il ne pleut pas
Sur terre, sans entremetteurs, il ne se fait pas de parenté.

Pas de mariages possibles sans entremetteurs.
Les préliminaires du mariage ne se font jamais ni par les intéressés ni par leurs parents, on recourt à deux hommes, parents ou anis,
qui réglent et discutent la chose.   On ne se sert pas de femmes pour
ces négociations officielles.

(791)

天上有餘
地下缺

T'ien chang yeou yu

Ti hia k'iue.

Au ciel il y en a en abondance
Ici bas ils sont rares.

Il s'agit de braves gens.

(792)

天寒日短
不颳風就暖

T'ien han je toan

Pou koa fong tsieou noan.

En hiver les jours sont courts
S'il ne vente pas il fait chand.

(793)

天 旱 不 要 惧 了 鋤 田
雨 澇 不 要 惧 了 澆 園

T'ien han, pou yao ou la tch'ou t'ien

Yu lao, pou yao ou la kiao yuen.

Lorsque le temps est sec ne négligez pas de biner vos champs
Lorsque la pluie tombe, ne négligez pas d'irriguer votre jardin.

Mieux vaut trop de zéle que pas assez.

(794)

天 下 黃 河 對 寗 夏

T'ien hia Hoang ho toei Ning hia.

Le fleuve jaune de dessous le ciel conflue à Ning-hia.

Toutes les eaux du Hoang Ho viennent à Ning hia comme à un carrefour. Pour dépeindre l'importance de cette ville du Kan-sou Nord. Actuellement Ning-Hia a perdu de son importance, et une grande partie de la ville ruinée par la révolte des Mahométans en 1870 est vide et morne. De plus, les eaux du fleuve Jaune ne passent pas à Ning-hia, mais à deux lieues et demie de la ville.

(795)

天 下 衙 門 朝 南 開
有 理 無 錢 難 進 來

T'ien-hia ya-men tch'ao nan k'ai

Yeou li ou ts'ien nan tsin lai.

**Tous les tribunaux du monde s'ouvrent vers le Sud,
Celui qui a le droit pour lui, mais qui n'a pas d'argent,
entre difficilement.**

Tout est vénal dans les tribunaux chinois où les pots-de-vin sont tout puissants.

Tous les tribunaux s'ouvrent vers le Sud, disent nos gens, parce que les premiers empereurs sont venus du Sud et que tous les fonctionnaires doivent avoir les yeux fixés sur lui. Un certain Pao-wen-tcheng, mandarin sous la dynastie des Song, voulut faire mentir le proverbe. Etant mandarin à Kai-fong-fou au Ho-nan, il fit mûrer la porte sud de son tribunal et en fit percer une au nord. Il aimait le peuple, et voulut que les petits aussi bien que les grands puissent se faire rendre justice. Il n'hésita pas à exécuter des proches parents de l'empereur, et fit tuer son propre neveu avec un couperet de cuivre. C'est à cette vertueuse exception parmi les mandarins chinois qu'on fait parfois allusion dans les chansons et on y parle de :

Tao tsouo Nan-yang che Pao-ki.

C'est Pao-ki (Pao wen tcheng) qui est assis à rebours au Nan-yang (le Ho-nan), assis à rebours parce que la porte de son mandarinat s'ouvrait au Nord. Hélas, depuis lors elles s'ouvrent toutes au Sud, et le proverbe est d'une vérité saisissante.

Ce Proverbe est en contradiction avec le dicton 413.

(796)

天 灰 下 蛋 子
地 灰 枯 稈 子
男 人 灰 鬧 亂 子
老 婆 灰 死 漢 子
白 花 灰 擲 罐 子
娃 娃 灰 打 板 子
討 吃 子 灰 狗 咬 脚 腕 子

T'ien hoei, hia tan ze

Ti hoei, k'ou kan ze

Nan jen hoei, tch'oang loan ze

Lao p'ouo hoei, se han ze

Pé hoa hoei, tche koan ze

Wa wa hoei, ta pan ze

T'ao tch'e ze hoei, keou niao kio wan ze.

Lorsque le ciel est mauvais il tombe des grelons,
Lorsque la terre est mauvaise les herbes s'étiolent,
Lorsqu'un homme est mauvais il suscite des querelles,
Lorsqu'une femme est corrompue son époux meurt,
Lorsqu'un joueur est ruîné il joue aux dés,
Lorsqu'un enfant est méchant il reçoit la férule,
Lorsqu'un mendiant est mauvais le chien lui mord la cheville.

Le premier vers constitue une maudissûre envers le ciel : *t'ien, lao t'ien, lao t'ien yè. Pé hoa*, joueur encore: *choa ts'ien de, tou pa han. Tche koan ze*, joue aux dès dans une jarre enduite de glaise. C'est une déchéance.   Les beaux joueurs jouent à la roulette : *ya pao*.   Ce que ne peuvent plus se permettre les décavés qui n'ont pas de quoi engager une forte mise.

Ces vers se disent en tout ou en partie.   Chacun d'eux constitue une locution proverbiale et suggère aussitôt les autres aux auditeurs, on les mélange à volonté, et ils sont très employés pour insulter quelqu'un.

(797)

天 平 沒 眼 兒
法 子 在

T'ien p'ing mo yen eul

Fa-ze tsai.

Une balance à deux plateaux n'a pas de marques graduées,
Mais on a les poids.

Il y a toujours une manière de faire pour tout.

T'ien p'ing, balance à deux plateaux, employée surtout pour le pesage de l'argent en lingots.   On fait opposition à la grande balance (balance romaine) *tch'eng* 秤 qui a sur la tige des marques qui indiquent le poids de l'objet pesé.

Jeu de mots : *fa tze tsai :* il y a les *poids*, il y a moyen.

(798)

天 大 地 大
寡 婦 嘴 大

T'ien ta, ti ta

Koa fou tsoei ta.

Le ciel est grand, la terre est grande
La bouche d'une venve est grande.

Il n'y a rien de plus redoutable que la langue d'une veuve.

(799)

釘 住 個 橛 子
謎 住 個 獃 子

Ting tchou ko k'iuen ze

Mi tchou ko nien ze.

On t'a planté un piquet
Tu es comme un idiot qui ne sait pas quoi.

Expression proverbiale qui s'emploie d'un homme qui fait tout juste ce qu'on lui dit, obéissant comme une machine sans jamais se demander si l'une ou l'autre circonstance fortuite ne le force pas à faire un peu autrement.

Par exemple : Les foins sont coupés, un orage menace ; un ouvrier ne songe même pas à mettre le foin en meule ; le reproche que son patron lui fera sera le dicton çi-dessus ; *nien ze*, prononciation régionale pour *tai ze*, niais, idiot.

(800)

聽 話 聽 音
颺 塲 聽 風

T'ing hoa t'ing in

Yang tch'ang t'ing fong.

Pour entendre les paroles il faut faire attention au sens,
Pour purifier le grain il faut écouter s'il y a du vent.

Pour comprendre les paroles de quelqu'un il faut écouter les mots qu'il prononce.

Yang tch'ang : purifier le grain en le jetant à l'encontre du veut ; le veut emporte les glûmes et le grain retombe aux pieds de l'ouvrier.

(801)

聽 人 勸
吃 飽 飯

T'ing jen k'iuen

Tch'e pao fan.

Écouter un bon conseil donné par autrui
Vaut avoir mangé à sasiété.

Si tu écoutes les conseils d'autrui, tu peux manger à satiété, tout est bien en régle, et tu ne dois pas avoir d'inquiétudes.

(802)

短 人 千 萬
擋 不 住 穿 衣 喫 飯

Toan jen ts'ien wan

Tang pou tchou tch'oan i, tch'e fan.

Quoiqu'on doive á quelqu'un une somme immense
On ne peut vous enlever ni le vêtement ni la nourriture.

Il y a certaines choses que le créancier le plus impitoyable même ne peut vous enlever; parmi ces choses vient en première ligne la marmite.

(803)

對 人 數 錢
心 不 惱

Toei jen chou ts'ien

Sin pou nao.

Compter une somme en présence de quelqu'un (qui vous l'a remise)
On ne s'en offense pas.

Question de convention. Il est admis en Chine qu'on ne doit se fier à personne. Vous payez quelqu'un; il compte devant vous pour voir si la somme est exacte, il examine les pièces. Tout cela est parfait et admis. Mais qu'il ait quitté votre chambre, ne fût-ce que quelques instants, ses réclamations ne comptent plus, car ces quelques instants ont pu lui suffire pour échanger la monnaie ou pour en distraire une partie.

(804)

對 節 不 晴
十 二 不 明

Toei ki pou ts'ing

Che eul pou ming.

Lorsqu'avec le changement du mois le ciel n'est pas pur
Le douze il ne fait pas encore clair.

Ki : proprement changement d'époque, de saison.

(805)

推 車 漢 拾 住 驢 鞶 胸
有 盼 了

T'oei tch'e han che-tchou liu p'an hiong

Yeou p'an leao.

Un homme qui pousse une brouette lorsqu'il a trouvé une sangle d'âne
A un bandrier.

Jeu de mot sur *p'an* : baudrier et *p'an* 盼 espoir. Sens : Il y a de l'espoir.

P'an hiong, large courroie qui retient le bât de l'âne et passant sous la poitrine de l'animal empêche que le charge ne glisse en arrière. *Tsouo-k'ieou*, ou encore *t'a la k'ieou*, large courroie qui retient le bât et passant derrière les cuisses empêche que la charge ne glisse en avant. *P'an*, baudrier que l'homme passe sur ses épaules et qui retient les brancards d'une brouette. Ne pas dire : *P'an hiong*, en parlant d'un baudrier; ce serait une grosse injure et signifier à l'homme qu'il est une bête.

(806)

東 山 土 地
到 西 山 不 靈

Tong chan t'ou ti

Tao si chan pou ling.

Le dieu du terroir des montagnes orientales
N'est plus habile quand il arrive dans les montagnes de l'ouest.

Enlevez quelqu'un à sa sphère ordinaire, et il perd tous ses moyens.

(807)

東 風 大 隨 東 風
西 風 大 隨 西 風

Tong fong ta, soei tong fong

Si fong ta, soei si fong.

Si le vent souffle fort de l'est, on va avec le vent d'est
Si le vent souffle fort de l'ouest, on va avec le vent d'ouest.

Un homme flasque et irrésolu, qui se laisse entraîner par tout le monde, qui tourne à tout vent.

(808)

東 虹 霧 雷
西 虹 雨
北 虹 過 來 澌 塥 底
南 虹 過 來 發 大 水

Tong kiang he luei

Si kiang yu

Pe kiang kouo lai koa t'a ti

Nan kiang kouo lai fa ta choei.

L'arc en ciel á l'Est commande l'orage;

L'arc en ciel à l'Ouest : de la pluie;

L'arc en ciel au Nord : la pluie râcle la terre;

L'arc en ciel au Sud provoque les grandes eaux.

Par arc en ciel au Sud, on entend le cercle blanchâtre qu'il y a parfois autour de la lune.

L'arc en ciel du N. doit être également un phénomène lumineux de la famille des halos p. e. le cercle tangent supérieur d'un halo solaire : J'en ai vu de très brillants, mais seulement en hiver, ce qui serait contraire aux affirmations du proverbe.

(809)

東 看 西 看
跑 了 好 漢

Tong k'an si k'an

P'ao la, hao han.

Ceux qui regardent à l'est et à l'ouest
Puis s'enfuient... voilà les vrais braves.

Ce sont là les hommes intelligents. Les soldats qui se font tuer dans une bataille sont réputés être des imbéciles. Il faut bien observer, n'attaquer qu'à coup sûr, et si l'on croit qu'on va encaisser de mauvais coups, il faut choisir le moment psychologique pour lever le pied. Les officiers se tiennent derrière leurs troupes et de là donnent des ordres de combat..... et de fuite.

Voir Proverbe 846

(810)

東 辣
西 酸
南 甜
北 苦

Tong la

Si soan

Nan t'ien

Pé k'ou.

A l'Est on aime ce qui brûle
A l'Ouest on aime ce qui est aigre
Au Sud on aime le doux
Au Nord on aime l'amer.

Le piment, le millet fermenté et sûrï, la canne à sucre, le k'ou ts'ai, espèce de plante sauvage très amère.

(811)

穿　天　冬
煖　火　火
穿　天　夏
扇　扇　如

Tong t'ien tch'oan

Houo houo noan

Hia t'ien tch'oan

Jou chan chan.

Lorsqu'on le revêt l'hiver
On a tout à fait chand
Lorsqu'on le revêt en été
C'est comme si l'on était rafraichi par un éventail.

On a très frais. Cela s'applique à un certain vêtement légendaire nommé: *pao i*, l'habit précieux; et on dit ces mots en plaisantant lorsqu'on parle de vêtements confortables.

(812)

童　男　女　跌　在　河　裡
衣　裳　濕　了　架　子　不　倒

T'ong nan niu tiè tsai ho li

I chang che la kia ze pou tao.

Lorsque le garçon et la fille (de carton) tombent dans le fleuve
Leurs habits sont mouillés mais la carcasse est intacte.

Pour dire : une contrariété à fleur de peau ; un petit malheur. Il s'agit des mannequins de carton qu'on porte aux funérailles et qu'on brûle sur la tombe. *T'ong*: vierge, garçon ou fille en dessous de quinze ans ; ce sont les serviteurs du défunt ; il y a encore un char, un charretier, ceci dans presque tous les enterrements ; et lorsqu'il s'agit de funérailles solennelles, il y a profusion de mannequins. Ces bonshommes sont faits de lattis ou de tiges de sorgho recouverts de papier peint. *(Pour plus de détails voir Wieger. Rudiments. Tome IV à l'article : Funérailles.)*

L'origine de ces figurines remonterait aux *Tcheou (12ᵉ au 8ᵉ siecle avant J. C.)* Plus tard on remplaça ces grossières images de paille par des mannequins en bois. Confucius approuva les anciennes et informes poupées de paille et réprouva les poupées en bois. Car,-dit-il, c'est après leur invention que pour faire mieux encore on enterra avec les grands personnages des hommes vivants. *(Wieger. Textes philosophiques. Chapitre IV. Les mânes).* Cette coutume barbare commença en 678 avant J.C. Aux funérailles du comte Ou des Ts'in, pour la première fois dit l'histoire, on fit suivre le mort par des vivants, c'est à dire qu'on immola des hommes au nombre de soixante-six dit le texte. Cette manière d'agir fut imitée par la suite. *(Wieger. Textes historiques, pages 140, 155, 278et passim).*

(813)

賭 博 是 六 盜
賊 是 七 盜
花 局 賭 博
一 齊 打

Tou pa, che lieou tao

Tsè, che ts'i tao

Hoa kiu tou-pa

I k'i ta.

Une affaire de jeu : c'est six fautes ;
Une affaire de vol : c'est sept fautes
La débauche de même que le jeu
Font également appliquer la bastonnade.

Dans les tribunaux, disent nos gens du peuple, les fautes sont cataloguées d'après la gravité du délit et sont punies en conséquence. *Hoa :* débauche. *Ts'ai hoa,* ou encore *tseou k'ang de ;* celui qui visite les *K'ang ;* des coureurs de femmes.

(814)

兎 不 喫 窩 邊 的 草

T'ou pou tch'e wo pien de ts'ao.

Le lièvre ne mange pas l'herbe à proximité de son gîte.

Parce qu'il craint d'être aperçu.

Le dicton s'applique aux voleurs professionnels. Ils ne s'attaquent pas à leurs voisins immédiats parce qu'ils ne pourraient continuer à vivre avec eux et devraient chercher un autre asile.

(815)

土 地 老 流 鼻 血.

動 了 神 火 了

T'ou ti lao lieou pi hiue

Tong la chen houo liao.

Lorsque "t'ou ti" saigne du nez
C'est que le dieu s'est mis en colère.

Le dieu qui s'est mis en colére c'est *"Koan-ti"* ministre général de *Yu-hoang*, dont les *t'ou-ti* dépendent.

Tong houo, ou *k'i houo :* remuer le feu, prendre feu, se mettre subitement en colère. *T'ou ti*, génie de la terre.

Voir Proverbe 684

(816)

禿 子 住 廟

將 就 材 料

T'ou ze tchou miao

Tsiang kieou ts'ai liao.

Le bonze qui gîte dans la pagode
Cela peut à peu près passer.

Tsiang-kieou : à peine, à peu près-passable; ts'ai liao, ou : ts'ai ti : matière; t'ou-ze : le chauve, par dérision pour les bonzes qui ont le crâne rasé. Le sens littéral est: le bonze qui habite la pagode est en somme un pauvre hére.

Le sens appliqué est : On se tirera bien d'affaire en se gênant un peu. Par exemple; On a préparé un repas pour cinq personnes, une sixième survient : on s'en tirera tout de même. Ou un charpentier vient vous demander du bois pour un ouvrage; vous écoutez sa demande, il désirerait en avoir davantage..... on lui répond par les phrases ci-dessus. On voit qu'on fait plus ou moins abstraction du premier vers, et que le sens tient dans le : *Tsiang kieou ts'ai léao.*

(817)

在 生 是 一 根 草
死 了 是 一 个 寶

Tsai cheng che i ken ts'ao

Se la che i ko pao.

En vie il n'est qu'un brin de paille
Mort il est précieux.

Ce dicton s'applique aux parents. Lorsqu'ils vivent les enfants ne s'en occupent guère, n'ont pas de respect filial, mais dès que le vieux est mort, aussitôt voilà l'explosion d'une douleur échevelée, des cris sauvages, des hurlements de désespoir entrecoupés de phrases déchirantes, puis les funérailles pompeuses.

Voir proverbes 587 et 603

Voir aussi le dictonnaire de Giles n° 11634

(818)

在 家 不 打 人
出 門 人 不 打

Tsai kia pou ta jen

Tch'ou men jen pou ta.

Si à la maison tu ne frappes personne,
Lorsque tu sors personne ne te frappera.

Allusion aux petits tyranneaux du foyer; qui habitués à voir leur entourage trembler devant eux et à se faire obéir au doigt et à l'œil, se rendent insupportables lorsqu'ils ne sont pas chez eux; comme ils ne trouvent pas chez les étrangers la résignation passive de leurs familiers, ils risquent bien souvent d'encaisser une volée de bois vert.

(819)

在 家 要 個 好 鋪 蓋
出 門 要 個 好 烟 袋

Tsai kia yao ko hao p'ou kai

Tch'ou men yao ko hao yen tai.

A la maison il faut de belles literies
En voyage il faut une belle pipe.

C'est là la marque d'un homme cossu.   La belle pipe en question n'est pas, dans la majorité des cas, un objet de luxe, bout et tête en cuivre, tige en ébéne, constituent déjà un *"hao yen tai"* dans un pays où l'on exhibe des tibias de mouton, des rouleaux de bois d'un diamètre d'une pièce de cent sous, et où deux petits tubes de cuivre adaptés forment embouchure et fourneau.   Bien des voyageurs n'ont pas de pipe, et se servent couramment de celle du premier venu, c'est tout à fait admis.

(820)

裁 縫 的 腦 袋
鑒 針

Ts'ai-fen de nao tai

Pi-tchen.

**Sur la tête du tailleur
On repasse l'aiguille.**

Les tailleurs ont l'habitude de passer l'aiguille dans les cheveux pour la maintenir lisse.

Jeu de mots sur : *pi tchen:* repasser l'aiguille et *pi tchen* 必眞 c'est certain.

Sens : c'est une affaire certaine.

(821)

饞 人 齣 麻 子
饞 狗 舔 碾 子

Ts'an jen k'o ma-ze

Ts'an keou t'ien nien-ze.

**Un homme affamé croque du chanvre
Un chien affamé lèche le rouleau à décortiquer.**

K'o ma-ze : prononcé *K'ouo*, exprime ici la manière dont les chinois se lancent des grains de chanvre dans la bouche. Ils ont pour cela un geste qui ne manque ni de grâce ni de précision. Le grain de chanvre repose dans la main droite, et d'un coup sec de la main gauche sur le bras droit, le grain est lancé dans la bouche. Ile ne manquent jamais leur coup. En fait, il ne faut pas qu'ils soient affamés pour croquer des graînes de chanvre, ils les mangent avec plaisir et par désœuvrement, au moment où l'on bat le chanvre sur l'aire. Cette friandise leur cause un effet..... désagréablement odorant, mais cela n'a pas d'importance pour des gens qui proclament avec sérénité qu'ils sont sujets à des flatuosités nombreuses.

Les chiens chinois sont très mal nourris et toujours faméliques.

(822)

饞 漢 管 媒
獃 漢 承 保

Ts'an han koan mei

Tai han tch'eng pao.

Un gourmand aime à être entremetteur
Un imbécile aime à se porter garant.

Les entremetteurs de mariage sont obligés à faire beaucoup de courses de l'une des familles à l'autre, mais comme ils sont invités à une foule de repas, ceci compense amplement cela.

Se porter garant pour un autre est toujours une source de difficultés. En pratique, il n'y a pas que les imbéciles qui se laissent prendre : nos gens ne résistent jamais aux paroles louangeuses et aux coups d'encensoir à bout portant ; c'est par là qu'ils sont toujours pris. *Tai* : imbécile, idiot, ne se prononce jamais ainsi. On dit *uiè, niè ze*, dont le caractère n'existe pas.

(823)

早 燒 陰
晚 燒 晴

Tsao chao: ing

Wan chao: ts'ing.

Lorsque le soleil rougeoie au matin : il fera couvert
Lorsque le soleil rougeoie au soir : il fera clair.

(824)

早 上 張 羅
晌 午 標
黑 夜 的 計 荒
還 給 不 了

Tsao chang: tch'ang louo

Chang ou: piao

Ho yè de ki hoa

Hoan ki pou liao.

Au matin c'est le compte mensuel
A midi c'est le compte trimestriel
Les dettes du soir
On ne peut pas encore les payer.

Le sens est : que ce soit le matin, le midi ou le soir, on se débat tout le temps contre des dettes qu'on ne parvient pas à payer. Toujours rien en caisse et partout des créanciers.

Tch'ang louo: compte mensuel des marchands entre eux. *Piao,* Echéance trimestriclle. C'est alors que les marchands payent en argent leurs fournisseurs de la côte. Il faut donc qu'ils réunissent le nombre de lingots voulus, et à cette date l'argent monte en valeur, soit que les particuliers le donnent contre billets de banque, soit qu'ils l'échangent contre des marchandises.

(825)

早 睡 遲 起
不 惹 是 非

Tsao choei tche k'i

Pou je che fei.

Lorsqu'on se couche tôt et qu'on se lève tard
On ne provoque pas des contrariétés.

Il vaut mieux paresser au lit que de passer ses nuits au jeu & à la débauche.

(826)

灶 火 不 快 烟 洞 的 過
兩 口 子 不 和 夥 計 的 過

Tsao houo pou k'oai, yen-tong de kouo

Liang k'eou-ze pou houo, houo-ki de kouo.

Lorsque le fourneau ne tire pas bien, c'est la faute de la cheminée,
Lorsque les deux conjoints ne s'accordent pas, c'est
la faute d'un camarade.

C'est que la femme a un amant.
Voir Proverbe 504

(827)

早 雨 不 多
濕 兩 個 耳 朵

Tsao yu pou touo

Che liang ko eul touo.

La pluie du matin n'est jamais abondante
A peine de quoi mouiller les deux oreilles.

(828)

仔 密 省 下 求 人

Tse-miè cheng hia k'ieou jen.

Lorsqu'on est économe on s'évite de devoir implorer les gens.
Parce qu'on a de quoi vivre sans demander l'aumône.

(829)

子 毋 離 身
活 樹 剝 皮

Tse mou li chen

Houo chou pa p'i.

Lorsque le fils abandonne le corps de sa mère
Celle-ci est comme un arbre vivant dont on arrache l'écorce.

Ce dicton ne s'applique pas seulement à la naissance, mais encore et surtout à la séparation.   Une mère dont on a éloigné l'enfant est comme un arbre dont on aurait arraché l'écorce.

(830)

子 報 父 仇
三 年 不 遲

Tse pao fou tch'eou

San nien pou tch'e.

Lorsque le fils peut se venger de l'ennemi de son père
Ce n'est pas trop tard s'il peut le faire après trois ans.

Attendre trois ans pour venger son père, ce n'est pas trop. Sous ce rapport, nos gens ont la rancune tenace et inlassable ; il faut qu'ils se vengent, car ils n'ont le repos que lorsque cette vengeance est accomplie. Tch'e, tard, se prononce ici tche, (long).

(831)

子 大 不 由 父

Tse ta pou yeou fou.

Lorsque le fils est grand, ce n'est plus l'affaire du père.

Le père n'a plus rien à lui dire. Eu pratique c'est presque toujours le cas.

Voir Proverbe 66

(832)

子 短 父 葬
父 短 子 妻

Tse toan fou tsang

Fou toan tse ts'i.

Le fils doit enterrer le père
Le père doit marier le fils.

Ce sont là les deux points essentiels. Un bon père de famille s'occupe, par intermédiaires, aussi vite que possible, de marier son fils. Le fils, lui, doit faire de belles funérailles à son père, y sacrifier même une partie de son avoir. Un beau cercueil est de rigueur, aussi un enfant qui se respecte achéte-t-il cette pièce essentielle du vivant de son père, et le lui offre en cadeau. C'est tout à fait conforme aux notions de piété filiale qu'ont nos gens.

(833)

子 揚 債 父 不 管
父 揚 債 子 還 錢

Tse t'a tchai, fou pou koan

Fou t'a tchai, tse hoan ts'ien.

Lorsque le fils fait des dettes, le père n'en a cure ;
Lorsque le père a fait des dettes, le fils doit rembourser.

Les dettes du pève, retombent sur le fils, après la mort du père. Si le fils lui-même s'est endetté on ne peut s'en prendre au père défunt.

Voir Proverbe 86

(834)

自 做 錯 難 以 更 改
路 走 錯 再 折 回 來

Tse tso ts'ouo, nan i keng kai

Lou tseou ts'ouo, tsai tche hoei lai.

Lorsqu'on a commis une bèvue il est difficile de réparer
Lorsqu'on se trompe de route, on revient sur ses pas.

Ts'ouo, bévue, acte répréhensible, faute; *tche*, est prononcé tcha.

Les expressions *nan-i keng-kai* sont plus relevées que la langue ordinaire du terroir.

(835)

刺 蝟 說 他 光
臭 桶 說 他 香

Tse-wei chouo t'a koang,

Tch'eou-t'ong chouo t'a siang.

Le chardon dit : je suis lisse
Le puant dit : je fleure bon.

Chacun proclame bien haut ses qualités réelles et surtout imaginaires.

Tch'eou-t'ong, plus souvent : *tai men hou*, 帶 門 戶 ou encore *tch'eou kou ze* 臭 骨 子, un puant, celui qui exhale un relent infect, surtout sous les bras. Cette maladie se transmet souvent dans une famille. Les chinois considérent ce défaut comme une raison suffisante pour briser les fiançailles.

刺 蝟 自 說 刺 蝟 光
臭 虫 自 說 臭 虫 香

Tse-wei tse chouo : tse-wei koang

Tch'eou tch'ong tse chouo : tch'eou tch'ong siang.

Le chardon lui-mème dit : le chardon est lisse
La punaise elle-même dit : la punaise sent bon.

C'est une autre expression du même dicton ; l'une et l'autre s'employent également.

(836)

自 有 肚 量 才
就 能 攬 傍 觀 事

Tse yeou tou liang-ts'ai

Tsieou neng lan p'ang koan che.

Quelqu'un qui a de la capacité dans le ventre
Peut s'occuper des procès d'autrui.

Le ventre est, aux yeux de nos gens, le siége de l'esprit.

(837)

賊 和 人 是 一 樣
心 不 一 樣

Tsé houo jen che i yang

Sin pou i yang.

Un voleur et un homme ordinaire c'est la même chose,
Le cœur n'est pas le même.

Extérieurement il n'y a rien qui différencie un voleur d'un
homme ordinaire, mais combien le cœur n'est pas le même.

(838)

賊 咬 一 口
入 骨 三 分

Tsé niao i k'eou

Jou kou san fen.

Lorsqu'un voleur mord une bouchée
Cela pénètre jusque trois "fen" dans l'os.

Il s'agit d'un voleur, qui pour se venger de quelqu'un, l'accuse
de complicité. Mordre quelqu'un ; faire tort à quelqu'un, accuser,
comme l'expression flamande : Jemand bijten.

Le procédé est classique chez les mauvais sujets, et ils consen-
tent volontiers à subir une bastonnade pour avoir le plaisir d'en voir
appliquer une à un malheureux qu'ils ont calomnié.

Voir Proverbe 841

(839)

賊 無 底 根
寸 步 難 尋

Tsé ou ti ken

Ts'oen pou nan sin.

Un voleur qui n'a pas de racines dans le sol
Trouve difficilement le pouce et le pas.

Un voleur étranger ne peut connaître les particularités d'un
endroit. *Ts'oen-pou*, sont employés ici dans le sens de dimensions.

Le sens est : Lorsqu'un vol est commis c'est généralement par
quelqu'un de l'endroit même, par un *"kia tsé"* un voleur familier qui
est au courant des aîtres de la maison et des habitudes de son propriétaire ; un voleur étranger n'ose pas vite se risquer dans une maison
inconnue.

(840)

怎 不 等 三 年
自 招

Tsé pou teng san nien

Tse tchao.

Un voleur n'a pas besoin de trois ans
Pour se dénoncer lui-même.

(841)

賊 要 賊 捉
鉄 要 鉄 打

Tsé yao tsé tchouo

T'iè yao t'iè ta.

Le voleur doit être pris par un voleur
Le fer doit être frappé par le fer.

C'est le moyen ordinaire de faire pincer un voleur ; on donne de l'argent à un de ses associés pour que celui-ci le dénonce ; ou on promet l'impunité pour pouvoir saisir les complices.

Pas de meilleur garde chasse qu'un ancien braconnier, peut rendre le dicton chinois ; car satellites et soldats régionaux sont tous des individus de sac et de corde.

Voir Proverbe 838

(842)

怎 好 的 一 个 旗 杆
離 不 了 夾 二 石

Tsen hao de i ko k'i kan

Li pou liao kia eul che.

La meelleure hampe de drapeau
Ne peut se passer d'être soutenue par deux pierres.

Un homme si intelligent qu'il soit s'il est abandonné par les autres ne peut faire grand chose.

K'i kan. Longues hampes plantées dans le sol à l'entrée des pagodes. Pour mieux résister au vent, elles sont maintenues de chaque côté par des poteaux de pierre dans lesquels il y a une rainure, et qui emboîtent le bas de la hampe à quelques pieds de hauteur.

(843)

怎 麼 的 一 個 醫 生
治 了 病
治 不 了 命

Tsen mo de i ko i cheng

Tche leao ping

Tche pou leao ming.

N'importe quel médecin
Peut guérir une maladie
Il ne peut guérir de la mort.

Devant la mort le meilleur médecin perd son pouvoir. Phrases que nos médicâstres lancent volontiers, pour pallier leur incommensurable bêtise.

(844)

走 乎 地
隨 乎 禮

Tseou hou ti

Soei hou li.

Tu t'en vas dans un endroit
Suis les usages de cet endroit.

Il faut se plier aux usages de l'endroit où l'on se trouve.
Romoe si fueris, Romano vivito more.
Voir Proverbe 184.

(845)

走 的 看 路 過 賒
不 嫌 賤 的 摩 倒 腰

Tseou de k'an lou kouo ts'iao

Pou hien tsien de mo tao yao.

Passant qui regardes la rue et défiles devant les étalages
Si tu ne trouves pas que c'est trop bon marché, courbe
toi et fais ton choix.

C'est le refrain des marchands installés dans les rues aux jours de marché.

Si tu ne trouves pas que c'est trop bon marché est ironique. *Motao*, se courber vers le sol, car les articles sont presque toujours étalés sur une natte posée par terre, *ts'iao*, étalage, quartier affecté à un article.

Ma ts'iao, exposition des chevaux, quartier où l'on vend les chevaux.

(846)

七 十 二 計
偷 跑 爲 上 計

Ts'i che eul ki

T'eou p'ao wei chang ki.

**On réfléchit septante deux fois
Et réflexion faite on s'enfuit.**

Il s'agit des pauvres diables endettés, ou bien de ceux qui ont commis quelque délit. Ils ont beau tourner et retourner la question sur toutes ses faces, il n'y a pas d'autre solution que de s'enfuir. Ce dicton s'applique aussi aux soldats chinois. On les envoie combattre; plus ils réfléchissent et plus l'idée qu'ils ne doivent pas s'exposer s'imprègne dans leur esprit, et que ce qu'il y a de plus sage est de s'enfuir. Et ils fuient sans vergogne.

Le nombre septante deux est un cliché pour exprimer un grand nombre indéterminé.

Voir Proverbe 809

(847)

妻 兒 犯 法
先 有 本 夫

Ts'i eul fan fa

Sien yeou pen fou.

**Lorsqu'une épouse trangresse les règles
Il faut d'abord s'adresser à son mari.**

Si une femme a fait une sottise c'est chez son époux qu'il faut aller réclamer.

On peut encore expliquer: Si une femme se méconduit, c'est surtout la faute du mari.

(848)

七 歲 看 大

Ts'i soei k'an ta.

A sept ans on peut prévoir ce que sera l'âge mûr.

Voir Proverbe 593

(849)

七 寸 人 人 嗑 燒 酒
小 道 拉

Ts'i ts'oen jen jen ho chao tsieou
Siao tao la.

Lorsque les nains boivent de l'eau de vie
Ils sont taciturnes.

Pour se moquer des gens qui discutent à tort et à travers avec de grands éclats de voix.

Ts'i ts'oen jen, des hommes de sept pouces.

Tao la, expression régionale : parler ; discuter ; l'accent fort est porté sur *la*.

(850)

七 錯 八 錯
四 路 插 錯

Ts'i ts'ou pa ts'ou
Se lou tch'a ts'ou.

Si sept fautes, huit fautes ne suffisent pas
De toutes parts on insère les fautes.

Chercher partout les fautes, les peccadilles même pour arriver à avoir un grief contre quelqu'un et pouvoir lui jouer un mauvais tour.

(851)

七 月 十 五 送 麵 人
有 眉 有 眼 不 出 氣

Ts'i yue che-ou song mien jen
You mei, you yen, pou tch'ou k'i.

Le quinze de la septième lune on offre les bonshommes de pâte
Ils ont des sourcils, des yeux, mais ne respirent pas.

Coutume très répandue au T'oumet. Cela rappelle, dit-on, le massacre des Mongols, en 1356. Ce massacre eut lieu le 15 de la 8ᵉ lune, un mois plus tôt on avait enfermé des billets dans des petits hommes de pâte qu'on offrait aux gens. Ces billets disaient de se tenir prêts. Allusion à la rébellion fomentée contre la dynastie mongole par le moine bouddhiste Tchou qui s'empara de Nanking en 1356, de Péking l'année suivante et sous le nom de T'ai-tsou fut le premier empereur de la dynastie des Ming.

Ce dicton s'emploie pour désigner quelqu'un qui est bête à manger du foin.

(852)

墙 上 掛 毛 毯
不 像 畫

Ts'iang chang koa mao tan

Pou hiang hoa.

Si l'on attache une couverture de laine sur un mur
Cela n'a pas l'air d'être peint.

Jeu de mots sur: *hoa* 畫 peindre et *hoa* 話 parole. Et le sens est: Voilà des paroles qu'on ne dit pas. Tes paroles n'ont pas le sens commun.

(853)

墙 頭 跑 馬
捩 不 回 頭

Ts'iang t'eou p'ao ma

Li pou hoei t'eou.

Lorsqu'on galope sur la crête d'un mur
On ne peut retourner la tête.

Il faut être tout à son affaire. Dans une circonstance importante il faut user de toute son attention.

捩 *Li*, tourner, tordre, retourner, se prononce ici *liè*.

(854)

墙 底 下 安 人
你 纔 看 動 土 的 日 子

Ts'iang ti hia ngan jen

Ni ts'ai k'an tong t'ou ti jeu-tse.

Avant de placer des hommes au pied d'un mur
Vois d'abord si c'est un jour où l'on peut remuer la terre.

S'applique à des gens qui ne remueront pas le doigt pour aider ou sauver leur prochain.

Le "*Hoang li*" calendrier impérial renseigne sur les jours et les mois où l'on peut faire des travaux de terrassement. Si tu places des ouvriers au pied d'un mur pour y remuer la terre, et cela sans consulter le "*Hoang li*" tu risques d'offenser le génie du terroir. "*T'ou chen yè*" qui pour se venger fera ébouler le mur sur les ouvriers. Tu ne te mets pas en peine de prendre cette légère précaution alors que la vie des gens peut en dépendre.

(855)

巧 言 華 語 頂 不 了 錢

珍 酒 百 味 離 不 了 鹽

Ts'iao yen-hoa yu ting pou liao ts'ien

Tchen tsieou pè-wei li pou liao yen.

Les belles paroles ne sont pas aussi précieuses que des sapèques
Le bon alcool et les mets de haute saveur ont besoin de sel.

Pè-wei, proprement : les cent saveurs.

Un festin, qu'il y ait de l'eau de vie et des mets nombreux, ne vaut rien si on a oublié de mettre du sel dans les aliments.

(856)

蕎 麥 三 棱

麥 子 尖

十 里 鄉 壇

却 不 一 般

Ts'iao-mai san leng

Mai-ze ts'ien

Che li siang t'an

K'o pou i pan.

Le sarrazin est triangulaire
Le froment est pointu,
A la campagne, il suffit de dix stades
Pour que ce ne soit plus du tout la même chose.

Il ne faut pas aller loin dans la campagne pour trouver déjà d'autres coutumes. C'est surtout vrai ici où ce sont des émigrés venus de divers cantons du Shan-si. Il s'agit évidemment de différences dans des détails.

(857)

借 上 娃 娃 過 滿 月

沒 事 尋 事

Tsiè chang wa wa kouo man yue

Mo che sing che.

Se servir de ce que son fils passe le premier mois
Pour se créer des affaires alors qu'on n'en avait pas.

Se dit d'un homme qui ne peut se tenir tranquille et qui suscite aux autres et à lui-même un tas d'affaires ennuyeuses.

Lorsque le fils aîné d'un homme riche passe le trente et uniè-
me jour après sa naissance (mois plein) ses parents donnent une fête ;
et invitent les amis à un dîner.   Les invités doivent apporter des cadeaux, au moins 200 sapèques.   Ces cadeaux sont consignés sur un
registre, et, en pareille occasion il faudra que le père rende absolument
la même chose... c'est un prêté pour un rendu.

(858)

借 人 的 衣
不 整 齊

Tsiè jen ti i

Pou tchen k'i.

Emprunter les habits d'autrui,
Ce n'est pas là du vrai chic.

Cela se fait cependant énormément dans nos contrées ; ils sont
rares les nouveaux époux qui au jour de leur mariage, portent des
habits qui leur appartiennent. Ces habits de cérémonie sont presque
toujours loués ou empruntés.

(859)

借 了 言
借 不 了 錢

Tsiè liao yen

Tsiè pou liao ts'ien.

On prête des paroles
On ne prête pas de sapèques.

Ou bien, on dit encore :

添 了 言
添 不 了 錢

T'ien liao yen

T'ien pou liao ts'ien.

On vient à la rescousse en paroles
Mais non en argent.

Nos gens se font volontiers avocats, mettent une chaleur bien
jouée pour défendre quelqu'un qui a demandé leur secours ; dans cette
manière de faire ils agissent pour un double motif : le désir de faire
montre d'habileté, et leur impuissance à résister aux coups d'encensoir
que l'intéressé leur donne pour qu'ils prennent fait et cause pour lui.
Ils se dépenseront en démarches, ils parleront pendant des heures.....
mais y aller de leur poche, jamais.

(860)

前 响 喜 鵲 來 是 報 喜
後 响 喜 鵲 來 是 有 鬼

Ts'ien chang hi ts'io lai che pao hi

Heou chang hi ts'io lai che yeou koei.

Lorsque la pie vient le matin, elle annonce la joie
Lorsque la pie vient l'après-midi, elle annonce une âme errante.

Il s'agit des pies qui viennent voler dans la cour ou sur le toit.
Ce dicton superstitieux est surtout le fait des femmes ; les
hommes attachent peu d'importance à ces pronostics.

(861)

錢 上 垛
不 待 坐

Ts'ien chang touo

Pou te tsouo.

Lorsqu'on a beaucoup d'argent
On ne peut rester assis.

Nos chinois sont du principe qu'un capital n'est jamais assez
rémunéré lorsqu'il peut l'être davantage.   Le capital est une force de
production, on doit faire rendre à une force tout ce qu'elle peut produire..... et cela par tous les moyens.   Et voilà pourquoi un homme
riche a beaucoup d'affaires et ne peut jamais rester tranquille.

(862)

錢 是 寶
花 在 那 裡
那 裡 好

Ts'ien che pao

Hoa tsai na-li

Na li hao.

L'argent est précieux
Ce pourquoi on le dépense
Est toujours bien.

Ce qu'on fait sans regarder à la dépense est toujours bien fait.
Avec de l'argent on peut tout faire.

(863)

錢　數　萬　貫

手　熟　爲　能

Ts'ien chou wan koan

Cheou chou wei neng.

Dix mille ligatures font beaucoup de sapèques
La main qui a l'habitude a du pouvoir,

Plus on fait quelque chose et plus on le fait facilement. *Koan*
une enfilade de sapèques, se dit ordinairement *i tiao ts'ien* 一 吊 錢,
une ligature de sapèques. Proprement 1000 sapèques enfilées par
centaines. La ligature diffère de contrée à contrée.

(864)

先　抓　一　圪　塔　腸　子

後　抓　一　圪　塔　肚　子

Ts'ien, eul i ko ta tch'ang ze

Heou, eul i ko ta tou ze.

Devant, il perd un morceau d'intestin
Derrière, il perd un morceau de ventre.

Se dit de parents, qui par misère ont abandonné un enfant en
plusieurs endroits ou les ont laissé adopter par d'autres.

Ou encore d'une veuve qui se remarie, et qui doit laisser les
enfants du premier lit à la famille de son époux défunt.

(865)

前　結　灌

後　結　掏

中　結　用　的　一　把　刀

Ts'ien kia: koan

Heou kia: t'ao

Tchoung kia: yong ti i pa tao.

Si la constipation est vers l'avant (de l'intestin) donnez des médicaments
Si elle est vers l'orifice : retirez avec la main
Si c'est au milieu : servez-vous d'un couteau.

Il s'agit de notions vétérinaires. Les médicaments pour les chevaux sont aussi variés que singuliers. Pour entonner la médecine on lie une corde à la lèvre supérieure, cette corde attachée à une poutre tire la tête et force l'animal à regarder en haut; on ouvre la bouche au moyen d'une fine lanière attachée au manche du fouet ; cette lanière saisit la lèvre inférieure. Une longue cuiller va jusqu'au gosier de l'animal. On lui frictionne la gorge pour l'obliger à avaler la potion. Les médicaments sont mêlés avec de l'huile de chanvre, du blanc d'œuf et le sang d'une poule à derme noir, à laquelle on attribue de grandes propriétés curatives. Si la constipation est vers l'orifice, on s'enduit l'avant bras d'huile, on renverse l'animal qu'on immobilise, on pousse le bras aussi loin que possible dans le gros intestin et on retire les matières fécales. J'ai vu ce peu ragoûtant système couronné de succès.

Dans le troisième cas, rien à faire. Prenez un couteau pour écorcher l'animal.

(866)

千 斤 石
不 離 寸 地

Ts'ien kin che

Pou li ts'uen ti.

Une pierre de mille livres
Ne quitte pas le sol d'un village.

Allusion aux meules et aux rouleaux à décortiquer *(mouo-nien-ze)* qu'il est bon d'acheter directement à la carrière ou chez le tailleur de pierre. Si l'on achète une meule qui a déjà été employée par un propriétaire qui veut la vendre, il y a cent à parier contre un qu'elle est ou bien grevée d'hypothèques, ou qu'elle a déjà été vendue à un autre.

(867)

千 里 坐 官
爲 的 身 和 口
到 底 不 是 爲 下 民

Ts'ien li k'ieou koan

Wei de chen hou k'eou

Tao ti pou che wei hia min.

Lorsqu'on implore un poste de mandarin à mille stades de distance
C'est pour nourrir son corps, et pour emplir sa bouche ;
Mais ce n'est jamais par dévouement au pauvre peuple.

Hou k'eou, nourrir sa bouche. C'est ainsi qu'on trouve en Mongolie du "*Hou k'eou ti*" des terres pour nourrir la bouche. Ces terres ont été données par des rois mongols à l'un ou l'autre sujet méritant ; il peut en faire ce qu'il veut, même les louer à des chinois, et le produit est pour lui.

(868)

千 兩 容 易

百 兩 難

Ts'ien liang yong i

Pè liang nan.

Mille onces c'est facile
Cent onces c'est difficile.

Il est facile de se faire mille taëls, car cela suppose un capital suffisant pour pouvoir faire une spéculation ou un commerce de quelque importance, mais se faire cent taëls lorsqu'on n'a rien voilà ce qui est la mer à boire.

L'énoncé trop concis du proverbe ne donne pas, *vi verborum*, tout le sens qu'on y attache.

Liang, onces, proprement *liang in*, onces d'argent.

(869)

千 難 萬 難

數 這 個 說 話 難

Ts'ien nan, wan nan

Chou tche-ko chouo-hoa nan.

Parmi mille et dix mille choses difficiles
Rien de plus difficile que de parler.

Il s'agit de parler en public. C'est difficile et fatigant.

(870)

前 怕 刀 子
後 怕 狼

Ts'ien p'a tao ze

Heou p'a lang.

Par devant il craint le couteau
Par derrière il craint le loup.

Le mouton s'il n'est égorgé par le boucher, est happé par le loup. Se dit d'une affaire sans issue.
Il est pris entre deux feux.

(871)

錢 不 過 個 加 三
粟 不 過 個 加 五

Ts'ien pou kouo ko kià san

Siu pou kouo ko kià ou.

Pour de l'argent on ne peut exiger plus de trente pour cent
Pour les céréales on ne peut exiger plus de cinquante pour cent.

Cet énorme intérêt n'a rien d'usuraire et est permis par la loi. Il est vrai que les chances de récupérer non seulement les intérêts mais encore le capital sont si minimes qu'on peut se faire payer les risques énormes que l'on court. Je ne crois pas qu'il y ait un seul de nos indigènes qui ne doive de l'argent et auquel on ne doive. Il s'en faut qu'on se tienne à cet intérêt fixé ; surtout lorsqu'il s'agit de grains on ose tout exiger.

(872)

錢 到 手 了
飯 到 口 了

Ts'ien tao cheou la

Fan tao k'eou la.

L'argent est parvenu dans la main
La nourriture est parvenue dans la bouche.

On est à bout de ressources, on n'a plus rien ; car les sapèques qu'on tient en mains sont vite dépensées, et la nourriture qu'on a en bouche est bientôt avalée.

(873)

錢 躚 人
人 躚 錢
躚 也 躚 不 上

Ts'ien toan jen

Jen toan ts'ien

Toan yè toan pou chang.

L'argent trouve facilement l'homme
Mais que l'homme coure après l'argent
Il ne le rencontrera pas.
Qu'il est difficile de devenir riche.

(874)

前 有 車
後 有 轍

Ts'ien yeou tch'e

Heou yeou tcha.

Vous avez d'abord le char
Puis viennent les ornières.

C'est aux traces qu'on reconnait qu'un char a passé, et quelle espèce de char.
Sens du dicton : A l'œuvre on connaît l'ouvrier.

(875)

酒 是 高 粱 糜 子 水
先 軟 肱 膊 後 軟 腿

Tsieou che kao-liang mi-ze choei

Sien joan ko-pouo, heou joan t'oei.

L'eau-de-vie est du suc de sorgho et de millet,
On a d'abord le bras léger, puis les jambes faibles.

Tsieou, vin, toute liqueur fermentée; se dit ici pour l'eau-de-vie qui est la liqueur employée dans la contrée.

(876)

酒 是 五 穀 水
嗑 上 軟 了 腿
嘴 裡 糊 說 話
眼 裡 活 見 鬼

Tsieou che ou kouo choei

Ho-chang joan la t'oei

Tsoei li hou chou hoa

Yen li hoa kien koei.

L'eau de vie est le suc des cinq céréales
Lorsqu'on en boit on a les jambes faibles
La bouche éructe des paroles stupides
Les yeux injectés voient des diables.

Cela n'empêche que la roublardise native des chinois leur clôt la bouche lorsqu'il s'agit de questions d'argent, comme il est dit au proverbe suivant. On admet qu'un homme ivre n'est pas tout à fait responsable de ses paroles, et j'ai connu un individu qui voulant dire son fait à quelqu'un, s'est d'abord consciencieusement grisé, puis est allé chez son adversaire, et lui a dégoisé une kyrielle d'injures et de reproches, attirant les voisins qui ne perdaient pas un mot de la scène. S'il avait dû se permettre ces diatribes à jeun elles eussent provoqué un procès.

Ou kouo : les cinq céréales, pour dire les céréales en général. La nomenclature de ces cinq céréales diffère un peu de contrée à contrée; ici on cite: le millet, le millet paniculé, le froment, le sarrazin et le sorgho.

Voir Proverbe 14

(877)

酒 醉 心 裡 明
銀 錢 不 讓 人

Tsieou tsouei sin li ming

In ts'ien pou jang jen.

Lorsqu'on est ivre on a l'esprit clair
On ne fait grâce à personne ni pour de l'argent, ni pour une sapèque.

Qu'on n'essaye pas de griser un chinois pour le rendre plus accommodant lorsqu'il s'agit de régler un compte; on arriverait à un résultat tout à fait opposé. La méthode n'est bonne que pour des Mongols, les chinois le savent bien et en usent largement.

(878)

酒 要 少 喫

事 要 多 知

Tsieou yao chao tch'e

Che yao touo tche.

Il faut boire peu d'eau-de-vie
Il faut connaître beaucoup de choses.

Une seconde forme du même proverbe est la suivante : elle est un peu moins usitée que la première, et surtout employée par les gens d'une condition un peu supérieure :

(879)

事 要 多 知

飯 要 少 喫

Che yao touo tche

Fan yao chao tch'e.

Il faut connaître beaucoup de choses
Il faut manger peu de nourriture.

(880)

秋 分 到 寒 露

泥 匠 沒 時 候

Ts'ieou fen tao han lou

Ni-tsiang mo che-heou.

En automne, à la rosée froide
Le maçon a fini sa saison.

La rosée froide est au 8 Octobre ; et l'expression est empruntée à la division solaire de l'année chinoise, division basée sur les solstices et les équinoxes, et divisant l'année en vingt-quatre termes de quinze jours. Pour les travaux des champs nos cultivateurs suivent le calendrier solaire, il en est de même pour bon nombre d'usages et de fêtes superstitieuses. *Cfr. L. Wieger. Rudiments. Tome 1er*.

(881)

秋 雨 如 刀 刮

瘦 牛 不 瘦 馬

Ts'ieou yu jou tao koa
Seou nieou pou seou ma.

La pluie d'automne est comme un couteau qui râcle
Les bœufs maigrissent, les chevaux ne maigrissent pas.

Les bœufs ayant travaillé pendant tout l'été sont affaiblis et souffrent de ces pluies froides d'automne. Il n'en est pas de même des chevaux qui ont eu moins à faire et qui se sont repus de l'herbe luxuriante des paturâges d'été.

Voir le Proverbe 738

(882)

進 了 衙 門 思 賴
進 了 廟 門 禮 拜

Tsin la ya-men se lai
Tsin la miao-men li pai.

Lorsqu'on entre au tribunal il faut mentir
Lorsqu'on entre à la pagode il faut donner la prostration.

(883)

親 家 不 交 錢
交 錢 面 不 恬

Ts'in kia pou kiao ts'ien

Kiao ts'ien mien pou t'ien.

La famille ne paye pas ses dettes
Si elle les paye la face n'est pas heureuse.

Ne faites jamais d'affaires avec vos proches, ils négligent de vous payer, et si vous exigez leur dû, ils se montrent très formalisés et vous font des misères.

(884)

親 戚 六 人 遠 離 想
哥 子 弟 兄 高 打 墻

Ts'in ts'i lieou-jen yuen li siang

Ko-tse ti-hiong kao ta ts'iang.

Famille et amis, on les aime quand on est loin,
Entre frères on élève un haut mur.

Parce que ne s'accordant pas, il faut qu'ils vivent séparés.

Voir proverbes 774 et 775

(885)

清 官 坐 大 堂

Ts'ing koan tsouo ta t'ang.

Un mandarin intelligent juge dans la grande salle.

Il y a encore une autre salle *"eul t'ang"* où le public n'est pas admis et où les mandarins vénaux *"tsang koan"* 贓 官 jugent le plus souvent les affaires pour dispenser la justice à leur gré.

(886)

清 官 難 管 家 務 事

Ts'ing koan nan koan kia ou che.

Un mandarin intelligent peut régler difficilement ses affaires de famille.

Nemo judex in propriâ causâ. Pour régler ses affaires personnelles un mandarin intelligent invite d'autres personnes. A fortiori les gens du peuple doivent agir de même.

(887)

娶 一 個 媳 婦 子
埋 一 個 兒

Ts'iu i ko si fou ze

Mai i ko eul.

Lorsqu'on prend une bru
On enterre un fils.

Soit parce que le fils préfère sa femme à ses parents, soit parce que la bru ne s'accordant pas avec la belle mère excite son mari qui ne s'occupe plus de ses parents ; soit, et ce cas se réalise très souvent, parce que le fils va habiter seul avec sa femme. *(Ling kia).*

Voir le Proverbe 61

(888)

娶 老 婆 是 廳 樓 瓦 舍
娶 過 老 婆 片 瓦 根 椽

Ts'iu lao-p'ouo che t'ing leou wa che

Ts'iu kouo lao p'ouo p'ien wa ken tch'oan.

Au moment du mariage ce sont pavillon et maison couverte en tuiles
Après le mariage (il faut vendre) tuiles et chevrons.

Un célibataire n'ayant à soigner personne d'autre que lui peut vivre largement ; un homme marié a beaucoup de frais, du fait de sa femme.

T'ing leou wa che. Substantif double signifiant belle maison ; on est sur le pinacle, on peut se permettre du luxe.

P'ien wa, tuiles concaves par opposition à *t'ong wa,* tuiles convexes. Ce mode de couverture est employé dans le midi de l'Europe ; les p'ien wa se posent avec la concavité en bas et forment rigole ; les t'ong wa se posent avec la concavité en haut et forment chapeau.

Dans le second vers le verbe est sous-entendu : *Yao mai,* il faut vendre.

Un second sens peut être : On fait beaucoup de dépenses pour avoir un mariage fastueux, mais après les noces c'est la misère, il faut vendre tout ce qu'on a ; on tire le diable par la queue.

(889)

娶不對老婆一輩子窮
打不對夥計當年窮

Ts'iu pou toei lao-p'ouo i pei-ze k'iong

Ta pou toei kouo-ki tang nien k'iong.

Si l'on a fait un mauvais mariage, on est pauvre toute sa vie
Si l'on s'est mal associé, on est pauvre pour une année.

Une épouse mal appareillée, dépensière, peu soigneuse.

(890)

娶媳婦兒拿引魂幡
取主人心順大吉

Ts'iu si fou eul na in hoen fan

Ts'iu tchou jen sin choen ta ki.

Lorsqu'on apporte un drapeau mortuaire à une noce
C'est tout à fait agréable au père de famille, car cela présage le bonheur.

Dit par ironie. Veux-tu faire plaisir à celui qui t'invite à une noce, apportes-y un drapeau mortuaire, *in hoen fan,* oriflamme pour conduire l'âme. C'est une longue bande de papier collée au sommet d'une perche par le bonze ou le devin *(in-yang)* on la porte devant le cercueil pour montrer la route à l'âme du défunt. *Ts'iu tchou jen,* le propriétaire de la noce, le maître de la maison. *Sin choen ta ki,* le cœur est à l'unisson de ce présage de bonheur.

On craint de rencontrer un cortége funébre ou même un homme en deuil lorsqu'on conduit la fiancée à la maison de ses beaux parents. Si l'on fait pareille rencontre, aussitôt on interpose un feutre rouge entre le palanquin de la mariée et l'homme en deuil. Cela se fait aussi lorsqu'on passe devant une pagode, une église, un moulin, un puits; les génies protecteurs de ces objets pourraient trouver la fiancée de leur goût et venir la hanter où la faire mourir. Le motif est le même pour un mort ou tout ce qui le rappelle, on a peur que son âme errante vienne prendre la fiancée. C'est pourquoi un homme qui va à une noce doit d'abord déposer tout signe de deuil.

Et cette crainte des morts se trouve aussi chez les anciens païens de Rome: "Une anecdote racontée par Eunape montre bien l'horreur des païens pour les rencontres de funérailles. Le philosophe Jamblique revenait avec plusieurs amis d'offrir un sacrifice. Tout à coup les regardant: "Il nous faut prendre une autre route, dit-il, car un cadavre vient d'être levé non loin d'ici". Il se détourna et prit un chemin plus pur. Les autres, parmi lesquels était Edesius, s'obstinérent à suivre leur route, désireux de voir si leur maître avait prédit juste. Peu de temps après ils aperçurent les gens qui portaient le cadavre". Ce trait est cité par Paul Allard, dans son ouvrage sur Julien l'Apostat. Tome II. p. 208, en note.

(891)

娶 媳 婦 打 喪 鼓
不 是 成 親 的 頭 臉

Ts'iu si fou ta sang kou

Pou che tch'eng ts'ing de t'eou lien.

Battre un tambourin funèbre à un mariage
Ce n'est pas le moyen de s'allier à une famille.

Sang kou, tambourin à manche que les bonzes emploient lors des funérailles.

Voir Proverbe précédent

(892)

娶 媳 婦 兒 戴 孝 帽 子
心 順 主 人

Ts'iu si fou eul tai siao mao ze

Sin choen tchou jen.

Porter un bonnet de denil à une noce
C'est tout à fait au goût de celui qui invite.

40

Ce proverbe est ironique. A un mariage il est défendu de porter des habits de deuil. On applique ce proverbe à quelqu'un qui veut toujours faire à sa guise ; qui veut que toute chose soit faite d'après sa conception propre ; en un mot d'un monsieur qui se moque du tiers et du quart. Ce qu'on appelle en flamand : *een welweter.*

(893)

嘴 善 心 不 善
罔 把 彌 陀 念

Tsoei chan sin pou chan

Wang-pa mi t'ouo nien.

Bon en paroles mais mauvais dans le cœur
Les chenapans prient aussi : ngo mi t'ouo fouo.

Ne vous fiez jamais aux paroles ni à l'extérieur des gens. *Ngo mi t'ouo fouo ! O Amida Bouddha !* est l'invocation ordinaire des Bouddhistes chinois. *Amida* 阿 彌 陀 佛, ou mieux *Amitabha ;* probublement le Mithra, dieu du soleil, importé de Perse en Chine en l'an 147 de l'ère chrétienne.

Voir à ce sujet. *Wieger. Textes philosophiques. Chapitre 15. p. 466 et seq.*

(894)

嘴 上 無 毛
說 話 不 牢

Tsoei chang mo mao

Chouo hoa pou lao.

Lorsqu'on n'a pas un poil au menton
Ce qu'on dit a peu d'importance.

Les paroles d'un blanc-bec ne tirent pas à conséquence.

(895)

罪 好 受
福 難 享

Tsoei hao cheou

Fou nan hiang.

Il est facile d'avoir de la peine
Il est difficile d'être heureux.

Le malheur se rencontre beaucoup plus facilement que le bonheur.

(896)

催衣不催食

Ts'oei i pou ts'oei che.

On peut presser l'habillement, on ne presse pas le repas.

On peut presser quelqu'un qui s'habille, il ne faut jamais presser quelqu'un qui mange.

Voir proverbe suivant

(897)

催明不催食

Ts'oei ming, pou ts'oei che.

On peut presser le réveil, on ne peut presser le repas.

Principe sacré chez le chinois. Faites le sortir de son lit pour vous donner un coup de main, il le fera sans rechigner; mais n'ennnyez jamais un individu qui mange..... Eussiez-vous une affaire pressante, vous le faites appeler: on vous répondra, il mange. Inutile d'insister; on ne se dérangera que lorsqu'on aura fini cette importante opération. Des soldats poursuivent des brigands; l'heure de midi est là; les soldats vont dîner, les brigands vont en faire autant dans un village tout voisin, sans avoir l'ombre d'une inquiètude, ce n'est plus le moment de se battre ou de fuir, il est l'heure de manger.

(898)

村社不滅勢

Ts'oen che pou miè che.

Un seul village ne peut annihiler le canton.

L'idée d'un seul village ne peut prévaloir contre l'idée de tout un canton. Le bien publie passe avant le bien privé.

(899)

崇禎活了八百八 還沒有見黑炭洗白

Ts'ong-tchen houo la pa pe pa

Hoan mo yeou kien he t'an si pe.

L'empereur Ts'ong-tchen vècut 880 ans

Et ne vit pas qu'on puisse rendre blancs des charbons noirs.

L'affaire est irrévocablement décidée; il n'y a pas moyen d'y changer quelque chose.

(900)

坐 上 轎 子 號 喪
不 識 抬 舉

Tsouo chang kiao ze hao sang
Pou che t'ai kiu.

**Lorsqu'on se lamente lorsqu'on est assis en palanquin
On se sait plus élever celui-ci.**

Le sens tel qu'on l'explique ici : Lorsque dans un palanquin on se lamente comme une pleurense, c'est contraire à toutes les bonnes manières. Et il y a calembour sur *t'ai-kiu*, élever, soulever et *t'ai kiu* 太 矩 conforme à la régle, distingué, comme il faut.

Hao sang : pleurer, se lamenter, se dit uniquement des lamentations des pleureuses professionnelles. Ce sont des femmes payées pour se lamenter dans les funérailles des gens riches. Ce serait une grosse injure que d'employer ce terme pour caractériser les pleurs des femmes de la famille, on dit : *k'ou.* 哭 pleurer, et jamais : *Hao sang.*

(901)

坐 官 不 知 民 受 苦

Tsouo koan pou tche ming cheou k'ou.

Celui qui est mandarin ne sait pas que le peuple souffre.

Il ne veut pas le savoir.

Voir Proverbe 355.

(902)

瓦 人 灰 的

Wa jen hoei de.

Un bonhomme en poterie est tout gris.

Jeu de mots sur *hoei* : gris et *hoei* 毀 mauvais. Insulte détournée.

(903)

瓦 渣 劃 屁 股
越 劃 越 深

Wa tcha houo p'i kou
Yue houo yue chen.

Un tesson de vaisselle qui égratique le derrière
Plus il égratigne et plus c'est profond.

Plus tu t'entêteras à pareille affaire et plus tu te fourreras le doigt dans l'œil jusqu'au coude.

(904)

外 甥 子 打 燈 籠
照 舅

Wai cheng ze ta teng long

Tchao kieou.

Le neveu fait des lanternes
Comme son oncle maternel.

Le sens est : Tout est comme dans le temps. Le fils continue les affaires du père. Le dicton repose sur un jeu de mots : 舅 *kieou*, oncle maternel, se prononce comme 舊 *kieou*, le vieux temps, le passé. Lanterne : proprement *teng long*, ici on dit toujours : *teng lou*.

(905)

外 披 着 羊 皮
內 藏 着 狼 心

Wai p'ei-tchao yang p'i

Nei ts'ang tchao lang sin.

A l'extérieur il est vêtu d'une peau de mouton
A l'intérieur se cache un cœur de loup.

Il ne faut pas se fier aux apparences. Se dit d'un mauvais drôle qui fait patte de velours.

(906)

外 財
不 扶
命 窮 人

Wai ts'ai

Pou fou

Ming k'iong jen.

Les biens d'autrui
Ne rendent pas heureux
Ceux dont le destin est d'être pauvre.

A ce dicton est attachée une légende :

Au bon temps jadis, lorsque les rois épousaient des bergères, vivait un satellite vertueux qui au grand jamais ne voulait profiter de l'influence qu'il avait sur le mandarin pour faire triompher une cause injuste. Il venait de refuser ses services à un riche bourgeois qui voulait gagner un procés inique. Le lendemain, en balayant la cour du prétoire, notre intègre sbire découvrit au pied du mûr un petit paquet portant son adresse. Intrigué il l'ouvre, trouve cent taëls et un billet disant : Si tu m'aides auprès du mandarin, les cent taëls sont pour toi. Insensible à la corruption, le satellite traça au bas de la lettre :

Wai ts'ai pou fou ming k'iong jen.

Les biens d'autrui ne profitent pas aux pauvres prédestinés, refit le paquet et le relança de l'autre côté du mûr.

(907)

萬 事 由 主 命

半 點 不 由 人

Wan che yeou tchou ming

Pan tien pou yeou jen.

Les dix mille choses dépendent du bon plaisir du ciel
Pour le plus petit détail même l'homme est inpuissant.

(908)

萬 丈 黃 河 有 底 子

人 的 心 沒 底 子

Wan tchang Hoang ho yeou ti ze

Jen de sin mo ti ze.

Quoique le fleuve jaune ait dix mille tchang il a cependant un fond,
Le cœur de l'homme n'a pas de fond.

Le cœur de l'homme est insondable ; on ne connait jamais le fin fond de ce qui s'y passe.

A rapprocher des proverbes132 et 238

(909)

望 鄉 臺 上 打 能 能

死 鬼 作 樂

Wang hiang t'ai chang ta neng neng

Se koei tso louo.

Lorsqu'on fait une culbute sur l'estrade de la méditation
Les diables ont bien du plaisir.

Se dit en riant, lorsqu'on rencontre une compagnie de gens assis à causer ou à discuter.

Wang hiang t'ai, estrade qui se trouve dans certaines grandes pagodes, et sur laquelle de vieux bonzes contemplatifs vout s'installer pour s'y livrer à la méditation bouddhique ; cette méditation pleine d'espérance : *wang*, pendant laquelle ils se rapprochent du *nirvâna*. On prétend qu'ils restent trente et quarante jours sans manger.

(910)

妄 取 人 財
發 財 無 益
不 孝 父 母
渾 身 無 益

Wang k'iu jen ts'ai

Fa ts'ai ou i

Pou siao fou mou

Hoen chen ou i.

Dérober les biens d'autrui
C'est devenir riche sans utilité
Ne pas honorer ses parents
C'est avoir un corps sans utilité.

Bien mal acquis ne profite guère.
Celui qui n'honore pas ses parents, il eut mieux valu pour lui n'être pas né.

(911)

王 子 犯 法
黎 民 都 有 罪

Wang ze fan fa

Li ming tou yeou tsoei.

Lorsqu'un roi commet une faute
Tout son peuple en souffre dommage.

(912)

文 官 說 一 句 話
武 官 跑 一 回 腿

Wen koan chouo i kiu hoa

Ou koan p'ao i houo t'oei.

Il suffit que le mandarin civil dise un mot
Pour que le mandarin militaire doive courir.

Voir Proverbe 914

(913)

文 官 迎 春
武 官 養 兵

Wen koan in tch'oen

Ou koan yang ping.

Les mandarins civils vont à la rencontre du printemps
Les mandarins militaires dirigent les soldats.

Voir Proverbe 660
Où ce terme aller à la rencontre du printemps est expliqué.

(914)

文 官 批 一 筆
耗 斷 武 官 的 馬 腿

Wen koan p'i i pi

Hao toan ou koan de ma toei.

Lorsqu'un mandarin civil trace quelque chose avec son pinceau
Ce sont les cavaliers du mandarin militaire qui doivent faire diligence.

Ce sont les militaires qui font office de courrier. De plus,
avant la république, ce mandarin militaire était beaucoup moins considéré que le mandarin civil, et subissait des ordres. Il s'en faut qu'à
l'heure actuelle ce soit encore ainsi ; la gent militaire est toute puissante..... et la Chine ne s'en porte pas mieux.

On dit encore :

文 官 提 一 筆
跑 斷 武 官 的 馬 腿

Wen koan t'i i pi

P'ao toan ou koan de ma t'oei.

Lrsque le mandarin civil donne un ordre écrit
Le mandarin militaire peut courir á casser les pattes de son cheval.

(915)

文 來 文 擋
武 來 武 擋
拳 頭 來
圪 揆 擋

Wen lai wen tang

Ou lai ou tang

K'iuen t'eou lai

Ko tou tang.

Le procédé est-il d'un lettré, réponds en lettré,
Le procédé est-il militaire, réponds militairement
Si le poing t'arrive
Arrête le de ton poing.

Il faut rendre la monnaie de la pièce.   *Ko tou :* poing, mot du terroîr.

(916)

文 不 成
武 不 就

Wen, pou tch'eng

Ou, pou kiou.

Lettré ? non ce n'est pas possible
Militaire ? il n'y peut servir.

Il n'est bon ni à être lettré ni à être militaire.   Il n'est bon à rien.

41

(917)

文 昌 爺 的 騾 子
也 算 自 在 的 牲 口

Wen tch'ang yè de louo ze

Yè soan tse tsai de cheng k'eou.

La mule de Monsieur Weng tch'ang
Compte parmi les animaux heureux.

Wen tch'ang, ou *Wen tch'ang* a sa pagode dans toutes les villes préfectures ou sous-préfectures. C'est le dieu de la littérature. C'est le mandarin civil qui vient dans la pagode pour offrir le sacrifice. On tue un bœuf pour la circonstance. Les jeunes gens vont lui faire leurs dévotions pour le prier de leur accorder l'intelligence de la littérature chinoise. Mˢʳ de Harlez, dans : La religion et les cérémonies impériales de la Chine moderne, page 423, donne la description de ces cérémonies officielles. Lorsque Wen tch'ang entreprend un voyage son écuyer lui amène un cheval blanc. C'est pour ce motif dit H. Doré, que nous voyons presque toujours, dans la pagode de ce dieu, un cheval qu'un serviteur tient par la bride. Ici le proverbe parle d'une mûle. Wen tch'ang appartient au bouddhisme et au taoïsme, tout en étant très honoré par les lettrés. Voir l'article sur Wen-tch'ang, dans *H. Doré. Recherches sur les superstitions en Chine. Tome VI page 29 et suivantes.*

(918)

蚊 子 飛 的 多
肯 下 雨

Wen ze fei de touo

K'en hia yu.

Lorsqu'il vole beaucoup de moustiques
On a ordinairement de la pluie.

(919)

爲 人 賺 下 一 萬 兩 銀
死 了 拿 不 上 半 文 銅

Wei jen tseng-hia i wan liang in

Se la na pou chang pan wen t'ong.

L'homme, même s'il a gagné dix mille taëls,
A la mort ne peut emporter une demi sapèque de cuivre.

(920)

爲 人 爲 到 頭
殺 人 頭 跌 地

Wei jen wei tao t'eou

Cha jen t'eou tiè ti.

Si vous travaillez pour quelqu'un, il faut le faire jusqu'au bout
Si vous tuez quelqu'un, il faut que la tête tombe par terre.

Il faut faire bien ce qu'on fait.

(921)

爲 去 一 口 氣
要 捨 二 畝 地

Wei k'iu i k'eou k'i

Yao che eul meou ti.

Pour laisser aller une bouffée de colère
Il faut perdre deux arpents de terre.

Le "*K'i*" c'est la colère, la rancune, le désir de se venger. Sentiment tout puissant chez nos chinois qui chercheront, dussent-ils attendre des années, à le satisfaire. Cette vengeance inassouvie les rend malades et malheureux, il faut qu'ils se soulagent; et pour cela ils n'hésiteront pas à sacrifier des sommes importantes, à subir la prison et la bâtonnade. Tout cela leur paraît facile à souffrir, pourvu qu'ils se soient vengés, pourvu qu'ils aient pu déposer ce "*K'i*" dont ils étaient les esclaves. J'ai connu des gens qui sont morts de "*K'i*" parce qu'ils voyaient que jamais ils ne pourraient le satisfaire. Il faut perdre deux arpents. C'est à dire les vendre, pour pouvoir payer les frais du procès.

(922)

爲 嘴 傷 身
爲 老 婆 拜 丈 母

Wei tsoei chang chen

Wei lao-p'ouo pei-tchang mou.

C'est à cause de la bouche qu'on se fait du tort au corps,
C'est à cause de la femme qu'on honore sa mère.

On se fait du tort à la santé par gourmandise ; pour prendre femme on est aux petits soins pour la mère de celle-çi..... avant le mariage s'entend, car l'affaire faite, la belle-mère rentre dans la catégorie des non valeurs. Et je me dis que ce dicton chinois trouverait peut-être son application en Europe, où l'on se gausse des belles-mamans... après le mariage.

(923)

甕 圈 子 糶 米
莫 事

Wong k'iuen ze t'iao mi

Mo che.

Vendre le mil qui est dans la jarre
Ce n'est pas une affaire.

Se dit pour un objet qui n'est pas à vendre.

Le mil déposé dans la jarre est destiné aux besoins journaliers de la maisonnée.

(924)

啞 巴 子 吃 苦 菜
苦 在 心 裡 了

Ya-pa-ze tch'e k'ou ts'ai

K'ou tsai sin li liao.

Lorsqu'un muet mange des légumes amers
L'amertume reste dans son cœur.

Sans qu'il puisse l'exprimer.

Se dit des grandes douleur muettes, par exemple, d'un homme qui extérieurement se montre insensible dans le malheur, mais qui garde son chagrin dans le cœur. Cela se voit toujours lorsqu'un mari vient de perdre sa femme. Extérieurement c'est comme s'il était de bronze, mais combien de ces malheureux, qui aimaient leur défunte, passent des nuits à sangloter seuls sur le k'ang. "K'ou tsai sin li" la douleur est dans le cœur..... pendant la journée. On se moquerait de lui s'il osait l'afficher, ou même la laisser voir, mais on trouve tout naturel qu'il pleure à huis clos.

(925)

牙 疼 不 算 病
疼 死 沒 人 問

Ya t'eng pou soan ping

T'eng se mo jen wen.

Le mal aux dents ne compte pas comme maladie
Que vous souffriez à en mourir, personne ne s'informe de vous.

(926)

鴨 子 上 了 鸚 哥 架
看 看 你 的 蹄 腿

Ya-ze chang liao in-ko kia

K'an k'an ni de t'i-t'oei.

Canard qui es monté sur un perchoir de perroquet
Regarde donc tes pattes.

Plaisanterie à l'égard d'un individu qui a des grands pieds.
Les pattes palmées du canard ne peuvent se cramponner aux bâtons
du perchoir.

(927)

啞 子 見 了 他 媽
沒 說

Ya ze kien liao t'a ma

Mo chouo.

Un muet, lorsqu'il voit sa mère,
Ne dit mot.

Pour caractériser un butor qui n'adresse pas la parole aux visi-
teurs, qui ne leur dit ni bonjour ni bonsoir.

(928)

養 兒 防 老
積 米 防 後

Yang eul fang lao

Ki-mi fang heou.

Engendrer des enfants c'est prévoir pour la vieillesse
S'approvisionner de grains c'est prévoir pour plus tard.

(929)

養 兒 應 差
種 地 納 粮

Yang eul ing tch'ai

Tchong ti na liang.

Lorsqu'on a un fils il faut qu'il devienne fonctionnaire
Lorsqu'on laboure des terres il faut payer contribution.

Dans le temps on était, nominalement au moins, soldat de 15 à 40 ans. Maintenant cela n'existe plus. Le sens est : il faut tâcher que son fils obtienne quelque fonction officielle ou mandarinale bien rétribuée, telles que : mandarin, satellite, scribe, soldat préposeé à la gabelle etc.

(930)

養 兒 不 見 孫
子 老 一 塲 空

Yang eul pou kien song

Tse lao i tch'ang k'ong.

Quand on a engendré un fils et qu'on ne voit pas les petits fils,
Lorsque le fils est vieux, en une fois tout est vide.

Ne pas avoir de petits-fils c'est voir la fin de la race. Grande déception pour nos gens et l'objet de leurs préoccupations. La race éteinte, c'est n'avoir plus personne pour rendre le culte aux mânes des aïeux et conserver chez soi les tablettes des ancêtres.

(931)

羊 肉 和 茄 子
懶 死 王 粘 子

Yang jou houo k'iè-ze

Piè se wang niè ze.

De la viande de mouton mêlée d'aubergines
Firent erever Wang niè ze.

Ce dicton se dit plaisamment à l'époque des aubergines pour exprimer combien ce mets est succulent. Qui est cet illustre glouton dont on remémore l'exploit gastronomique ? C'est ce que personne ne peut m'expliquer.

Voir Proverbe 423

(932)

養 女 兒 十 四 年
花 的 五 十 兩 零 三 錢
銀 子 打 吊 四
一 天 吃 的 四 十 個 錢

Yang niu eul che se nien

Hou de ou che liang ling san ts'ien

In-ze ta tiao se

I t'ien tch'e de se che ko ts'ien.

Pour élever une fille pendant quatorze ans
On dépense cinquante taëls et trois "ts'ien"
Comptons l'argent à une ligature quatre cents sapèques
Elle mange donc pour quarante sapèques par jour.

Le dernier vers est certainement fautif, et doit se lire :
I t'ien tch'e de che-se-ko ts'ien.
Elle mange donc par jour pour quatorze sapèques.

En effet, quoique le nombre des jours de l'année chinoise varie de 354 à 384 ; le vulgaire dit que l'année compte 360 jours, et c'est là dessus qu'il se base, ce qui donne 5040 jours pour un total de 14 ans. Cinquante taëls estimés à 1400 sapèques, plus trois "ts'ien, la 10e partie du taël, à 140 sapèques, donnent un total de 70420 sapèques à diviser par 5040, et cela donne 14 sapèques par jour et non quarante.

Si on exagère, c'est que l'intention du dicton est de montrer qu'une fille coûte cher à nourrir, et que même en la vendant à bon prix lors du mariage, on ne fait pas une bonne affaire.

(933)

養 女 不 算 飯 錢
騎 好 馬 不 算 草 料 錢

Yang niu pou soan fan ts'ien

K'i hao ma pou soan ts'ao liao ts'ien.

Lorsqu'on élève une fille il ne faut pas compter la nourriture
Lorsqu'on monte un bon cheval il ne faut pas lésiner
sur la paille et le picotin.

Ce dicton s'emploie aussi dans le même sens que le précédent.

養 女 兒 算 飯 錢

Yang niu eul soan fan ts'ien.

Lorsqu'on a élevé une fille est ce qu'on compte les frais de nourriture ?

Si tu comptes les frais occasionnés par ta fille, tu verras au moment de la marier que tu ne rentreras pas dans tes débours. Il est inutile d'arguer de ces frais pour faire payer plus cher à ceux qui veulent la prendre. Nos paysans comptent, en temps ordinaires, 7000 sapèques (7 ligatures) par an et par fille. A ce prix là, il est sûr que les fillettes ne font pas bombance tous les jours. Pour rentrer dans leurs frais il faudrait qu'ils reçoivent 80 ou même 90 ligatures au moment où ils la marient ; et ce n'est presque jamais le cas, les arrhes étant beaucoup moindres.

(934)

揚 兵 喝 漏

Yang ping ho leou.

Lorsqu'on mobilise des troupes, comment cela s'ébruite-t-il ?

Fama crescit eundo. Lorsqu'on mobilise mille soldats on parle de dix-mille.

Ho : prononcé *Ha.*

S'emploie pour désigner des racontars sans fondement dont on ne peut savoir la provenance.

(935)

養 兵 千 日
用 兵 一 時

Yang ping ts'ien je

Yong ping i che.

Il faut nourrir les soldats pendant mille jours
Pour s'en servir durant un instant.

En toutes choses il faut prévoir.

(936)

陽 曝 給 我 晒
我 給 陽 曝 吃 菠 荣

Yang p'ouo ki wo chai

Wo ki yang p'ouo tch'e pouo-ts'at.

O soleil, darde tes rayons
Et je te ferai manger des épinards.

O dieu soleil si tu fécondes mes champs je t'offrirai des épinards.

(937)

仰 陳 上 的 耗 子
跌 在 爐 坑 裡
越 跌 越 灰

Yang tch'eng chang de hao ze

Tiè tsai lou k'eng li

Yue tiè yue hoei.

Un rat qui habite sur le plafond,
S'il tombe dans la fosse à cendres d'un fourneau
Plus il s'enfonce et plus il est couvert de cendres.

Plus il est dans une mauvaise position.
Jeu de mots sur *Hoei :* cendres et *Hoei* 穢 mauvais. Le sens du dicton s'applique à un homme qui veut s'excuser par des mensonges et qui s'embourbe de plus en plus.

(938)

仰 陳 方 磚 墁 地
地 下 擺 的 大 躺 櫃

Yang-tch'eng fang, tchoan man ti

Ti-hia pè de ta t'ang-koei.

Une maison avec plafond, pavée de briques carrées,
Et par terre se dresse une grande armoire.

C'est là le type de maison pour l'homme cossu. Ici on ne connaît que les plafonds en papier, ou bien, sur le lattis ad hoc on étend des nattes. Cette seconde méthode est beaucoup moins considérée, et ce n'est pas ce que le dicton a er. vue.

T'ang-koei, armoire peu élevée en forme de bahut ; les grandes armoires plus hautes que larges s'appellent *"li-koei"*.

(939)

羊 頭 上 的 毛
好 事 也 不 多

Yang t'eou chang de mao
Hao che yè pou touo.

Il est comme la laine sur une tête de mouton
Il n'a pas grand chose de bon à son actif.

Il n'y a pas ou presque pas de laine sur une tête de mouton.
Se dit aussi d'un misérable hère qui tire le diable par la queue.

(940)

養田種地
當年富

Yang t'ien tchong ti
Tang nien fou.

Cultiver des champs et labourer des terres
Fait le bonheur d'une seule année.

Les laboureurs ne se font généralement pas de gros revenus ;
si la récolte suffit à balancer les dépenses de l'année courante, c'est
un résultat appéciable.

(941)

窰黑子砍炭有燻

Yao-ho ze k'an t'an yeou hiong.

Le mineur extrayant le charbon rencontre la gangue.

Voici la gangue, le charbon ne tardera pas à apparaître, Voici
un début engageant. L'affaire s'annonce bien.

Hiong, se dit pour la gangue des pierres précieuses, et aussi
pour les pierres noires incombustibles qu'on trouve dans les mines de
charbon.

(942)

要光想自在
成不了好人

Yao koang siang tse tsai
Tch'eng pou liao hao jen.

Lorsqu'on ne songe qu'à ses propres aises
On ne deviendra jamais un brave homme.

(943)

腰 裡 沒 骨 頭 站 不 起 來

Yao li mo kou t'cou tchan pou k'i lai.

Lorsqu'on n'a pas d'os dans les côtes, on ne peut se remettre debout.

Lorsqu'on n'a pas de force de résistance, d'énergie morale, on ne peut rien entreprendre.

Le sens qu'on attache au dicton est:

Lorsqu'on n'a pas d'argent on n'est capable d'entreprendre quoique ce soit.

La comparaison est empruntée au corps du serpent qui n'a pas de côtes et qui rampe.

(944)

要 暖 要 穿 皮 子
要 飽 要 喫 米 子

Yao noan yao tch'oan p'i ze

Yao pao yao tch'e mi ze.

Pour avoir chaud il faut porter des fourrures
Pour être rassasié il faut manger du millet.

Avec nos froids terribles et les vents violents de notre Mongolie, le premier vers est absolument exact; les habits ouatés sont insuffisants.

(945)

要 怕 老 婆
家 家 好 活

Yao p'a lao-p'ouo

Kia kia hao houo.

Craindre sa femme
C'est une bonne chose dans chaque famille.

Vérité exprimée d'une façon exagérée. Le sens est: si on laisse gérer le ménage par la femme, tout ira bien.

Voir Proverbe 400

(946)

要 當 好 漢 捨 得 剿
要 騎 好 馬 捨 得 料

Yao tang hao han, che te tch'ao

Yao k'i hao ma, che te liao.

Si l'on veut se conduire en mauvais sujet, il ne faut pas
craindre le tumulte ;
Si l'on veut monter un bon cheval, il ne faut pas épargner le picotin.

Tch'ao, tumulte, révolte, révolution.

Hao han, homme qui se fait craindre, matamore, mauvais sujet
batailleur.

(947)

要 知 朝 中 事

山 中 問 野 人

Yao tche tch'ao tchong che

Chan tchong wen yè jen.

Si tu veux savoir la vérité au sujet des affaires de la dynastie
Demande la aux gens sauvages dans les montagnes.

Pour savoir la vérité au sujet d'une affaire, il ne faut pas s'a-
dresser sur place, ni à son entourage, il faut s'informer au dehors.

(948)

要 知 古 今 事

須 讀 五 車 書

Yao tche kou king che

Siu tou ou tch'e chou.

Si tu veux savoir les choses de l'antiquité
Tu dois lire cinq charretées de livres.

Cela représente pour nos gens un beau stock de connaissances.

(949)

搖 錢 樹

打 盹 呢

Yao ts'ien chou

Ta toen ni.

Sous l'arbre qui donne de l'argent quand on l'agite
Tu t'es donc endormi.

Quelqu'un qui par inertie laisse passer toutes les belles occasions. Un paresseux qui attend que les alouettes lui tombent rôties dans la bouche.

Nos païens croient qu'il y a quelque part sur la terre de pareils arbres. Ha, s'ils pouvaient en avoir des semences !

Ta tong : plus souvent: *Kieou tong.*

(950)

夜 壺 裡 耍 水
有 底 有 旁

Yè hou li choa choei

Yeou ti yeou pang.

Lorsqu'on nage dans un vase de nuit
Il y a un fond et des parois.

Expression bien peuple pour dire : Voilà une affaire bien emmanchée, dont on voit l'issue-probable. Nous n'allons pas à l'aveuglette.

(951)

野 鵲 子 叫 喚
今 天 有 客 人 到

Yè k'ia ze kiao hoa

Tsin t'ien yeou ts'ia jen tao.

Si la pie jacasse
Aujourd'hui viendra un visiteur.

C'est cru surtout par les femmes.

Voir Proverbe 457

(952)

野 狸 子 皮
氄 毛 一 般 齊

Yè li ze p'i

Jong mao i pan k'i.

Une peau de chat sauvage
A autant de duvet que de poils.

Elle vaut donc beaucoup plus que la peau de chat ordinaire ; encore n'est ce que la peau d'hiver qui a ces qualités ; en été on n'a que du duvet qui est très peu adhérent.

(953)

野 草 怕 霜

霜 怕 日 頭

Yè ts'ao p'a choang

Choang p'a je t'eou.

Les herbes sauvages craignent le givre
Le givre craint le soleil.

(954)

夜 晴 沒 好 天

透 明 將 陰 暗

Yè ts'ing mo hao t'ien

T'eou ming tsiang ing ngan.

Lorsqu'il fait clair le soir, il ne fera pas beau demain
A peine l'aurore, le ciel sera complètement couvert.

En été, si pendant la journée il y a eu des nuages, puis que le temps s'éclaircit le soir, il sera complétement couvert le lendemain.

(955)

夜 夜 防 賊 不 失 貨

月 月 防 旱 不 忍 餓

年 年 防 旱 不 失 格

Yè yè fang tsé, pou che houo

Yue yue fang han pou jen ngo

Nien nien fang han pou che ko.

Lorsque chaque nuit on veille au voleur, on ne perd pas ses marchandises,
Lorsque chaque mois on veille à la sécheresse, on ne connait pas la faim,
Lorsque chaque année on veille à la sécheresse, on ne perd pas sa norme.

Ko, prononcé *ka*, proprement modèle, régle. Ici le sens s'applique à la famille, à la maisonnée ; la famille ne se gâte pas, ne se débande pas.

Ngouo, prononciation régionale du sud, pour *ngo*, avoir faim. Il faut être prévoyant.

Le second vers fait allusion aux irrigations faites régulièrement.

Le dernier parle des provisions qu'on doit faire pour le cas d'une année de sécheresse.

L'allusion aux irrigations montre que ce dicton n'est certainement pas originaire de nos contrées.

(956)

言 和
意 不 和

Yen houo

I pou houo.

Les paroles sont conciliantes
La pensée ne l'est pas.
Conciliant en paroles mais non dans le cœur.

(957)

盐 賤 餓 死 人
肉 賤 鼻 子 聞

Yen kien, ngo se jen

Jou kien pi ze wen.

Si le sel est bon marché les gens meurent de faim
De même que si la viande est bon marché mais qu'on puisse
seulement la flairer.

L'homme ne se nourrit pas de sel ni de simples effluves nour-
rissantes.   Se dit par exemple, lorsque la moisson a été bonne, mais
que les céréales sont à un tel bas prix que personne ne veut se résou-
dre à vendre et que l'on souffre misère avac ses granges pleines.

(958)

巖 曲 山 下 雪
要 猴 的 命

Yen k'iu chan hia hiue

Yao heou de ming.

Lorsqu'il tombe de la neige sur le mont Yen k'iu
Cela coûte la vie aux singes (qui l'habitent).

Il parait que ce mont Yen k'iu se trouve au Koang tong, et que
les singes qui l'habitent se nourrissent d'une pitance assez misérable.
En été ils ont les jujubes sauvages *(ho tsao)*, mais lorsque la neige
tombe, ils ne trouvent plus rien à se mettre sous la dent.

Sens: cet homme est déjà assez misérable sans qu'une nouvelle calamité vienne fondre sur lui.

(959)

言 不 顧 行
行 不 顧 言

Yen pou kou hing

Hing pou kou yen.

Leurs paroles n'ont aucun rapport avec leurs actes
Leurs actes n'ont aucun rapport avec leurs paroles.

Le dicton flamand : *Zeggen en doen is twee.* Dire et faire sont choses bien différentes, 顧 *Kou,* se prononce ici : *Keou.*

(960)

淹 不 死
蕉 不 爛

Yen pou se

Tchou pou lan.

On ne peut le noyer
Quoique bouilli il ne s'attendrit pas.

Se dit d'un homme mou et indolent sur lequel les remarques et les menaces font autant d'effet que l'eau sur les plumes d'un canard. Ce dicton constitue un jeu de mots :

烟 不 死
主 不 亂

Yen pou se

Tchou pou lan.

Lorsque l'opium ne meurt pas
Le seigneur ne change pas.

Tant qu'il y a de l'opium le pouvoir n'a pas de révolution à craindre.

(961)

言 多 語 失
食 多 傷 身

Yen touo yu che

Che touo chang sin.

Celui qui parle beaucoup se crée des affaires
Beaucoup de nourriture blesse l'estomac.

(962)

閻 王 要 命
本 夫 要 妻

Yen-wang yao ming

Pen fou yao ts'i.

Yen-wang dispose de la vie
Le mari dispose de la femme.

Yen-wang, le dieu des enfers ; le yama des Hindous. Voir sa légende dans *Wieger. Tome IV des Rudiments. Morale et usages.* à la page 546 et suivantes.

Voir encore. *H. Doré. Recherches sur les superstitions en Chine. Tame 6.* Les dix rois de l'enfer. p. 167 et suivantes.

(963)

眼 窩 裡 絮 棉 花
糊 的 看 不 見

Yen wo li hiu mien hoa

Hou de k'an pou kien.

Si l'on se met de la ouate dans les yeux
Ils sont obstrués et l'on ne voit rieu.

Sens appliqué : L'amour est aveugle.

(964)

有 事 但 聽 君 子 說

Yeou che tan t'ing kiun ze chouo.

Si tu as une affaire écoute parler les gens intelligents.

(965)

有 父 不 從 子

Yeou fou pou ts'ong tse.

Tant que le père vit on ne s'adresse pas au fils.

Ce serait une grave irrévérence. C'est ainsi qu'une lettre pour le fils est souvent adressée an père, quoique celui-ci ne sache pas de quoi il s'agit et ne s'en occupe pas. On sait bien que le père remettra la lettre à qui de droit, mais c'est une déférence.

Voir proverbe suivant

(966)

有父子從父子
沒父子從兄

Yeou fou ze ts'ong fou ze

Mo fou ze ts'ong hiong.

Lorsque le père vit on s'adresse au père
Lorsque le père est mort on s'adresse à l'aîné.

Théoriquement, pour régler une affaire, il faut toujours s'adresser au chef de famille.

(967)

有藝不在年高
八十老漢熬膠

Yeou i pou tsai nien kao

Pa-che lao-han ngao kiao.

L'utilité ne se mesure pas d'après le grand âge,
Un vieux de quatre-vingts ans ne peut que bouillir de la colle.

Ne peut plus faire que de petits ouvrages sans importance.
La valeur n'attend pas le nombre des années.

(968)

有人命
盡家窮

Yeou jen ming

Tsin kia k'iong.

Lorsqu'il y a eu meurtre
C'est la ruine complète de la famille.

Toujours; soit les parents du mort, soit le mandarin, saignent à blanc toute la famille de l'assassin.

(969)

有肉的骨頭
好齦

Yeou jou de kou-t'eou

Hao k'oen.

Un os où il y a de la viande
Est excellent à rogner.

Plaisir estimé par nos paysans, qui rognent des os en les saisissant à pleine main.

(970)

有 個 張 有 個 合
有 個 飛 起 有 個 落

Yeou ko tchang yeou ko hia

Yeou ko fei k'i, yeou ko louo.

Il y a l'ouverture d'une affaire, il y a sa conclusion
Il y a l'envol, il y a la chûte.

Dans toute affaire il y a des haut et des bas.

(971)

有 了 後 娘
有 了 後 老 子

Yeou la heou niang

Yeou la heou lao ze.

Lorsqu'on a une marâtre
On a aussi un..... parâtre !

Lorsque le père s'est remarié, les enfants du premier lit constatent bientôt que son affection, ou tout au moins, les marques d'affection, diminuent. Par exemple pour le *"tchou niang kia"* le retour annuel d'une fille mariée. Ces vacances dans la demeure paternelle auxquelles les jeunes femmes tiennent tant, sont presque toujours supprimées lorsqu'une marâtre a remplacé la mère:

Voir Proverbe 767

(972)

有 命 的 在 天

Yeou ming de tsai t'ien.

Tout ce qui touche á la vie dépend du ciel.

La vie et la mort dépendent du ciel.

Le ciel: *T'ien* 天 qui est le ciel matériel et que nos paysans identifient avec *lao t'ien yè* 老 天 爺 le seigneur du ciel, ou *Yu-hoang* 玉 皇 le pur auguste, ou *Chang ti* 上 帝 le sublime souverain. Leurs notions sont très coufuses au sujet de leurs divinités.

(973)

有 禿 的 避 禿
有 瞎 的 避 瞎

Yeou t'ou de p'i t'ou

Yeou hia de pi hia.

Celui qui a de la gale cache sa gale
Celui qui est aveugle cache sa cécité.

C'est à dire qu'il ne permettra pas qu'on l'appelle galeux ou aveugle..... et se fâchera.

Hélas c'est bien inutile, nos gens qui ont l'habitude d'appeler un chat un chat, donnent toujours des sobriquets basés sur un défaut corporel; et interpelleront ainsi celui qui est affligé d'une difformité quelconque.

(974)

有 錢 是 好 漢
有 膘 是 好 馬

Yeou ts'ien che hao han

Yeou piao che hao ma.

Lorsqu'on a de l'argent on peut se donner de l'importance
Un cheval qui a de l'embonpoint est bon.

(975)

有 錢 的 意 得 賺
無 錢 的 糊 了 濫

Yeou ts'ien-de i te tchoan

Ou ts'ien-de hou liao loan.

Celui qui a des sapèques peut tout se permettre
Celui qui n'a pas de sapèques s'agite en vain.

I te tchoan, littéralement désire obtenir gain. Gagne ce qu'il désire. Obtient ce qu'il veut.

(976)

有 錢 的
門 上 孝 子 多

Yeou ts'ien de

Men chang siao ze touo.

Celui qui a de l'argent
A beaucoup de fils pieux à la maison.

Le sens est : Les amis sont en proportion des richesses qu'on posséde ; ils augmentent avec notre fortune, et disparaissent si nous devenons pauvres.

Donec eris felix multos numerabis amicos.

(977)

有 錢 還 的 無 利 債
得 死 報 答 有 恩 人

Yeou ts'ien hoan de ou li tchai

Tè se pao-ta yeou ngen jen.

Lorsqu'on a reçu de l'argent sans intérêt
A la mort on songe encore à pareil bienfaiteur.

Prêter sans intérêt, et sans très gros intérêt, est un fait inoui dans nos contrées.

(978)

有 錢 高 三 倍
無 錢 底 三 倍

Yeou ts'ien kao san pei

Ou ts'ien ti san pei.

Celui qui a de l'argent prépare trois générations distinguées
Celui qui n'a pas d'argent prépare trois générations misérables.

Le riche peut songer à l'avenir avec confiance ; le pauvre, lui, non seulement lutte péniblement pour le présent, mais il n'a pas d'espoir possible.

(979)

有 錢 買 了 鬼 推 磨

Yeou ts'ien mai la koei t'oei mouo.

Quand on a de l'argent on peut s'acheter un diable pour tourner la meule.

Celui qui a de l'argent peut satisfaire tous ses caprices.

(980)

有 錢 買 短 頭
不 知 自 己 偷

Yeou ts'ien mai toan t'eou

Pou jou tse ki t'eou.

Se servir de son argent pour acheter des objets volés
Ne vaut pas encore voler soi-même.

Les recéleurs et ceux qui achètent les objets volés sont encore plus mauvais que les voleurs eux-mêmes.

Toan-t'eou : objet volé, synonyme : eul lou houo, objet volé, ayant passé par deux routes, n'ayant pas été acquis en suivant le droit chemin; encore : lai lou pou ming. Ce qui est venu par une route qui n'est pas claire : par une voie détournée.

(981)

有 錢 沒 錢
剃 頭 過 年

Yoou ts'ien mo ts'ien

T'i t'eou kouo nien.

Qu'on soit riche ou pauvre
On se rase la tête pour passer le nouvel an.

La grande fête de l'année, celle qui amène le bonheur avec la visite des génies de la félicité. On doit se faire beau pour les recevoir. Tout le monde fait un extra tant pour les habits que pour la nourriture.

(982)

有 錢 難 買 五 月 裡 的 旱
六 月 連 陰 吃 飽 飯

Yeou ts'ien nan mai ou yue li de han

Lieou yue lien ing tch'e pao fan.

Avec de l'argent on ne peut acheter la sécheresse du 5ᵉ mois
Si au sixième mois il fait continuellement couvert on pourra
manger à satiété.

On ne peut acheter. On ne peut payer assez cher. Il n'est pas désirable qu'il pleuve trop à la cinquième lune, pourvu que la terre soit un peu humide, cela suffit. Par contre plus il pleut à la sixième lune et mieux cela vaut.

(983)

有 錢 的 能 解 憂
無 錢 的 語 不 聽

Yeou ts'ien de neng kiè yeou

Ou ts'ien de yu pou t'ing.

Celui qui a de l'argent peut parler aux autres,
Celui qui n'a pas d'argent, personne n'y fait attention.

Neng kiè yeou. Peut expliquer ses malheurs, peut se tirer d'affaires et dire son mot partout; on prétera une oreille complaisante à ses doléances.

Ce dicton s'applique souvent à des affaires de mariage.

Celui qui a de l'argent, peut trouver facilement une famille riche, puisque s'il ne réussit pas chez l'une il peut trouver ailleurs; tandis que le pauvre diable, qui compte sur les arrhes ou prix de vente pour vivre, s'il tient la dragée haute s'expose à un fiasco.

(984)

有 錢 便 使 用
死 後 一 塲 空

Yeou ts'ien pien che yong

Se heou i tch'ang k'ong.

Lorsqu'on n'a pas bien disposé de son argent
Après la mort tout est vide.

Si l'on a dilapidé ses biens, ou si l'on n'a fait fructifier son argent, après la mort, les enfants auront de la misère.

(985)

有 錢 的 想 吃 甚 是 甚
無 錢 的 想 說 甚 是 甚

Yeou ts'ien de siang tch'e chen tch'e chen

Ou ts'ien de siang chouo chen tch'e chen.

Celui qui a de l'argent peut manger ce qu'il veut
Celui qui n'a pas d'argent peut dire ce qu'il veut.

Celui qui a de l'argent peut se moquer de tout et de tous, il a toujours de quoi se mettre quelque chose sous la dent; celui qui n'a pas le sou a beau dire il a toujours le ventre creux.

(986)

有 錢 嘟 嘟 哇
沒 錢 怎 就 怎

Yeou ts'ien: tou tou wa

Mo ts'ien: tsen tsieou tsen.

Lorsqu'on a de l'argent: en avant la musique
Sans argent: peu importe comment.

Il s'agit de mariage ou de funérailles.   Pas de belle cérémonie sans musiciens ambulants.   Cela fait même l'objet d'une clause spèciale dans le contrat de mariage.

Tou tou wa. Onomatopée imitant la musique (chalumeaux et tambours) *tsen tsieou tsen :* abréviation pour : *tsen mo tsieou tsen mo.* peu importe comment, pas de solennité possible.

(987)

有 約 不 鬥 口

Yeou ya pou teou k'eou.

Lorsqu'il y a un acte écrit on ne frappe pas la bouche.

On ne se frappe pas, on ne se dispute pas par la bouche. Toute contestation est inutile lorsqu'il y a un acte écrit.

Voir Proverbe 222

(988)

用 別 人 的 大 方
用 各 人 的 手 緊

Yong piè jen de ta fang

Yong ko jen de cheou kin.

Quand on se sert des objets des autres on est très large
Quand on se sert de ses objets à soi on a la main étroite.
Combien c'est souvent le cas pour nos gens.

(989)

雨 砂 沉
餓 死 人

Yu cha tch'eng

Ngo se jen.

Lorsque le sable se durcit sous la pluie
Les gens meurent de faim.

C'est qu'il a plu trop fort, les moissons sont gâtées.

(990)

于 事 料 人
于 人 料 事

Yu che liao jen

Yu jen liao che.

Il arrive qu'on lâche quelqu'un à cause d'une affaire
Il arrive qu'on lâche une affaire à cause de quelqu'un.

Dans le premier cas, l'importance de l'affaire prime tout, même les intérêts d'un autre. Dans le second : les égards pour quelqu'un, ou la crainte de vengeance, font qu'on se désiste.

(991)

于 皇 頭 上 打 能 能
能 脫 呀

Yu-hoang t'eou chang ta neng neng

Neng t'ouo ya.

Quand on fait un cumulet sur la tête de Yu-hoang
On glissera.

Sens : Il y a du danger à faire telle chose. Ne te risque pas dans telle entreprise, tu boiras un bouillon.

Il s'agit de quelqu'un qui s'appuyant des mains sur une statue de Yu-hoang se met les jambes en l'air. Le cumulet finira en culbute.

(992)

與 人 方 便
自 己 方 便

Yu jen fang pien

Tse ki fang pien.

Si l'on est accommodant pour les autres
On se rend les choses faciles à soi-même.

(993)

越 奸 越 狡
越 貧 窮

Yue kien yue kiao

Yue p'in k'iong.

Plus on est fourbe, plus on est traître
Plus on est pauvre.

La fourberie ne profite pas.

(994)

月 過 十 五
明 亮 小

Yue kouo che ou

Ming leang siao.

Lorsque le quinze de la lune est passé
Sa clarté diminue.

(995)

雨 大 水 推
當 日 窮

Yu ta, choei t'oei

Tang je k'iong.

Par la grêle et l'inondation
On est pauvre aussitôt.

Une moisson frappée par la grèle, ou balayée par l'eau.
C'est aujourd'hui même (*tang je*) la pauvreté.

(996)

越 吃 越 饞
越 坐 越 懶

Yue tch'e, yue tch'an

Yue tsouo, yue lan.

Plus on mange plus on devient gourmand
Plus on reste assis, plus on devient fainéant.

Voir Proverbe 494.

(997)

月 子 女 兒 衲 屎 布
閒 時 做 下 忙 時 用

Yue ze niu eul na che pou

Hien che tso hia, mang che yong.

Une femme qui vient d'enfanter a cousu des langes
L'ouvrage a été fait lorsqu'elle avait des loisirs, pour l'employer
lorsqu'elle serait pressée.

Sens : Il faut prévoir, préparer les choses à temps. *Yue ze niu.*
Femme qui est dans le mois. Femme qui passe le mois suivant la
parturition. Non seulement la femme reste confinée chez elle pendant
un mois, mais en réalité pendant quarante jours. Elle s'interdit tout
gros ouvrage.

Che pou : prononcé *se pou :* littéralement ; toiles à excréments,
langes.

(998)

原 告 爲 先
被 告 爲 後

Yuen-kao wei hien

Pi-kao wei heou.

Le plaignant agit d'abord
L'accusé agit ensuite.

Il ne suffit pas d'entendre une accusation ; il faut permettre à
l'accusé de se défendre.

(999)

遠 地 不 養 家
近 地 猪 圪 咋

Yuen ti, pou yang kia

Kin ti, tcho ko tcha.

Si la terre est trop loin, elle ne nourrit pas la maison
Si elle est trop proche les porcs la bouleversent.

Trop loin, il y a trop de perte de temps pour aller et venir, et
il n'y a pas de surveillance possible. Trop près, les porcs qui vaguent
en liberté détruisent la moisson.

(1000)

雲 裡 有 風
河 裡 有 浪 頭

Yun li yeou fong

Ho li yeou lang t'eou.

Lorsqu'il y a du vent dans les nuages
Sur le fleuve il y a des vagues.

Il n'y a pas d'effet sans causes.

On distingue les : *Fong yun :* nuées apportant le vent et les, *Yu yun*, nuées apportant la pluie.

On dit encore *T'ou yun*, pour *Fong yun*, nuées apportant le vent et la poussière.

TABLE

D'APRÈS L'ORDRE ALPHABÉTIQUE

DES MATIÈRES

(Les Numéros renvoient aux numéros des proverbes)
